Kai **Bliesener** · Uli **Eberhardt** · Jochen **Faber** · Jordana **Vogiatzi**

Handbuch **Medien machen**

D1731906

Bibliografische Information der Deutschen Nationalbibliothek

Die Deutsche Nationalbibliothek verzeichnet diese Publikation in der Deutschen Nationalbibliografie; detaillierte bibliografische Daten sind im Internet über http://dnb.d-nb.de abrufbar

Schüren Verlag GmbH
Universitätsstraße 55 • 35037 Marburg

www.schueren-verlag.de
© Schüren 2011
Alle Rechte vorbehalten

Umschlag- und Buchgestaltung: Jochen Faber · INFO & IDEE

Druck: Werbedruck Schreckhase, Spangenberg
Printed in Germany

ISBN: 978-3-89472-731-4

Kai **Bliesener** · Uli **Eberhardt** · Jochen **Faber** · Jordana **Vogiatzi** (Hrsg).

Handbuch **Medien Machen**

für **engagierte Leute**

in **Gewerkschaften, Betriebsräten, Non-Profit-Organisationen**

SCHÜREN

Ein Handbuch
für Medien-Macherinnen
und -Macher
auch zum Mitmachen
und Weitermachen

Inhalt

Digitale Medien

Pressearbeit

Veranstaltungen

Wir wissen sehr wohl, dass Frauen und Männer die handelnden Personen in den meisten gesellschaftlichen Zusammenhängen sind. Eine umfassende und durchgängige Beschreibung dieser Tatsache in laufenden Texten würde viele sprachliche Hürden bedeuten. Um dieses Handbuch möglichst gut verständlich zu machen, haben wir in vielen Fällen lediglich die männliche Form, manchmal nur die weibliche Form verwendet, auch wenn beide gemeint sind.

Verständlich kommunizieren

Die Bedeutung der Verständlichkeit in der
internen und in der externen Kommunikation

Nur wer verstanden wird, kann auch überzeugen. Das gilt für Wirtschaftsunternehmen ebenso wie für politische Parteien. Es gilt aber auch für Bürgerinitiativen, Verbände und Gewerkschaften. Überzeugen erfordert – neben guten inhaltlichen Argumenten – auch eine gute Kommunikation.

Die Gewerkschaftsmitglieder erwarten beispielsweise eine Orientierung über den Kurs während einer Tarifauseinandersetzung. Dazu müssen sie die interne Kommunikation verstehen – die Artikel in der Gewerkschaftszeitschrift oder die Beiträge im Intranet.

Verständliche Kommunikation der Gewerkschaftsbüros kann sie motivieren und in die Lage versetzen, nach außen als Botschafter aufzutreten. Ist die interne Kommunikation unverständlich, wird sie nicht wahrgenommen. Oder zentrale Argumente werden nicht weitergetragen, weil sie nicht wirklich verstanden werden.

Aber auch für Journalisten sind verständliche Informationen wichtig. Pro Tag treffen 1.500 bis 3.000 Agentur-Meldungen plus die direkt versendeten Pressemitteilungen in den Redaktionen ein. Viel Zeit für die Auswahl bleibt da nicht. Ob eine Pressemitteilung weiter verwendet wird, entscheidet sich innerhalb weniger Sekunden und hängt im Wesentlichen von folgenden Merkmalen der Pressemitteilung ab: dem **Thema**, dem **Absender**, dem Vorhandensein von **Bildern**, der Zahl der **Nachrichtenfaktoren** (u.a. Prominenz, Relevanz, Nähe) sowie ihrer **Verständlichkeit**. Ist eine Pressemitteilung unverständlich, wird sie in der Regel nicht ausgewählt.

Es gibt also viele Gründe für Organisationen, sich verständlich auszudrücken. Doch tun sie es auch? Wortungetüme, Fachbegriffe, Anglizismen, Bandwurmsätze, Schachtelsätze und Passiv-Formulierungen in Texten jeder Art lassen daran Zweifel aufkommen.

Beispielsweise sind die Bundestagswahlprogramme der Parteien für Wählerinnen und Wähler ohne ein hohes Bildungsniveau oder politisches Fachwissen nur schwer verständlich. In allen Programmen zur Bundestagswahl 2009 finden sich Kuriositäten. Da schreibt die SPD über die „britische Stempelsteuer", die Linke beschäftigt sich mit „Agroenergie-Importen" und die Union empfiehlt eine „Abflachung des Mittelstandsbauches". Die Grünen lassen sich über „die grüne Pflegezeit" aus. Und die FDP meint: „Deutschland ist ein landwirtschaftlicher Gunststandort".

Für viele Bürgerinnen und Bürger bleibt dieser Jargon unverständlich. Er ist meist das Ergebnis von innerparteilichen Expertenrunden. Sie verwenden ihre von Bürokratismen durchzogene Fachsprache. Oft geht den endgültigen Formulierungen auch eine langwierige parteiinterne Kompromisssuche voraus. „Verschlimmbesserungen" sind das Resultat. In diesen Kompromissen sollen sich alle Parteiflügel wiederfinden können. Verstanden werden sie oft aber noch nicht einmal von den Delegierten der Parteitage, die die Programme verabschieden.

Wie verständlich Texte sind, lässt sich mithilfe von Software objektiv messen. An der Universität Hohenheim wurde – in Zusammenarbeit mit dem Ulmer H&H CommunicationLab – die formale Verständlichkeit der Wahlprogramme anhand zentraler Merkmale aus der Lesbarkeitsforschung untersucht. Zu diesen Merkmalen zählen unter anderem: die durchschnittliche **Satzlänge**, die durchschnittliche **Wortlänge**, der Anteil der **Wörter mit mehr als sechs Zeichen**, der Anteil der **Schachtelsätze**, der Anteil der **Sätze mit mehr als zwanzig Wörtern**.

Demnach hatte 2009 die Links-Partei das formal unverständlichste Bundestagswahlprogramm. Auf der Hohenheimer Verständlichkeitsskala von 0 (sehr unverständlich) bis 20 (sehr verständlich) erreichte die Links-Partei einen Wert von 6,5 (vgl. Abbildung). Es ist damit nicht viel leichter zu lesen als eine politikwissenschaftliche Doktorarbeit (durchschnittliche Verständlichkeit: 4,3). Die Grünen verwendeten hingegen eine deutlich verständlichere Sprache. Kürzere Sätze, weniger Schachtelsätze und deutlich weniger komplexe oder abstrakte Wörter trugen ihnen einen Verständlichkeitswert von 11,0 ein.

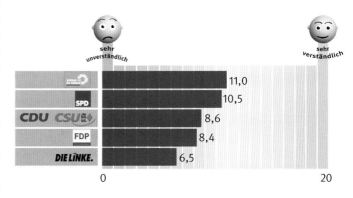

*Die formale Verständlichkeit
der Bundestagswahlprogramme 2009*

Zum Vergleich: Politik-Artikel in der BILD-ZEITUNG erreichen im Durchschnitt einen Wert von 16,8; die Wirtschaftsberichterstattung der FRANKFURTER RUNDSCHAU, der FRANKFURTER ALLGEMEINEN ZEITUNG, der SÜDDEUTSCHEN ZEITUNG oder der WELT liegt in der Regel zwischen 11 und 13.

Doch nicht nur in Wahlprogrammen, sondern auch auf den Homepages der Parteien oder in ihren Pressemitteilungen finden sich immer wieder Ver-

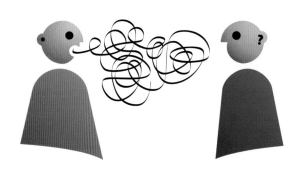

ständlichkeits-Hürden (siehe auch www.politmonitor.de). Gleiches gilt für die Homepages von Ministerien sowie die interne und die externe Kommunikation von Wirtschaftsunternehmen. Aus den häufigsten Fehlern lassen sich unmittelbar Ratschläge für eine verständliche Kommunikation ableiten:

▶ **Fachbegriffe vermeiden** oder zumindest erläutern: Sofern es sich nicht um eine Kommunikation zwischen Experten handelt, erschweren Fachbegriffe und Fremdwörter das Verstehen ungemein. Das für Ingenieure gängige „Überwerfungsbauwerk" ist für Laien schlicht eine „Brücke". Müssen Texte rechtssicher sein, pochen Juristen auf juristische Fachbegriffe. Diese lassen sich nicht immer vermeiden, sie sollten aber für Laien erklärt werden. Das Gleiche gilt für Fremdwörter. Auch eignen sich konkrete Begriffe besser als abstrakte Begriffe. Man sollte bildhaft und anschaulich formulieren.

▶ **Komplexe Wörter vermeiden:** Neben Fachbegriffen erschweren lange und zusammengesetzte Wörter die Lesbarkeit und Verständlichkeit von Texten. Im deutschen Sprachgebrauch werden häufig unnötige Wortzusammensetzungen gebildet. Solche komplexen Wörter mit mehr als zwölf Buchstaben sollte man möglichst meiden. Auch sollte man gebräuchliche Wörter verwenden – wiederholt und über verschiedene Texte hinweg einheitlich.

▶ **Anglizismen und „Denglisch" vermeiden:** Im Zusammenhang mit Wortzusammensetzungen tauchen oft englisch-deutsche Wortschöpfungen auf (Denglisch). Anglizismen und Denglisch erschweren vielen Menschen einen leichten Zugang zu den Inhalten. Dies gilt insbesondere dann, wenn die Begriffe (noch) nicht in den allgemeinen Sprachgebrauch übergegangen sind. Muss man Personalverantwortliche wirklich als „Human Ressource Manager" bezeichnen?

▶ **Kurze Sätze formulieren:** Bandwurmsätze hemmen den Lesefluss und das Verstehen. In der Regel sollten Sätze nicht länger als zwölf, maximal 20 Wörter sein. Nicht selten findet man in Texten von Parteien und Unternehmen jedoch Sätze von 80 Wörtern oder mehr. Diese Sätze führen zu einem Leseabbruch oder zwingen die Leser dazu, noch einmal von vorne anzufangen.

▶ **Übersichtliche Sätze formulieren:** Oft gehen die Bandwurmsätze mit Schachtelsätzen einher, die das Verständnis ebenfalls deutlich erschweren. Schachtelsätze sollten, wo möglich, in einzelne Sätze aufgelöst oder umgestellt werden. Dabei gehört das Wichtigste an den Satzanfang.

▶ **Aktiv statt passiv formulieren:** Passivsätze sind nicht generell ein Verstoß gegen die Verständlichkeit. Allerdings verschleiern sie, wer handelt. Auch wirken Passivsätze unpersönlicher. Dadurch schaffen sie eine Distanz zwischen Absender und Leser. Als Richtwert gilt: Höchstens 15 Prozent eines Textes sollten aus Passiv-Formulierungen bestehen.

Bei all dem darf man jedoch zwei Dinge nicht übersehen. Erstens kann man auch den größten Unsinn formal verständlich ausdrücken. „Die Erde ist eine Scheibe" ist zwar formal verständlich, aber falsch. Das heißt, die formale Lesbarkeit muss natürlich mit der inhaltlichen Richtigkeit Hand in Hand gehen. Zweitens ist „Verständlichkeit"

stets das Ergebnis eines Zusammenspiels zwischen der eigenen Kommunikation einerseits und den Merkmalen der Leser andererseits.

Ein und derselbe Text wird etwa von Menschen mit unterschiedlicher Bildung und mit unterschiedlichem Vorwissen auch unterschiedlich verstanden. Zudem spielen das Alter, das Interesse und die eigene Betroffenheit für das Verstehen eines Textes eine wichtige Rolle. Anglizismen beispiels-

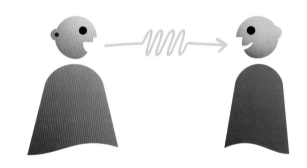

weise werden oft von Jüngeren besser verstanden als von Personen über 65 Jahren. Nun kann man diese Rezipientenmerkmale nicht ändern. Aber man kann seine eigene Kommunikation an die Erwartungen und Fähigkeiten der Leser anpassen. Wie gut lesbar ein Text ist, hat man selbst in der Hand. Hier lohnt es sich, sich Mühe zu geben. Denn nur so werden die eigenen Botschaften verstanden. ●

FRANK BRETTSCHNEIDER

Wahrheit oder Ware?

Ein Blick auf das, was die Medien liefern –
und auf die Menschen, die das machen

Die Welt der Medien verändert sich ständig. Der Journalist und Romancier George Orwell (1903 – 1950) meinte: „In der Zeit des Universalbetruges ist die Wahrheit zu sagen eine revolutionäre Tat." Was er als revolutionär beschreibt, sollte eigentlich journalistisches Selbstverständnis sein. Ist es auch vielfach, aber nicht überall und nicht immer.

Die Wahrheit oder zumindest das, was wir dafür halten (sollen?), liegt in aller Regel nicht auf der Straße. Sie ist manchmal tief vergraben, versteckt sich vor dem Licht, ist zersplittert und muss aus vielen kleinen Fragmenten zu einem Portrait zusammengesetzt werden. Um die Wahrheit zu entlarven oder auch nur um objektiv über einen Sachverhalt und ein Thema berichten zu können, gilt es unterschiedliche Meinungen und Sichtweisen einzuholen, müssen gegenüberliegende Standpunkte überprüft und Hintergründe ermittelt werden. Vieles lässt sich am Telefon oder

über das Internet erledigen und recherchieren – und doch ersetzt nichts das direkte, das persönliche Gespräch. Doch genau diesem journalistischen „Grundnahrungsmittel", dem persönlichen Kontakt, wird zunehmend der Nährboden entzogen. Die Personaldecken werden dünner, die Zeit knapper und die finanziellen Mittel gekürzt.

Medien machen Meinung. Aber diese Medien befinden sich in den Händen einiger weniger Medienkonzerne. Das schmälert zumindest indirekt die Meinungsvielfalt und irgendwann auch die Meinungsfreiheit. Denn Medienunternehmen haben schließlich auch eigene Interessen – wirtschaftlich und häufig auch politisch.

Dahinter steckt ein seit langem betriebener Konzentrationsprozess. Neben Bertelsmann und Springer zählen die Verlagsgruppe Georg von Holtzbrinck, Hubert Burda Media, die Bauer-Verlagsgruppe, die WAZ-Mediengruppe, die Neven DuMont-Gruppe sowie Gruner und Jahr zu den größten deutschen Medienunternehmen. Auch die öffentlich-rechtlichen Rundfunkanstalten ARD und ZDF und das private Fernsehunternehmen ProSiebenSat.1 fallen in diese Kategorie. So ist aus der angestrebten medialen Vielfalt an vielen Stellen schlichte Einfalt geworden.

Während sich Verleger früher in aller Regel langfristig orientiert und meist aus dem operativen Geschäft rausgehalten haben, ist das heute oft das Gegenteil der Fall. Es gibt sogar Zeitungen, die in die Hände von „Heuschrecken" gefallen sind – also von Investoren, die in aller Regel nur am schnellen Profit und nicht an längerfristigem Engagement interessiert sind. Das ist Gift für guten Journalismus.

Aus Redaktionen werden Wirtschaftsbetriebe

Redaktionen – inzwischen ist egal, ob öffentlich-rechtlich oder privat – werden zusehends auf Wirtschaftsbetrieb getrimmt. Es werden ganze Ressorts und Teilredaktionen unterschiedlicher Zeitungen zusammengelegt. Statt Redaktionsbüros gibt es so genannte Newsrooms, in denen womöglich gar Redakteure verschiedener Zeitungen oder Medien zusammen hocken und Meldungen produzieren, die dann gleich über mehrere Plattformen publiziert werden. Diese Entwicklung bleibt nicht ohne Folge für die Presse- und Meinungsfreiheit, die doch eigentlich das tägliche Brot der Demokratie sein sollte, wie es der Journalist Heribert Prantl einmal formuliert hat.

Versuchen Verleger, die Welt durch diese Brille zu sehen? Tempo und Profit dürfen nicht die einzigen Maßstäbe für professionellen Journalismus sein.

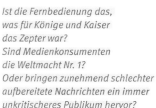

*Ist die Fernbedienung das,
was für Könige und Kaiser
das Zepter war?
Sind Medienkonsumenten
die Weltmacht Nr. 1?
Oder bringen zunehmend schlechter
aufbereitete Nachrichten ein immer
unkritischeres Publikum hervor?*

Bis in die 1990er-Jahre fanden politische Inhalte mehr Raum in Zeitungen und Sendungen. Diese wiederum waren seiten- und auflagenstärker, hatten bessere Sendeplätze und längere Sendezeiten und mehr Leser oder Zuschauer. Heute regiert in fast allen Hörfunk- und Fernsehredaktionen der Quotendruck, in den Nachrichtenagenturen herrscht der Zeitdruck und in den Print-Redaktionen wird der Auflagendruck vorgeschoben. Alles zusammen kratzt ganz massiv an der Qualität des Journalismus.

Das ist am Wenigsten die Schuld der Journalisten. Auch der beste Journalist kann ohne Zeit, Geld und Platz keine außergewöhnliche Arbeit abliefern. Was bleibt da häufig anderes übrig, als aus Mangel an Zeit nur eine Quelle statt zwei oder drei zu befragen, um eine Meldung wasserdicht zu machen. Und was ist zu erwarten, wenn Redaktionsleitungen die Losung ausgeben, lieber eine Berichtigung herauszugeben, als

mit einer Nachricht später als die Konkurrenz auf den Markt zu kommen – auch wenn sie sich möglicherweise am Ende sogar als falsch entpuppt?

Journalismus als Wettrennen im Hamsterrad

„Schnelligkeit war schon immer ein wichtiger Faktor im Journalismus", so der stellvertretende Chefredakteur von STERN.DE, Ralf Klassen in einem Interview. „Durch die elektronischen Medien – insbesondere durch das Internet – hat sich der Nachrichtenbetrieb jedoch noch einmal beschleunigt und der Faktor Schnelligkeit hat noch zusätzlich an Bedeutung gewonnen." Oder anders gesagt: Was stattfindet, ist ein Wettrennen im Hamsterrad. „Noch nie konnten Journalisten die Menschen so schnell informieren – aber noch nie hatten sie so wenig Zeit, um Journalismus zu machen", beklagt das Medien-Magazin MESSAGE die aktuellen Zustände. Zudem wird ausführliche und hintergrün-

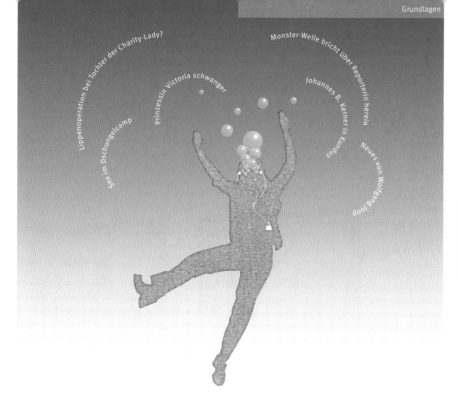

Lippenoperation bei Tochter der Charity-Lady?

Prinzessin Victoria schwanger

Sex im Dschungelcamp

Monster-Welle bricht über Reporterin herein

Johannes B. Kerner in Knubus

Neues von Wolfgang Joop

Welche Information hat Nachrichtenwert? Die Gewichte verschieben sich in Richtung Belanglosigkeit...

dige Berichterstattung – das Erklären der Welt – immer mehr von Boulevardthemen verdrängt.

Zum verschärften Zeitdruck hat sich aber auch noch ein zunehmender Konkurrenzdruck gesellt. Während früher die Nachrichten in den meisten Fällen einmal am Tag durch die Zeitung, durch das Radio, abends durch die Tagesschau ins Haus kamen, ist es heute für viele vollkommen normal, sich rund um die Uhr mit Informationen zu versorgen. Das weltumspannende virtuelle Netz bietet rund um die Uhr an nahezu jedem Ort des Planeten den Zugang zu Nachrichten und Informationen aller Art und verschiedenster Medien.

Kampf um die erste Meldung mit harten Bandagen

Während die Flut an Nachrichten immer weiter wächst, weil selbst eigentlich Unwichtiges plötzlich berichtenswert scheint, und die ausgedünnten Redaktionsteams mit hunderten von Pressemitteilungen zugeschüttet werden, sinkt gleichzeitig deren Haltbarkeit. Hieß es früher, nichts sei so alt wie die Nachricht von gestern, geht es heute oft um Minuten. Der Kampf darum, wer als erster mit einer Meldung auf dem Markt ist, wird mit härtesten Bandagen geführt.

Der Journalist Jan Eggers vom Hessischen Rundfunk klagte einmal, er sei in seinem Alltag den Meldungen aus den Nachrichtenagenturen wie dpa, Reuters oder dapd hilflos ausgeliefert. Immer öfter stehe er als Redakteur vor der Frage: „Copy and Paste (Kopieren und Einsetzen)? Oder investiert man zwei, drei Stunden in eine Recherche, die vielleicht einen Mehrwert bringt, vielleicht aber auch kein Resultat." Eine Frage, die sich Journalisten eigentlich nicht stellen dürften.

Welche Nachrichten uns ins Haus flattern und die Republik bewegen, wer entscheidet das? Der französische Soziologe Pierre Bourdieu hat die The-

Nur das Fernsehen im Blick? Es ist ein Medium mit eigenen Regeln – wer sich nur dort informiert, wird vieles nur oberflächlich erfahren und vieles nie verstehen können.

menauswahl der täglichen Fernsehnachrichten als die „brutalste Form der Zensur der modernen Industriegesellschaft" bezeichnet. Das Fernsehen besitze ein faktisches Monopol für den Zugang einfacher Bürger zur politischen Wirklichkeit – oder zumindest zu dem, was dazu gemacht wird. Wird etwas berichtet, weil es geschieht oder geschieht im eigentlichen Sinn nur das, worüber berichtet wird? Ulrich Wickert, der langjährige Moderator der Tagesthemen, warf seinen Kollegen im Frühjahr 2010 in der FAZ bruchstückhafte und oft auch schlampige Information vor.

Erkennbare Defizite

Nicht nur die Aufarbeitung vergangener Ereignisse weist Defizite auf, sondern auch die Beobachtung der Gegenwart – zum Beispiel bei der Berichterstattung über die weltweite Finanz- und Wirtschaftskrise von 2008 an. Was sollte man als Mediennutzer erwarten dürfen? Aufklärung und umfassende Infor-

mation, Beobachtung und Einordnung von Ereignissen, Gewinn neuer Erkenntnisse. Was bekommt man stattdessen? Eine kaum zu durchdringende Masse an austauschbaren Talkshows. Im Gegensatz dazu gaben früher Polit- und Wirtschaftsmagazine den Ton an. Mit gut und ausführlich recherchierten Beiträgen brachten sie zumindest etwas Licht in das alltägliche Geschacher der Mächtigen des Polit- und Wirtschaftsbetriebes. Dafür konnten sie sich einige Minuten Zeit für ein Thema nehmen.

Heute bleiben die Zuschauerinnen und Zuschauer in aller Regel am Ende einer Sendung rat- und ahnungslos zurück. Die Debatten des Landes werden inzwischen nicht mehr nur bei Anne Will, Maybrit Illner oder Sandra Maischberger geführt – immerhin erfahrene Politik-Journalistinnen, sondern ebenso bei Moderatoren ohne Sinn für gesellschaftliche Zusammenhänge wie Reinhold Beckmann, Markus Lanz und Johannes B. Kerner. Diese professionellen

Plaudertaschen bestimmen die Debatten, aus ihren Sendungen wird zitiert und werden Themen aufgebauscht.

Statt der von Orwell beschworenen „revolutionären Taten" finden wir also heute im Journalismus nicht selten das, was der Publizist Karl Kraus schon vor Jahrzehnten verspottet hat: „Keinen Gedanken haben und den zum Ausdruck bringen können." Ein eleganter Satz mit einem brutalen Kern. Er beschreibt treffend die miserable Qualität des immer stärker verbreiteten Pseudo-Journalismus. Durch Tageszeitung, Hörfunk, Fernsehen und Internet erreicht er uns jeden Tag in unseren vier Wänden rund um den Globus.

Die Verantwortung der vierten Gewalt

Als Medienkonsumenten dürfen wir von Medienmachern erwarten, dass sie ihr Handwerk gut erlernen und dann verantwortungsvoll ausüben. Wir brauchen Menschen, die diesen „täglichen Kram", wie es Erich Kästner vor mehr als 60 Jahren bezeichnet hat, für uns erledigen, die Nachrichten zusammenfassen und die Welt erklären. Eine Rolle, die seit dem 19. Jahrhundert der so genannten *vierten Gewalt* zugedacht wurde: den Journalistinnen und Journalisten. Neben Gesetzgebung, Regierung (mit allen staatlichen Einrichtungen) und Rechtsprechung sollten sie eine zentrale Aufgabe in einer demokratischen Gesellschaft übernehmen, in der die verschiedenen Interessengruppen in einigermaßen ausgeglichener Balance sind.

KB ●

Sind Journalisten ferngesteuerte Tasten-Drücker oder bringen sie mit hochwertiger Recherche neue Erkenntnisse zu den Menschen?

Wie aus Infos Meldungen werden

Alter Journalisten-Schnack: Wenn ein Hund einen Mann beißt, ist das keine Nachricht. Wenn ein Mann einen Hund beißt, schon.

Wie kommen die klassischen Medien an ihre Informationen?

Wie wird aus einem Geschehen eine Nachricht?

Wie können wir diesen Ablauf beeinflussen?

Irgendetwas geschieht. Wie erfahren die Medien davon? Oft werden sie gezielt informiert – von „interessierter Seite", wie das so schön heißt. Also von einem der Akteure, der sich von der Veröffentlichung Vorteile verspricht – persönliche, politische, wie auch immer.

Manchmal schnappen Journalisten aber auch nur ein Gerücht, einen Gesprächsfetzen auf, der die Neugier weckt. Andere Quellen sind Pressekonferenzen, Redaktionsbesuche und Informationsgespräche. Vor allem aber Pressemitteilungen lösen nicht selten Nachfragen und Recherchen aus. Dann wird rasch zum Hörer gegriffen. Dabei werden meist gleich mehrere Quellen angezapft, mehrere Kontakte angesprochen.

Wie wird nun aus meiner Information eine Meldung?

Damit der Inhalt einer Pressemitteilung oder die Verbreitung einer Information überörtlich in Schwung kommt, sollte sie von einer Nachrichtenagentur aufgegriffen werden. Hauptsächlich werden hierzulande Nachrichten durch die Deutsche Presseagentur (dpa) verbreitet. Weitere Agenturen mit relevantem Wahrnehmungsgrad sind dapd, Reuters, AFP, VWD oder Bloomberg.

Aber natürlich schicken wir unsere Pressemitteilung auch direkt an die Redaktionen geeigneter Medien aus den Bereichen Radio, Fernsehen, Zeitung oder Zeitschrift. Wenn dort ein Journalist die Informationen aufgreift, sind wir „drin".

Welchen Weg nehmen Agentur-Meldungen?

Da die wenigsten überregionalen Redaktionen eigene Korrespondenten an allen interessanten Punkten der Welt haben, abonnieren sie die Dienste einer oder mehrerer Nachrichtenagenturen. Die Text-, Foto- und Video-Meldungen der Agenturen werden ständig auf die Rechner der Redaktionen geschickt, Nachrichtenredakteure bearbeiten die Informationen und bereiten sie für die Nachrichtensendungen oder die Seiten in den Tageszeitungen auf.

Wird ein Ereignis nicht von einer Nachrichtenagentur aufgegriffen, findet es in vielen traditionellen Medien nicht statt. KB ●

Medien machen Meinungen

Mächtige wollen Medien, die ihre Macht festigen –
Verbraucher brauchen Medien, die Macht kontrollieren

Medien transportieren nicht nur Meinungen, sie machen Meinungen. Durch die Meinungsmache bekommen sie Macht. Und durch die Macht können sie Meinungen noch stärker beeinflussen. Ein Kreislauf, der beschreibt, wie und warum Themen manchmal zu Themen werden und Meinungen zu Meinungen. Wir lassen vielerlei Medien unseren Alltag mit gestalten. Sie sind praktisch omnipräsent, sei es durch klassische Medien wie Zeitungen und Zeitschriften, durch Hörfunk und Fernsehen, oder durch das Internet, soziale Netzwerke und dergleichen mehr. Kein Wunder also, dass viele Unterhaltungen mit Sätzen wie „Hast Du gestern Abend auch gesehen ... gelesen ... gehört?" beginnen. Nicht selten ist das der Einstieg in eine Diskussion der über die von Medien verbreiteten Inhalte und Meinungen.

Durch dieses Gewicht bei gesellschaftlichen Debatten wird der Journalismus neben den drei Gewalten der Demokra-

tie Gesetzgebung, Regierung samt Verwaltung und Rechtsprechung häufig als vierte Gewalt bezeichnet. Die von vielen bei uns als selbstverständlich angesehene Pressefreiheit ist ein Gut, das nicht hoch genug einzuschätzen ist.

Kontrollfunktion

Dass sie ihrer oben beschriebenen Rolle gerecht werden können, haben die Medien mehrfach bewiesen. So hat der SPIEGEL, das einstige „Sturmgeschütz der Demokratie", am 10. Oktober 1962 mit seinem Titel „Bedingt abwehrbereit" das politische Klima der damals noch jungen Republik nachhaltig verändert. Das Nachrichtenmagazin hatte über Atomwaffenpläne der

Mit seinen Reaktionen auf die Enthüllungen im „Spiegel" produzierte Verteidigungsminister Strauß einen weiteren Skandal. Origineller Weise heißt das Ganze allgemein „SPIEGEL-Affäre".

Bundeswehr berichtet. Dem Blatt waren brisante Informationen zugespielt worden, die der damalige Bundeskanzler Konrad Adenauer und seine Regierung als „streng geheim" eingestuft hatten. Der Verteidigungsminister und spätere bayerische Ministerpräsident, Franz-Josef Strauß, nutzte die Gelegenheit und ließ den ungeliebten Chefredakteur und Herausgeber des SPIEGEL, Rudolf Augstein sowie mehrere leitende Redakteure verhaften und Redaktionsräume des Magazins durchsuchen. Augstein saß mehrere Wochen in Haft, aber am Ende musste Strauß als Minister seinen Hut nehmen.

US-Präsident Nixon musste zurücktreten, weil die Washington Post einen illegalen Lauschangriff seines Wahlkampfteams auf politische Gegner im Watergate-Hotel aufdeckte.

In den USA gab es Mitte der 1970er-Jahre den so genannten Watergate-Skandal, der von den Journalisten Bob Woodward und Carl Bernstein aufgedeckt wurde, die damals für die WASHINGTON POST arbeiteten. Auch die Misshandlungen im US-Gefangenenlager Guantanamo wären womöglich ohne journalistisches Engagement nicht ans Tageslicht befördert worden. Und neben der bereits beschriebenen SPIEGEL-Affäre wären hierzulande die Flick-Affäre, der Spendenskandal der

CDU oder die Plagiats-Affäre des ehemaligen CSU-Hoffnungsträgers Karl Theodor zu Guttenberg vielleicht nie an die Augen und Ohren der Öffentlichkeit gedrungen, wenn nicht ein Journa-

Wie viele Inhalte in einer Doktorarbeit sind geklaut? „GuttenPlag" kämpfte im Internet für seriöse wissenschaftliche Arbeit, brachte einen Minister zu Fall und erhielt den Medienpreis „Grimme Online Award".

list oder eine Journalistin ihrem Instinkt vertraut hätte und entsprechenden Informationen nachgegangen wäre. Das gilt auch für die Barschel-Affäre, den Schmiergeldskandal bei Siemens oder die VW-Affäre. Viele dieser Themen werfen kein rühmliches Licht auf Personen, Organisationen oder Unternehmen. Und doch lässt sich an allen erkennen, wie wichtig Journalisten sind, die ihrer Aufgabe nachkommen und Informationen aufnehmen, Spuren nachgehen um am Ende viele Einzelteile zu einem Puzzle zusammenzufügen, auswerten und das Ganze bewerten. Sie werden in ihrer Kontrollfunktion gerecht.

Einfluss auf die Politik

Medien haben gewaltigen Einfluss auf politische Machtgefüge. Die Machtverhältnisse einer Nation werden entscheidend durch die Frage geprägt, wie Medien und Kommunikation organisiert sind, ob sie frei oder gleichgeschaltet sind, und in wessen Hand sich die Medien befinden. Ein Blick nach Italien zeigt, welche Macht dort die politische Rechte erlangen kann, nur weil sich die Medien inzwischen weitgehend unter

Wie in einer schlechten Operette: Silvio Berlusconi ist als Bau- und Medienunternehmer steinreich geworden und wurde trotz aller Skandale drei Mal zum Ministerpräsident der italienischen Republik gewählt – auch dank seiner Macht über private und staatliche Medien.

Was sind Leitmedien?

Parteien, Gewerkschaften, Verbände und Organisationen sind auf die Medien angewiesen – wie andersherum die Medien auch auf sie. Eine besondere Rolle kommt dabei noch den so genannten Leitmedien zu. Der Begriff wurde vor allem durch den Medienwissenschaftler Jürgen Wilke geprägt, der 1993 erstmals mit einer Umfrage unter deutschen Journalisten die meistgenutzten Pressetitel ermittelte. Sie haben eine herausragende Stellung durch hohe Auflagen oder weite Verbreitung und werden somit häufig von anderen Medien zitiert. Das sichert ihnen großen Einfluss auf die bundesweite Berichterstattung.

der Kontrolle von Silvio Berlusconi befinden, der in seiner Funktion als Ministerpräsident dann durch die passende Gesetzgebung seine Macht und seinem Einfluss noch weiter vergrößert. In Italien ist das Machtgefüge außer Kontrolle geraten und die Medien sind teilweise nicht mehr in der Lage, frei und unabhängig zu berichten. Die vierte Macht wurde ihrer Kontrollfunktion beraubt und die Mächtigen aus Politik und Wirtschaft treiben ungeniert ihre Geschäfte.

Auch in der Bundesrepublik gibt es eine enge Verflechtung des Journalismus mit Politik und Wirtschaft. Auch bei uns drängt sich mitunter der Eindruck auf, die notwendige Objektivität der Berichterstattung wurde wegen persönlicher oder wirtschaftlicher Interessen zurückgestellt. Wer recherchiert schon gerne eine Skandalgeschichte über einen guten Anzeigenkunden? Wer hinterfragt das Vorgehen eines Politikers, der der eigenen Karriere nützlich sein könnte?

Leitmedien wird eine besonders hohe Kompetenz zugesprochen und sie genießen hohes Ansehen im politischen und wirtschaftlichen System. Wenn Leitmedien über ein Thema berichten, schwappt oft eine regelrechte Welle an Folgeberichten durch die Republik, sie beeinflussen also die Berichterstattung der Massenmedien und somit auch die öffentliche Meinung.

An der Spitze der meistzitierten Leitmedien sitzt seit Jahrzehnten nahezu unangefochten der SPIEGEL, Deutschlands auflagenstärkstes Nachrichtenmagazin. Außerdem gehören in diese Riege die SÜDDEUTSCHE ZEITUNG, das Magazin STERN, die FRANKFURTER ALLGEMEINE ZEITUNG, die FRANKFURTER ALLGEMEINE SONNTAGSZEITUNG, die Wochenzeitung DIE ZEIT sowie natürlich die BILD-Zeitung. Eingeschränkt trifft die Bezeichnung des Leitmediums noch auf die Tageszeitung DIE WELT, die WELT AM SONNTAG, BILD AM SONNTAG und das Nachrichtenmagazin FOCUS zu.

Gerade an Wochenenden lässt sich die Funktion der Leitmedien beobachten. Fernseh- und Hörfunknachrichten werden dann vor allem durch deren Meldungen gefüttert.

Aus diesem Grund haben auch die Nachrichtenmagazine Spiegel und Focus angefangen, bereits am Samstag Vorabmeldungen aus den montags erscheinenden Ausgaben herauszugeben. Auch die am Sonntag erscheinenden Tageszeitungen füttern spätestens am Vortag mit kurzen Meldungen an.

Der ökonomische Konzentrationsprozess fordert seinen Tribut

Der seit Jahren andauernde ökonomische Konzentrationsprozess mit immer weniger meinungsbildenden Medienkonzernen und regionalen Zeitungsmonopolen befördert die vorher beschriebenen Entwicklungen. Hatten noch 1954 etwa 85 Prozent aller Landkreise oder kreisfreien Städte eine oder sogar mehrere unabhängige Tageszeitungen, so ist der Anteil inzwischen unter 40 Prozent gesunken. Das Problematische daran ist die mangelnde Transparenz des Prozesses. Viele Zeitungstitel sind erhalten geblieben, doch sie ha-

ben ihre redaktionelle Eigenständigkeit eingebüßt, sind unter das Dach eines großen Verlages geschlüpft.

Auf den ersten Blick sehen wir rund 200 Zeitungen (zehn überregionale Blätter, 118 lokale Zeitungen mit Vollredaktionen, 57 regionale mit lediglich einer Lokalredaktion und sieben Boulevardblätter), inzwischen weit über 20 Fernsehsender und unzählige Radiostationen.

Alleine die zum Springer-Konzern zählende Bild-Zeitung spuckt täglich rund 4,5 Millionen Exemplare auf den Zeitungsmarkt. Dagegen kommen Wochenmagazine und -zeitungen wie Spiegel, Stern, Focus, Zeit und Freitag nur auf 3,5 Millionen – pro Woche. Dazu kommen noch die drei großen Sonntagszeitungen Frankfurter Allgemeine Sonntagszeitung, Welt am Sonntag und Bild am Sonntag.

Selbst alle überregionalen Tageszeitungen der Republik (Süddeutsche, Frankfurter Allgemeine, Frankfurter Rundschau, Die Welt, Tageszeitung (taz), Handelsblatt, Financial Times Deutschland) knacken mit der täglichen Auflage zusammengenommen gerade eben mal die Zwei-Millionen-Marke.

Was hier auftaucht, wird in der Öffentlichkeit wahrgenommen: Deutsche Leitmedien

Ein Beispiel dafür, wieviele Zeitungen,
Rundfunk- und Fernsehsender
zu einem einzigen Konzern gehören:
Millionen von Menschen sind ihre Kunden,
doch kaum jemand kennt die
„Südwestdeutsche Medienholding".

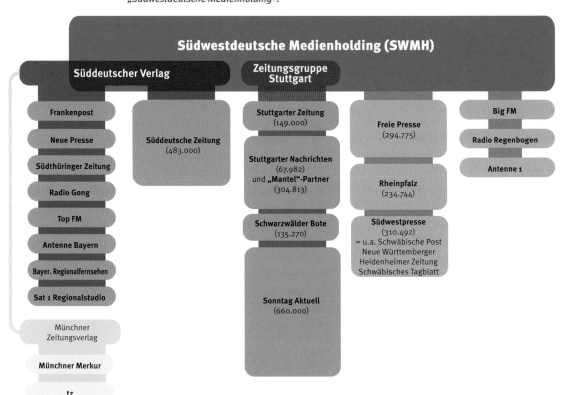

Ähnliche Bilder wie über die Südwestdeutsche Medienholding lassen sich auch zeichnen, wenn die WAZ-Verlagsgruppe oder der Springer-Verlag unter die Lupe genommen werden. Medien werden zur Handelsware, was sich in einigen Fällen auch negativ auf die Arbeit von Journalisten auswirkt.

Hinzu kommt: Immer weniger Journalisten sind fest bei einem Arbeitgeber angestellt. Das Modell des so genannten freien Journalisten greift um sich, wobei viele zwar offiziell als freie Journalisten arbeiten, im Kern aber so was wie „feste Freie" sind, da sie hauptsächlich für einen Auftraggeber tätig sind. Entsprechend sinkt so manches Mal der Teil der Eigenständigkeit eines Beitrages, da man als „Freier" natürlich auch die Tendenzen und Vorgaben des Hauses erfüllen will und muss, aus dem der Auftrag kommt.

Parallel ordnen sich auch vorgebliche Qualitätsmedien immer mehr dem Diktat der Boulevardisierung und Unterhaltung unter. Also weg von Recherche, Kontrolle und Kritik. Das öffnet das Tor für Verlegerinterventionen in die Arbeit der Redaktionen.　　　KB ●

Die Macht der Manipulation

Wie Medien versteckt Meinung machen (können)

Manipulation und Macht sind zwei eng miteinander verwobene Begriffe. Wer Macht hat, ist in der Lage zu manipulieren. Und wer manipuliert, kann dadurch Macht erlangen. Ein unguter Kreislauf. Aber wie wird manipuliert und Einfluss genommen?

Als besonderes Beispiel ist in den letzten Jahren die „Initiative Neue soziale Marktwirtschaft" (INSM) aufgefallen. Die INSM ist eine im Jahr 1999 vom Arbeitgeberverband Gesamtmetall ins Leben gerufene und seither jährlich mir rund zehn Millionen Euro gesponserte Organisation. Neben Gesamtmetall wird sie von weiteren Wirtschaftsverbänden und Unternehmen getragen.

Hauptaufgabe der INSM ist es, die öffentliche Meinung zu beeinflussen, einen Bewusstseinswandel zu erzeugen, um den Wirtschaftsliberalismus möglichst ungefiltert in den Köpfen der Menschen zu verankern.

Für den Erfolg des Projekts holte man sich anfangs zwei alte Medienprofis in die Schaltzentrale, die von der Zeitschrift THE INTERNATIONAL ECONOMY als „nationales Kampagnen-Hauptquartier der Neokonservativen" bezeichnet wurde: Tasso Enzweiler, ehemaliger Chefreporter der FINANCIAL TIMES DEUTSCHLAND und den ehemaligen Pressechef des Bundesverbandes der Deutschen Industrie (BDI), Dieter Rath. Für die Ent-

Der Leser ist König? Wenn hinter den Medien eine starke Interessengruppe versucht, durch ferngesteuerte Inhalte Politik zu machen, werden die Nutzer benutzt.

Die Meinung der Arbeitgeber

Ergebnisse einer Befragung von Arbeitgebern durch die IW-Consult GmbH

 Institut der deutschen
Wirtschaft Köln *Consult GmbH*

Die Haushaltskrise mehrerer Mitgliedstaaten in der Eurozone sorgt dafür, dass die europäische Gemeinschaftswährung angeschlagen ist. Überschuldet sind vor allem Griechenland, aber auch andere Länder wie Irland, Portugal, Spanien und Italien. Die Europäische Union und der Internationale Währungsfonds haben einen Rettungsschirm gespannt, um den Staatsbankrott dieser Mitgliedsstaaten zu vermeiden.

Schön, wenn mal drauf steht, wer dahinter steht: Die INSM ist von den Arbeitgebern finanziert und gibt deren Meinung wieder. Die eigenen Veröffentlichungen bemänteln dies nicht – die Versuche, in anderen Medien Inhalte zu platzieren, sind da subversiver...

wicklung und Umsetzung der Kampagnen zeichnete lange Zeit vor allem die von Klaus Dittko geführte Werbeagentur Scholz & Friends verantwortlich. Ein weiterer wichtiger Partner ist das von den Arbeitgeberverbänden finanzierte „Institut der deutschen Wirtschaft" in Köln. Unter dem selben Dach logierte lange Zeit auch die INSM.

Kein Wunder also, wenn die Wochenzeitung DIE ZEIT die INSM passenderweise als „Lautsprecher des Kapitals" verspottet. Der Journalist Götz Hamann analysierte in einem Beitrag: „Die Initiative arbeitet im Innersten der deutschen Medienrepublik, dort wo die Nachrichten des nächsten Tages entstehen, dort, wo die veröffentlichte Meinung gemacht wird. Sie setzt alles daran, Stimmungen zu verstärken oder zu drehen und medialen Druck zu erzeugen. Wer die Arbeit der Initiative kennt, versteht den fortschreitenden Wandel in der öffentlichen, politischen Kultur, denn ihre Macher glauben fest

daran: Wer am Ende die Herrschaft in einer Debatte erringt, dem winkt der höchste Preis – eine Politik nach seinem Gusto."

Um die Meinungshoheit zu erringen, scheint der Initiative kein Weg zu kostspielig, nichts zu aufwändig und kein Mittel unpassend. So werden große und teure Kampagnen gefahren, wird breit Lobbyismus betrieben. Bezahlte Referenten werden gezielt an Hochschulen und Universitäten geschickt, um dort zu dozieren. Speziell für Journalistenschulen wird Unterricht für angehende Journalisten angeboten. Besonders die Kölner Journalistenschule ist durch eine Nähe zur INSM aufgefallen. Dort wird den Studentinnen und Studenten gezielt der Kopf mit neoliberaler Propaganda gewaschen.

Es braucht also nicht ernsthaft verwundern, wenn in Denke und Schreibe von Teilen des Journalistennachwuchses heute viel mehr wirtschafts- und marktfreundliche Ideologie zu finden ist, als

gut ist. Aber damit noch nicht genug. Die INSM setzt noch früher an. „Schüler im Chefsessel", „Schülerprojekt fit für die Wirtschaft", „Querdenker Wettbewerb" oder „JUNIOR – Schüler erleben Wirtschaft" wurden die Programme getauft, mit denen die Initiative quer durch die Republik an Schulen präsent ist. Und unter dem Titel „Wirtschaft und Schule" wurde eine eigene Homepage ins Internet gestellt, auf der kostenloses Unterrichtsmaterial für Lehrer zur Verfügung gestellt wird. Und in Kooperation mit dem Musiksender MTV wurde die Internetseite *wassollwerden.de* geschaltet. Dort werden Jugendlichen Informationen zum Berufseinstieg bereitgestellt.

Dahinter steckt der subtile Versuch, Ideologie durch die Hintertür zu transportieren. Die Konzepte, Studien und Kampagnen liefern Argumente und zielen nur auf eins: Unternehmerfreundliche und wirtschaftsliberale Einstellungen sollen mehrheitsfähig werden.

An den Hebeln in der Schaltzentrale der INSM sitzen bis zu 40 feste und freie Mitarbeiter und sorgen dafür, dass die Initiative mit ihren prominenten Unterstützern wie Ex-Bundesbankpräsident Hans Tietmeyer oder der Freiburger Wirtschaftsprofessor Bernd Raffelhüschen in den Medien präsent ist. Hierfür werden nicht nur regelmäßig teure Anzeigenkampagnen in den führenden Tageszeitungen geschalten.

Auch vorgefertigte Artikel, Filme und Tonbeiträge werden den Redaktionen zur kostenlosen Nutzung angeboten. Talkshows bekommen unaufgefordert eine wöchentliche Liste mit Themenvorschlägen und möglichen Gästen von der Initiative. INSM-Botschafter Tietmeyer ist lange Zeit durch regelmäßige Kolumnen für DIE WELT und das HANDELSBLATT aufgefallen. Der zeitweilige Geschäftsführer der Initiative, Dieter Rath gab unumwunden zu: „Wir wenden uns gezielt und direkt an die Multiplikatoren, also Journalisten, Wissenschaftler, Promi-

„Insgeheime Neoliberale Stimmungs- und Meinungsmacher" – auch so kann die Abkürzung INSM interpretiert werden.

nente, Lehrer und Priester. Daraus kann ein Triple-Down-Effekt entstehen, der nach und nach auch weite Teile der Bevölkerung erreicht."

Wie konnte es soweit kommen, dass eine arbeitgeberfinanzierte Initiative so massiven Einfluss gewinnen und nehmen kann? Daran ist der Wandel der Gesellschaft hin zu einer Mediengesellschaft und Mediendemokratie nicht unschuldig. Der Wandel hat die Grenzen verwischen lassen. So kam es, dass die Tageszeitung DIE WELT der INSM gar einen Rechercheauftrag über Informationen zu wichtigen sozialpolitischen Entscheidungen in Deutschland gab. Das Ergebnis wurde dann auf einer Doppelseite präsentiert.

Gerne kooperiert die INSM auch mit der FINANCIAL TIMES DEUTSCHLAND und der WIRTSCHAFTSWOCHE, dem MANAGER MAGAZIN, der FULDAER TAGESZEITUNG und der Zeitschrift ELTERN, wie die Tageszeitung FRANKFURTER RUNDSCHAU recherchiert hat. Und zusammen mit der FRANKFURTER ALLGEMEINEN ZEITUNG, einer zwar erzkonservativen, aber seriösen Tageszeitung, wurden vor einigen Jahren die Reformer und Blockierer des Jahres gekürt.

In der inzwischen eingestellten ARD-Vorabendserie MARIENHOF wurden im Gegenzug für ein Sponsoring in Höhe von 60.000 Euro mindestens siebenmal Dialoge platziert. Dabei wurde die

"Eigeninitiative und Flexibilität von Arbeitslosen" angemahnt und die "Zeitarbeit" als Wundermittel gegen Arbeitslosigkeit" thematisiert.

2003 wurde außerdem ein Fernsehdreiteiler über "Das Märchen der Sozialpolitik" von der Initiative finanziert, der im HESSISCHEN RUNDFUNK ausgestrahlt wurde. Den Lenkern der INSM geht es um die Senkung von Steuern und Sozialversicherungsbeiträgen für Unternehmen. Seit Jahren werden auf diesen Kanälen die Selbstregulierungskräfte des Marktes und der Verzicht auf staatliche Maßnahmen als Allheilmittel angepriesen. "Die Organisation will die Aufgaben des Staates und den Einfluss der Gewerkschaften auf ein Minimum reduzieren und klammert dabei die Frage nach einem sozialen Ausgleich vollständig aus", heißt es in der Wochenzeitung DER FREITAG.

Die ARD-Sendung MONITOR hat sich vor einiger Zeit kritisch mit der INSM auseinandergesetzt und die verwischten Grenzen zwischen Journalismus und PR angeprangert. In der Sendung mahnte der Medienwissenschaftler Siegfried Weischenberger kritisch an: "Das ist natürlich eine sehr, sehr problematische Geschichte, weil die Medien nicht das tun, was sie tun sollen. Die Journalistinnen und Journalisten fallen sozusagen aus der Rolle, weil sie nicht kritisch kontrollieren, weil sie die Interessen nicht transparent machen."

Medien können manipulieren – und sie tun es auch!

Es gibt viele Wege der Manipulation. Im Kern beginnt es mit der Auswahl der Nachrichten, die es in die Zeitung und die Nachrichtensendungen schaffen. Jede Redaktion sortiert aus der täglichen Nachrichtenflut die Themen aus, die ihr berichtenswert erscheinen. Die Redaktion selektiert –und als Nutzer reibt man sich über die Themenauswahl manchmal erstaunt die Augen.

Die **Auswahl** kann nur subjektiv erfolgen. Wenn Teilaspekte weggelassen werden, bekommt die Nachricht noch mehr subjektive, nachträgliche Ausrichtung. Ein Journalist hat es vor einigen Jahren im Internet so beschrieben: „Weinende Kinder im Libanon sind derzeit der Hit des ZDF. Am Rande wird vermerkt, das da auch noch ein paar Raketen auf Israel abgefeuert wurden. Aber in Israel weinen keine Kinder, nicht wahr?" Weiter heißt es dort: „Ohne es beim Namen zu nennen, erfolgt hier eine Manipulation der konsumierenden Masse – zu Ungunsten Israels." Das ist nur <u>ein</u> Beispiel und ein zufällig ausgewähltes noch dazu. Doch es führt treffend vor, wie die Auswahl von Bildern die Berichterstattung manipuliert.

Wir müssen den Medienmachern keine bewusste Manipulation unterstellen. Journalisten sind auch nur Menschen und müssen unter bestimmten Gegebenheiten arbeiten – und sie haben auch selbst eine **Meinung**. Diese können sie häufig auch transportieren, ohne sie zu nennen oder auszusprechen: Das beginnt wie gesagt mit der Auswahl, da es weder für Personen noch für Organisationen oder Institutionen ein Recht auf eine Präsenz in den Medien gibt. Wer Medien macht, entscheidet, was veröffentlicht wird. Wer sich in diesem täglichen Schlachtfeld um die Medienpräsenz kein Gehör verschaffen kann, bleibt auf der Strecke und wird „Nichtperson".

Das könnte so manchen „mediengeilen" Auftritt von Politikern erklären. Das Buhlen um die Gunst der Medien und der Medienmacher ist vielfach grenzwertig und überschreitet diese Grenze auch häufig. Im Gegenzug befinden wir uns aber mitten in einer Manipulation, wenn unliebsame Politiker von der Berichterstattung schlicht ausgenommen werden – auch wenn dies kaum als schwere Manipulation nachzuweisen ist.

Manipulation hat ihren Ursprung bereits in den Titeln. **Überschriften, Vorspann und Bilder** bestimmen den Charakter eines Beitrages, sorgen bereits dafür, wo ein Leser oder Zuschauer einen Artikel oder einen Film einsortiert. Doch darüber entscheidet alleine die Redaktion.

Das gilt auch für die Auswahl von Bildern und Filmsequenzen. Die vielbeschworene Macht der Bilder ist eines der wirkungsvollsten Mittel, um Meinung und Stimmung zu beeinflussen. Ein Grund, warum in der Werbung sehr stark auf Bildbotschaften gesetzt wird. Bei Bildern steht vor allem der Faktor Emotion im Vordergrund. Lösen Bilder eine emotionale Reaktion aus, brennen sie sich dauerhaft ein.

Ein Beispiel: Eine eigentlich friedliche Demonstration von vielen tausend Menschen auf einem Platz dieser Republik. Die Kundgebung dauerte 90 Minuten, der Bericht in den Fernsehnachrichten 90 Sekunden. Davon ist die letzte halbe Minute dem Dutzend vermummten Gestalten gewidmet, die am Rande der Demonstration versucht haben, diese Plattform für Krawall und Randale zu nutzen. Die Folge: Beim Zuschauer bleibt hängen, dass es eine Kundgebung mit Ausschreitungen gab. Einen anderen Charakter hätte der Beitrag, wenn an dessen Anfang ein paar wenige Bilder der Krawallmacher zu sehen wären, dann auf die friedliche Kundgebung und deren Inhalte eingegangen würde.

Auch die Kameraführung oder ein Bildausschnitt ist manipulativ. Zum Beispiel, wenn ein Kameramann einen Gewerkschaftschef von unten oder von oben aufnimmt. Damit wird entweder der Eindruck erweckt, der Abgebildete sei überheblich und arrogant (bei Aufnahmen von unten) oder klein und bedauerlich (bei Aufnahmen von oben). Beide Einstellungen transportieren aber auch eine Meinung, eine Sicht und beeinflussen somit auch die Reaktion des Betrachters.

Das gilt auch für **Beleuchtung**. Mit Licht lässt sich eine Person in ein günstiges oder in ein ungünstiges Licht rücken. Eine Rolle spielt dabei sehr häufig die Frage der gegenseitigen Sympathie. Kameraleute, die eine ihnen sympathische Person ablichten, tun dies meist vorteilhafter, als wenn jemand vor der Kamera steht, der ihnen unsympathisch ist.

Nicht ohne Wirkung ist auch der **Bildhintergrund**. Ein Pressesprecher beispielsweise, der sich während einer dramatischen Krise seines Arbeitgebers zu einem Statement im Tennisdress mit einem Tennisplatz im Hintergrund ablichten lässt, vermittelt auch gleich eine zusätzliche Botschaft – in diesem Fall mit Sicherheit keine angemessene. Deshalb sollte ein Hintergrund mit Bedacht gewählt werden. Letztlich entscheidet zwar auch hier der Medienmacher. Doch sind viele Kameraleute auch gerne bereit, auf Vorschläge einzugehen.

*Würde eine
Redaktion den in der
Mitte gezeigten
Ausschnitt
veröffentlichen, wäre
die Botschaft:
Kaum Interesse,
Wallraff einsam
vor einem fast
leeren Saal.*

*Der untere Ausschnitt
rückt einen Teil
des Publikums ins
Zentrum:
Der Betrachter
registriert
riesiges Interesse.*

Nicht alles, was gesagt wurde, wird auch ausgestrahlt. Das gehört zum Tagesgeschäft der Medienarbeit. Aber auch zur Hauptkritik an den Medien und den ausgestrahlten Sendungen und veröffentlichten Artikeln. Sicher, jeder Schnitt, jede **Kürzung** ist ebenfalls eine Form der Manipulation. Dahinter steckt jedoch meist keine böse Absicht, sondern Medienalltag. Dagegen hilft: Kernbotschaften vor einem Statement überlegen und kurze Sätze mit klaren Aussagen verwenden. Und vor allem: Das Wichtige auch zuerst sagen.

Ein Eindruck wird auch manipuliert durch die **Etikettierung** von Menschen und durch die **Wortwahl**. Ein Gewerkschaftschef wird positiver wahrgenommen als ein **Gewerkschaftsboss**, obwohl beides die selbe Person ist. Genau sowenig gleichgültig ist es, ob in einem Text von **Terroristen** oder **Freiheitskämpfern** gesprochen wird. KB ●

Alle Kanäle genutzt?

Mitglieder informieren und beteiligen ... sich

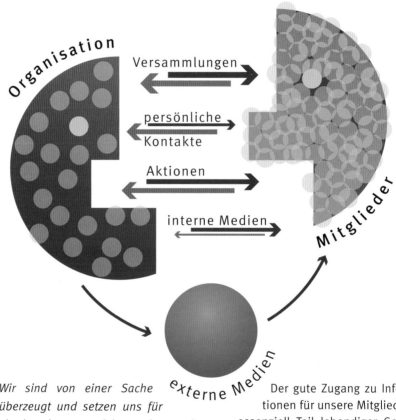

Wir sind von einer Sache überzeugt und setzen uns für sie ein – dazu organisieren wir uns mit anderen, um das gemeinsam zu tun. Jede Organisation, jede Initiative will die Interessen ihrer Mitglieder kraftvoll und erfolgreich durchsetzen. Das gelingt nur, wenn bekannt wird, was sie tut. Über die dazu tauglichen Informationskanäle hier eine Darstellung von Fachleuten aus der IG Metall in Nordrhein-Westfalen:

Der gute Zugang zu Informationen für unsere Mitglieder ist essenziell Teil lebendiger Gewerkschaftsarbeit. Und umgekehrt sind es unsere Mitglieder, deren Informationen zur richtige Ausrichtung dieser Arbeit beitragen. Nur wenn sie ihre Vorstellungen mit einbringen, wenn sie sich selbst beteiligen, dann entstehen akzeptierte, gute und gemeinsame Ergebnisse. Das gilt im Fall von Gewerkschaften bei Verhandlungen oder Konflikten in einzelnen Betrieben. Und es gilt ganz besonders, wenn Tarifrunde ist. Denn eine Flächentarifrunde ist die Königsdisziplin gewerkschaftlicher Kommunikation. Es muss in der Kommunikation alles stimmen – in allen Richtungen und in allen Kommunikationsformen.

Wenn die Tagesschau über die IG Metall und ihr Tarifergebnis als Aufmacher berichtet, wenn wir auf die Seite eins der Tageszeitung kommen, dann ist das gut für die schnelle Information. Und es ist gut für die öffentliche Wahrnehmbarkeit der IG Metall.

Für eine intern gute Kommunikation, müssen die Mitglieder der IG Metall besser vorab und direkt durch uns informiert werden. Unsere Mitglieder sind diejenigen, mit deren Beteiligung und für die wir verhandeln. Deshalb haben sie auch Priorität bei Informationen.

Es geht um die möglichst persönliche, professionelle und vielfältige Kommunikation mit den Mitgliedern. Wir wollen eine lebendige Organisation sein, die sich mit den Interessen ihrer Mitglieder entwickelt und die Konflikte für gemeinsame Interessen austrägt. Gut ist, wenn das soweit trägt, dass sich Beschäftigte neu für die Mitgliedschaft entscheiden, weil sie die Chance sehen und wahrnehmen wollen, gemeinsam durchsetzungsfähiger zu sein.

Jede gute Kommunikation zu jedem guten Anlass zählt

Die direkte Kommunikation, der direkte Draht zwischen Gewerkschaft und Mitgliedern ist für die Wahrnehmung und die Bewertung einer Tarifrunde entscheidend. Entscheidender wahrscheinlich als die Meldung in der Tagesschau.

Eine Tarifrunde beginnt ja auch nicht mit dem Abschluss. Von der Diskussion der Forderung, dem Beschluss der Forderung, der Kommunikation der Erwartungen an die andere Seite bis hin zum konkreten Verhandlungsgeschehen ergibt sich eine Dramaturgie des Kommunizierens.

Nur wer in allen Phasen mit seinen Mitgliedern kommuniziert und ihnen vor allem auch zuhört, wird am Ende sowohl die Argumente als auch die Aktivität der Mitglieder so bewegt haben, dass die Tarifrunde wirklich zur Bewegung wird.

Die Erfahrung lehrt: Nur dann sind gute, faire und akzeptierte Lösungen durchsetzbar. Deshalb gilt: Die Kommunikation der Gewerkschaft muss auf eigenen

Die beste und die überzeugendste Kommunikation
ist immer **das persönliche Gespräch**.

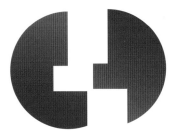

Beinen stehen, sie muss nach außen, aber vor allem nach innen erfolgen.

Wenn Forderungen diskutiert werden, wenn eingeschätzt werden soll, was machbar ist, wenn Verhandlungsergebnisse zu bewerten oder Ergebnisse im Betrieb konkret umgesetzt werden sollen – immer zählt der kurze Draht.

Nähe schafft Verständnis – warum hat beispielsweise die Verhandlungskommission so und nicht anders entschieden? All das lässt sich am besten direkt erklären. Nur so vermeidet man auch Missverständnisse, die zwangsläufig entstehen, wenn das Urteil aus der Ferne erfolgt. „Medien" können die reale Verhandlungsdynamik und den Sachverhalt in allen Einzelheiten nur sehr selten ganz erfassen.

Allerdings: **Mediale Kommunikation** ist unverzichtbar. Bei mehreren hunderttausend Mitgliedern in NRW braucht es eben viele Drähte. Vor allem bei großen Projekten wie zum Beispiel den Tarifrunden der Metall- und Elektroindustrie. Selbst wenn die Tarifkommissionen beispielsweise 140 Mitglieder hat, ist nicht jeder einzelne Betrieb dort vertreten. Und die Tarifkommissionsmitglieder können nicht mit Jeder und Jedem das persönliche Gespräch suchen. Die Lösung für unsere Tarifrunden heißt „Tarifverantwortliche". Sie sind angesprochen, um in ihrem Betrieb für schnelle und persönliche Information zu sorgen. Sie bekommen als erste ihre Informationen – etwa vom Fortschritt oder Scheitern der Verhandlungen. Sie sorgen mit den anderen Vertrauensleuten für den Draht zu den Mitgliedern.

Sie sind unsere wichtigen Multiplikatoren im Betrieb.

Die Beteiligungsstrategie macht den Erfolg

Vor jeder Entscheidung über die passenden Wege, auf denen das gelingt, steht die Frage der Strategie. Je besser es gelingt, die Mitglieder an der Ziel- und Entscheidungsfindung zu beteiligen, umso klarer wird die Zielbestimmung für alle Beteiligten.

Transparenz bedeutet in diesem Zusammenhang auch, dass man einen gemeinsamen Blick für Erfolgsbedingungen, Schwierigkeiten und Hindernisse auf dem Weg zum Ergebnis entwickelt. Für die Bilanzierung des Ergebnisses – Wir haben etwas geschafft – ist dieser Weg essenziell.

Gute Kommunikation macht eben nicht nur das Verhandlungsergebnis „schmackhaft". Diese Strategie muss scheitern! Wieso sollte mir plötzlich überzeugend erscheinen, was irgendwer weit weg für mich ausgehandelt hat? Noch dazu etwas, das gar nicht meinen konkreten Erwartungen entspricht. Eine gute gewerkschaftliche Kommunikation orientiert sich durchgängig am ganzen Prozess. Und sie fängt bei dem an, was die Mitglieder erwarten.

Diese Erwartungen entwickeln sich dynamisch. Sie sortieren und sammeln, konzentrieren und fokussieren sich. Und auch die Erwartungen an den Grad der Beteiligung sind nicht statisch. Sie entwickeln sich in dem Maße, wie mit einer auf Beteiligung ausgerichteten Kommunikation gearbeitet wird. Diese Wechselwirkung ist die Chance der gewerkschaftlichen Kommunikation.

Im Grundsatz ist das in einer „normalen" Tarifrunde nichts anderes, als im betrieblichen Konflikt um einen Standorterhalt oder ein neues Produktionssystem mit Auswirkungen auf die Arbeitsbedingungen jedes Einzelnen. Schon auf diese strategischen Fragen finden sich mit Beteiligung die besse-

Menschen zu beteiligen wirkt vierfach:

➕ Der gemeinsame Weg macht die Aktiven stärker und selbstbewusster. Dadurch gewinnt auch die Organisation neue Kraft.

➕ Das Ergebnis findet höhere Zustimmung und Akzeptanz.

➕ Kompetenzen und die Erwartungen vieler Einzelner werden einbezogen. Das Ergebnis ist dann so gut wie immer besser als wenn nur Einzelne entscheiden.

➕ Beteiligte Mitglieder werden zu aktiven Mitgliedern. Sie engagieren sich für ihre Gewerkschaft, überzeugen andere und werben neue Mitglieder.

ren Antworten. Das gilt dann auch für die Auswahl der jeweiligen Wege und Instrumente.

Die Beteiligten prägen ihre Organisation mit. Sie sorgen dafür, dass es um ihre Sache geht. Sie übernehmen selbst Verantwortung. Zum Ergebnis heißt es dann nicht nur „Daumen hoch oder runter", sondern: Was haben wir gekonnt? Was machen wir beim nächsten Mal besser?

Sind die Ziele unter Beteiligung möglichst vieler abgestimmt, wurde die Erreichbarkeit der Ziele realistisch bewertet, dann steigt auch die Glaubwürdigkeit und Ernsthaftigkeit des Anliegens und seiner Kommunikation.

Die Botschaften müssen stimmen. Mitglieder zu beteiligen bedeutet auch, dass die Ergebnisse der Beteiligung in klaren, leicht verständlichen Botschaften auf den Punkt gebracht werden: **Ein klar formuliertes Ziel, drei starke Argumente und dann die Schlussfolgerung für das weitere Handeln** – das kommt an und wird verstanden. Und weil auch die klarste Botschaft besser ankommt, wenn sie wiederholt ankommt, schadet es nicht, auf möglichst vielen Kanälen für Empfang zu sorgen. Wiederholung der Kernaussagen und das Gespräch, das ist wichtig! Manches kann man nicht oft genug sagen. Und über manches kann gar nicht genug geredet werden.

Wege der Kommunikation, die das persönliche Gespräch unterstützen:

▶ **Die Versammlung in der Abteilung, im Betrieb, in der Verwaltungsstelle**

Die Versammlung ist ein Klassiker für direkte Information und Diskussion. Hier werden Ziele bestimmt, Diskussionen geführt, Entscheidungen getroffen: Beispielsweise werden die Mitglieder der Tarifkommissionen gewählt. Hier kristallisieren sich Stimmungen und Einschätzungen. Hier entsteht auch die gemeinsame oder kontroverse Dynamik, die zu betriebs- oder tarifpolitischen Auseinandersetzungen dazugehört. Die Versammlung ist wichtig für das WIR, aber sie ist selten der schnellste Weg. Schon die Einladung braucht ja Zeit. Der Bericht darüber in der METALLZEITUNG und den öffentlichen Medien macht die Versammlung auch für diejenigen zum Ereignis, die nicht dabei sein konnten.

Der gemeinsame Beschluss – Bindeglied zwischen engagierter Diskussion und beherzter Umsetzung

▶ Die Befragung

Oft hat es Sinn, Mitglieder oder auch die aktiven Betriebsräte und Vertrauensleute direkt zu befragen. Klare und eindeutige Fragen sind die Voraussetzung für auswertbare Ergebnisse. Wer befragt wurde, hat natürlich auch den Anspruch, über die Ergebnisse der Auswertung informiert zu werden. Auch dabei zählt, dass die Ergebnisse zu Botschaften zusammengefasst werden, die Anstoß für das weitere persönliche Gespräch und Klarheit für das gemeinsame Handeln bieten. Die öffentliche Präsentation in der Betriebsversammlung kann schon ein entscheidender Schritt zum Erfolg sein.

▶ Die Aktion

Aktionen bieten vielen Mitgliedern die Chance, sich und ihre Sicht auf die Ziele einzubringen. Das muss nicht immer gleich der Warnstreik oder Streik sein. Schon die Brötchentüte mit dem Aufdruck „Gleiche Arbeit – Gleiches Geld" und das gemeinsame Frühstück von regulär Beschäftigten und Leiharbeitern vor dem Werktor kann im Betrieb wie in der Öffentlichkeit Bewegung bringen. Wenn dadurch der nötige Druck entsteht und mehr Fairness für Leiharbeiter erreicht wird, gehört hinterher eine Information zur Aktion und ihrem Erfolg selbstverständlich dazu. So simpel die „Tue Gutes und rede darüber"-Logik uns vorkommt, gerade bei Aktionen müssen wir sie besonders beherzigen: Jeder kommunikative Prozess braucht Anfang, Aufruf, Zwischenberichterstattung, aber vor allem auch Information über gute Ergebnisse und Lösungen.

▶ Die Informations-SMS

Die SMS nutzen wir seit einigen Jahren als Instrument, wenn es ganz schnell und ganz direkt gehen muss. Noch bevor die Medien informiert sind, wissen schon die Tarifverantwortlichen um den Zwischenstand einer Verhandlung oder sie kennen bereits erste Eckpunkte aus einem Ergebnis. Noch vor den Medien können sie ihren Informationsvorsprung zu einem Informationsvorsprung der Mitglieder machen.

▶ Die Schnellmeldung

Weil der Inhalt einer SMS nur eine sehr knappe, stichpunktartige Information erlaubt, hat sich zur Ergänzung unsere Schnellmeldung bewährt. Alle wesentlichen Botschaften sind auf einer Seite zusammen gefasst. Sie kann im Betrieb schnell ausgedruckt und verteilt werden. Per E-Mail oder per Abruf von einer Webseite sind die Tarifverantwortlichen eher oder mindestens genau so frühzeitig wie die Vertreter der Medien auch über Einzelheiten informiert. Und sie sind gegenüber ihren Kolleginnen und Kollegen sofort in der Lage, aktuell und kompetent Auskunft zu geben. Dabei ist wichtig: Die Schnellmeldung ist die besondere Information mit Vorsprung – zunächst exklusiv für die Aktiven und die Mitglieder. Sie gehört in den ersten Stunden nicht auch die allgemeine Webseite.

▶ Das Video im Netz

Weil es nicht nur um Fakten, sondern auch um Bilder, Personen und die Dynamik des Prozesses geht, haben sich auch Kurz-Videos zum Verhandlungsgeschehen bewährt. Statements von Beteiligten, Mitschnitte, all das macht anschaulicher, warum es wie gelaufen ist und vermittelt einen lebendigeren, vollständigeren Eindruck. In der Kürze liegt auch hier die Würze. Bei Versammlungen gezeigte Videos tragen dazu bei, neben den Fakten und Bewertungen auch die Stimmungsbilder zu transportieren. Auf der Webseite finden sie besondere Resonanz.

▶ Die METALLNACHRICHTEN

Die umfassendere Information bietet ganz klar das gedruckte Wort und Bild. Gewerkschaftliche Nachrichten (Flugblätter) müssen knapp, aber vollständig und ansprechend über Zwischenstände oder Ergebnisse berichten. Was zählt, ist die klare Transparenz über die eigenen Anforderungen und Ziel, die übersichtlich aufgeführten und guten Gründe, dafür zu streiten, die Bewertung dessen, was die Arbeitgeberseite will, die Stimmen und Stimmungen von Beteiligten und die deutliche Orientierung auf die nächsten Schritte. Bilder, Infografiken und Karikaturen erhöhen die Aufmerksamkeit. Was in den öffentlichen Medien zu kurz oder auch mal verzerrt rüber kommt, kann damit im „O-Ton" alle Mitglieder erreichen. Die METALLNACHRICHTEN müssen am Tag nach dem Ereignis im Betrieb sein. Trotzdem zählt hier Qualität vor Tempo.

▶ Die Webseite

Die schnelle Informationen im Internet zu suchen und zu finden ist zum Standard geworden – auch außerhalb der besonders spannenden Auseinandersetzungen müssen die Nutzerinnen und Nutzer sich darauf verlassen können, hier aktuell und korrekt informiert zu werden.

▶ Das Dialog-Angebot

Wer diejenigen ansprechen will, die noch nicht Mitglied der Gewerkschaft sind, der muss Kontakt aufnehmen. Am besten mit einem Angebot. Viele Beschäftigte haben Fragen und Erwartungen, beispielsweise im Zusammenhang mit der Tarifrunde und/oder ihrer konkreten Arbeitssituation. Oft können wir ganz gezielt ein Unterstützungsangebot machen. Oder wir haben Ideen, wer weiterhelfen kann. Um zu erfahren, was dem „Noch-nicht-Mitglied" wichtig ist, ist Kontakt das A und O. Um diesen Kontakt herzustellen, eignen sich Dialog-Angebote, etwa in Form eines persönlichen Anschreibens mit der Option auf Rückmeldungen und Anforderungen. Dazu eignen sich auch speziell auf Zielgruppen gerichtet Flyer. Die IG Metall hat ihre Dialogangebote in den letzten Jahren systematisch ausgebaut, qualitativ verbessert und immer stärker auf konkrete Zielgruppen fokussiert. Diese Strategie hat sich bewährt und wird stetig weiterentwickelt.

Fazit: Bewährtes zum Standard machen

Die IG Metall NRW entwickelt ihre Kommunikationskonzeption weiter. Was sich als Instrument der Kommunikation bewährt, das machen wir zum Standard. Was im Zeitalter von Internet und Smartphone überholt ist, das lassen wir weg. Der entscheidende Maßstab dafür ist, ob wir mit all dem Menschen überzeugen und neu für die IG Metall gewinnen können – und ob wir die bisherigen Mitglieder halten.

In der Bezirksleitung NRW haben wir aus den hier skizzierten Punkten die Standards unserer Kommunikations- und Beteiligungsarbeit gemacht. Mit jeder Aktion und Tarifrunde kommen weitere Ideen und Varianten der Umsetzung hinzu. Das ergibt sich allein aus der jeweiligen Beteiligung der Aktiven. Oft haben sie die besten Ideen dafür, was wir noch anders und besser machen können. Auch hier heißt das Erfolgsrezept: Beteiligung! ●

WOLFGANG NETTELSTROTH
MARC SCHLETTE

„Und Worte werden zu Taten"

Strategische Kommunikation in Kampagnen

Ist Kommunikation Handlung? Ja, Kommunikation ist Handlung. Worte machen Themen zum Thema und je nach Ansprache und Betroffenheit der Zielgruppe lösen sie Handlung aus und genau das ist das Ziel von Kampagnen. **Kommunikation** leitet sich vom lateinischen *communicare* ab: Laut Wörterbuch ist das zu übersetzen mit „eine Mitteilung machen, etwas gemeinsam machen, mitteilen, teilen, vereinigen".

Und genau darum geht es. Gemeinsamkeit soll entstehen. So entwickelt sich politische Willensbildung im Kleinen wie im Großen. Politik ohne Kommunikation gibt es nicht. Mobilisieren, aktivieren, verhindern, für etwas kämpfen, aufklären – für all das brauchen wir Kommunikation, also Sprache in Wort und Bild.

Kommunikation ist Vehikel für unsere Gedanken; Impulsgeber für das Verstehen und in Folge für die Aktivierung, um etwas „gemeinsam machen" zu können. Sprache öffnet das Fenster für Gedanken und Emotionen. Deswegen kommt eine Kampagne nicht ohne Sprache in Wort und Bild aus.

Strategie ist „ein längerfristig ausgerichtetes planvolles Anstreben eines Ziels unter Berücksichtigung der verfügbaren Mittel und Ressourcen" (Wikipedia).

Und um zielgerichtet und erfolgreich etwas gemeinsam zu machen, braucht eine **Kampagne** ein klares Ziel und ein klares Konzept. Dabei spielt es grundsätzlich keine Rolle, ob es sich um eine bundesweite, eine örtliche oder eine betriebliche Kampagne handelt.

Die Grundlage für ein erfolgreiches Konzept bietet folgende Fragestellung:

KEVIN M.
14 Jahre alt
wird mal Facharbeiter
17,50 Euro Stundenlohn

PAUL M.
14 Jahre alt
wird mal Leiharbeitnehmer
8,50 Euro Stundenlohn

nitiative
Gleiche Arbeit -- Gleiches Geld

Ein durchgängiges Erscheinungsbild prägte die Kampagne.

Was wollen wir (Botschaft)

wem (Dialog- oder Zielgruppe)

warum (Begründung)

auf welchem Weg (Medium)

wie (Methode/Schrittfolge)

mit welchen Effekten (Wirkung)

mitteilen?

Kampagnenstrategie und - typen

Es gibt viele Definitionen für die unterschiedlichen Zielrichtungen von Kampagnen. In der Regel werden sie in die drei Kategorien **Aktionskampagne** (politischen Druck erzeugen, um ein Ziel zu erreichen), **Informationskampagne** (über ein Thema informieren und Meinung bilden) und **Imagekampagne** (Darstellung der eigenen Organisation in der Öffentlichkeit mit dem Ziel „positive Wahrnehmung") eingeordnet.

Die Wahl der Kampagnenausrichtung beeinflusst immer die Art und Ausrichtung der Kommunikation.

Leiharbeit – ein Beispiel

An einer bundesweiten Kampagne der IG Metall zeigen wir hier den Weg von der Theorie zum praktischen Geschehen. 2008 hatte der Vorstand der IG Metall den Funktionsbereich Mitglieder und Kampagnen mit der Konzeption einer Kampagne zur Leiharbeit beauftragt. Die Ausgangssituation lässt sich kurz zusammenfassen:

▶ In immer mehr Betrieben wurden Leiharbeitnehmerinnen und -nehmer eingesetzt, Stammarbeitsplätze dadurch verdrängt.

▶ Leiharbeitnehmer im Helferbereich verdienen bis zu 50 Prozent weniger als Stammbeschäftigte,

▶ die Öffentlichkeit nimmt diese Entwicklung nicht wahr oder bewertet sie gar positiv

▶ in der IG Metall ist Leiharbeit ein Thema für wenige Spezialisten.

Blickfang mit hohem Informationsgehalt

weitergehende Aktivitäten notwendig, um den Arbeitgeber in die gewünschte Richtung zu „bewegen".

Kampagnenziele und Kommunikationsstrategie

In den unterschiedlichen Kampagnenphasen wurden verschiedene Kommunikationsziele verfolgt. Die eingangs beschriebene Systematik wird hier beispielhaft beschrieben:

Vor diesem Hintergrund wurde eine Aktionskampagne konzipiert, die das Thema ins Bewusstsein bringen und Druck erzeugen sollte. Dabei waren die Handlungsebenen Betrieb, Tarifparteien und Gesellschaft/Politik einzubeziehen.

Mit dem Titel „Gleiche Arbeit – Gleiches Geld" wurde ein zentraler Konflikt benannt und die Kernforderung direkt beschrieben. Außerdem war direkt klar, dass es hier um Werte ging. Das System der Leiharbeit in Deutschland ist ungerecht und die IG Metall steht für Gerechtigkeit und beweist es wirkungsvoll am Thema Leiharbeit.

Viele Kampagnenphasen wurden nach der oben beschriebenen Konzeption angelegt. Sie hat auch in betrieblichen Konflikten zum Thema funktioniert und zum Erfolg geführt. Sicher waren auch Betriebsräte erfolgreich, die direkt und ohne betriebliche Aktivitäten den Arbeitgeber mit ihren Forderungen zum Thema Leiharbeit konfrontiert haben. In den meisten Betrieben waren jedoch

Betriebliche Auseinandersetzung für Equal Pay – ein Beispiel

Was wollen wir (Botschaft):
Betriebliche „Besser"-Vereinbarung mit Equal Pay für Leiharbeitnehmer erreichen.

Mit wem (Dialog- oder Zielgruppe): Stammbelegschaft und den im Betrieb eingesetzten Leiharbeitnehmern

Warum (Begründung): Die Stammbelegschaft gerät durch Leiharbeit unter Druck. Ihre Arbeitsplätze sind gefährdet, für ihre Verwandten, Freunde und Kinder ist Leiharbeit oftmals die einzige Job-Perspektive.

Die Leiharbeiter würden bei Erfolg eine nahezu hundertprozentige Lohnerhöhung erhalten...

Auf welchem Weg (Medium): Als Medien stehen Flugblätter, Aushänge, Versammlungen oder auch persönliche Briefe zur Verfügung, unter Umständen kann auch die örtliche Presse „eingeschaltet" werden...

Wie (Methode/Schrittfolge):

❶ Betriebsräte recherchieren die Arbeitsbedingungen der Leiharbeiter und informieren die Belegschaft (Betriebsversammlung/Flugblatt)

❷ Beschäftigte unterstützen mit einer Unterschriftenaktion die Forderung des Betriebsrates

❸ Der Betriebsrat unterrichtet über den Verhandlungsstand in einer Betriebsversammlung, Arbeitgeber ist anwesend

❹ Ergebnis wird in Verhandlungen erreicht, Belegschaft über Flugblatt...

Mit welchen Effekten (Wirkung):

Zu ❶: Skandalisierung

Zu ❷: Mobilisierung, Beteiligung

Zu ❸: Konfrontation und Möglichkeit zur Auseinandersetzung

Zu ❹: Erfolg feiern, Mut für weitere Auseinandersetzungen entwickeln...

Schlussfolgerung, Empfehlung

„Ohne Ziel stimmt jede Richtung" und deshalb ist für jede Kampagne, ob betrieblich, regional oder bundesweit eine klare Zieldefinition, ein Grundkonzept und eine Grobplanung notwendig.

Entscheidend bei der Umsetzung ist Flexibilität, da jede erfolgreiche Kampagne ein lebendiger Organismus ist und immer wieder den aktuellen Entwicklungen angepasst werden muss.

Und die Erfahrung zeigt, dass Kommunikation kein „Abfallprodukt" oder nebenbei zu erledigen ist. Sie ist das zentrale Element, an dem sich Erfolg (oder Misserfolg) einer Kampagne festmachen lässt. ●

Erika Weber
Jörg Weigand

Große Mobilisierung in großen und kleinen Städten war das Ergebnis.

Wichtige Rechte eines Betriebsrats für seine Öffentlichkeitsarbeit

Wenn die Interessenvertretung der Beschäftigten
in einem Unternehmen Informationen verbreitet,
sollte sie fachlich und rechtlich auf der sicheren Seite sein

Wer nicht kommuniziert, existiert nicht in der Öffentlichkeit. Das gilt auch für einen Betriebsrat (BR), der seine Kolleginnen und Kollegen im Betrieb nicht regelmäßig informiert – er wird in seiner Arbeit nicht wahrgenommen. Es ist einer der häufigsten Kritikpunkte an der Arbeit von Betriebsräten, dass die Öffentlichkeitsarbeit mangelhaft sei.

Doch kommunizieren alleine löst die Aufgabe noch nicht – grundlegend wichtig für die Medienarbeit eines Betriebsrats sind auch formale Fragen: Der Absender (Betriebsrat oder zum Beispiel die zuständige Gewerkschaft IG Metall) muss auf den ersten Blick erkennbar sein. Der Inhalt und ein mögli-

ches Ziel müssen in großer Überschrift als Blickfang über der Mitteilung erkennbar sein, so dass die wesentlichen Dinge in wenigen Sekunden erfassbar sind.

Ein weiteres regelmäßig auftauchendes Problem ist: „Was soll ich denn berichten?" Darf ich das überhaupt berichten, ist das nicht alles geheim oder anders herum: Ist das nicht völlig uninteressant? Die Fülle an möglichen Themen für eine Mitteilung des BR ist immens. So sind zum Beispiel alle Themenfelder des § 87 des Betriebsverfassungsgesetzes (BetrVG) in der Regel eine Information wert.

Als kleine Auswahl:

Übergreifende Themen:
▶ Über die Betriebsräte selbst
▶ Firmen-Reportage
▶ Angebote und Termine des BR

Personengruppen:
▶ Jugend- und Auszubildenden-
    Vertretung (JAV)
▶ Schwerbehindertenvertretung (SBV)
▶ Jubilare / Rentenberatung
▶ Frauen im Betriebsrat

Arbeit im Betrieb:
▶ Mehrarbeit / Kurzarbeit
▶ Gleitzeitkonten,
    Verfall von Arbeitszeit
▶ Einstellungen/Versetzungen
▶ Technologien / Investitionen

Soziale Angelegenheiten:
▶ Kantine
▶ Rauchverbot
▶ Parkplatzsituation

Tarifvertrag:
▶ Forderungen
▶ Stand der Verhandlungen
▶ Neue Entgelte
▶ Sonderzahlungen

Allgemeine Informationen:
▶ Arbeitssicherheit
▶ Leiharbeit
▶ Vereinbarkeit von Arbeit und Leben

Im Prinzip braucht man nur die Themen aufgreifen, die jeden Tag im Betriebsrat bearbeitet und diskutiert werden. In den meisten Fällen unterfallen sie auch nicht einer Geheimhaltungspflicht, die es nur bei Geschäftsgeheimnissen gibt.

Als Mitteilungsmöglichkeiten sind die klassischen Wege wie **Betriebsversammlung** nach § 42 BetrVG, **Schwarzes Brett** und **Flugblatt** oder **Mitarbeiterzeitung** zu nennen. Es können auch neuere Kommunikationswege wie **E-Mail**, **Twitter**, **Facebook** und **Flashmob** genutzt werden. Es ist in vielen Fällen auch schon gerichtlich abschließend entschieden, dass auch diese Kommunikationsmöglichkeiten dem Betriebsrat offen stehen. Auf der folgenden Seite mehrere grundlegend wichtige Entscheidungen im Einzelnen:

• Schon in einer Entscheidung vom 21. November 1978 hat das Bundesarbeitsgericht (BAG) entschieden, **dass der Arbeitgeber die Kosten für ein regelmäßiges Informationsblatt des Betriebsrates tragen muss**. Sogar die Versendung an die Privatadresse zum Beispiel bei Kurzarbeit oder einer hohen Anzahl von Außendienstmitarbeitern ist erforderlich (vgl. Landesarbeitsgericht [LAG]Berlin vom 28. Juni 1984).

• Auch **beim Layout einer Mitarbeiterkommunikation kann sich der Betriebsrat extern helfen lassen,** wenn er selbst diesen Sachverstand nicht hat. Es bedarf aber der Zustimmung des Arbeitgebers bei Kosten nach § 80 BetrVG (vgl. LAG Baden-Württemberg vom 22. November 1985)

• Wichtig ist eine **professionell gehaltene Betriebsversammlung** nach § 42 ff. BetrVG. Der Arbeitgeber hat für die Kosten einzustehen. Das sind neben dem eigentlichen Raum auch eine ordentliche Bestuhlung, Beschallung, Leinwand und Beamer sowie ggf. weitere Unterstützung. Die Form der Durchführung als Teil- oder Vollversammlungen, obliegt allein dem Betriebsrat. Die Arbeitnehmer haben für die Teilnahme an Betriebsversammlungen immer einen Vergütungsanspruch, selbst im Urlaub (BAG vom 05.07.1987 – 1 AZR 665/85)

• Nutzung von Internet und E-Mail ist heute Standard – auch für den Betriebsrat. So kann der Betriebsrat seine **Mitteilungen per E-Mail** verschicken. Auch die Gewerkschaft kann per E-Mail **im Netz des Arbeitgebers** informieren und werben (BAG vom 20.01.2009 – AZ 1 AZR 515/08). Auch die Nutzung des Internets, wie etwa für Recherche steht dem BR inzwischen offen (BAG vom 20.01.2010 – 7 ABR 79/08).

• Die **Erstellung und Nutzung einer Homepage,** die immer mehr das traditionelle Schwarze Brett ersetzt, ist für den Betriebsrat durchsetzbar (BAG vom 1. Dezember 2004 – 7 AZR 18/04).

• Der Arbeitgeber darf **keinen Einfluss auf die Inhalte und die Gestaltung einer solchen Homepage** ausüben (LAG Hessen vom 15. März 2007 – 9 TaBVGa 32/07).

Es besteht eine Fülle von Möglichkeiten für den Betriebsrat, die Art und Weise und die Inhalte seiner Kommunikation zu gestalten und bei Bedarf auch durchzusetzen. Die inhaltlichen Grenzen sind in der Regel die **Meinungsfreiheit** auf der eine Seite und die , nach § 79 BetrVG auf der anderen Seite.

Was noch unter das Geschäftsgeheimnis fällt, wird in vielen Fällen vom Arbeitgeber sehr weit gesehen. Das ist aber in vielen Fällen nicht so. Diese gesetzlich normierte Schweigepflicht ist das Gegenstück zu den gesetzlichen Informationspflichten des Arbeitgebers gegenüber dem Betriebsrat (BR) und anderen betriebsverfassungsrechtlichen Organen.

Der Arbeitgeber soll also nicht Informationen zurückhalten, weil er fürchtet, Dritte oder gar Konkurrenten könnten über diesen Weg an Informationen gelangen. Die Vorschrift soll den Arbeitgeber bei seiner Teilnahme am Wirtschaftsverkehr schützen, nicht jedoch in seiner Rolle als Tarifpartei oder gegenüber den Arbeitnehmern.

Hier entstehen immer Konflikte, weil im Interesse einer demokratischen Interessenvertretung ein Austausch zwischen den Vertretern und den Vertretenen stattfinden muss. Im Einzelfall ist der Betriebsrat sogar verpflichtet, bestimmte Informationen an die Belegschaft weiterzugeben[1], selbst dann,

wenn sie ein Betriebs- oder Geschäftsgeheimnis sind.

Die Prüfung der Verschwiegenheitspflicht folgt dem folgenden Prüfungsschema:

1. materielles Betriebs- oder Geschäftsgeheimnis

2. dass dem BR-Mitglied die Information im Rahmen seiner Tätigkeit als BR bekannt geworden ist

3. die Information muss vom Arbeitgeber ausdrücklich als geheimhaltungsbedürftig bezeichnet worden sein

4. keine besondere Offenbarungspflicht oder -recht gegenüber der Allgemeinheit

5. Aktivlegitimation (Berechtigung) des Arbeitgebers

6. Passivlegitimation (Verpflichtetsein) der Mitglieder des BR

Liegen alle sechs Prüfungspunkte[2] vor, so ist die Rechtsfolge ein Verbot der Offenbarung und Verwertung der erhaltenen Information.

Dies dürfte nur in wenigen Fällen so sein, so dass man sich **nicht verunsichern lassen** muss. ●

JOCHEN HOMBURG

---

1   DKK zu § 79 BetrVG, Rn. 27.

2   Prüfungsschema aus DKK zu § 79, Rn. 5.

Ärger, den wir vermeiden können

Grundlegende Hinweise zum Medienrecht

Das Medienrecht ist kein Rechtsgebiet im klassischen Sinne wie das Strafrecht, das Zivilrecht oder das Tarifrecht. Es handelt sich um einen Mantel, der mehrere Rechtsmaterien umfasst. Unter Medienrecht versteht man die Gesamtheit aller Regelungen und Entscheidungen, die die Arbeit und die Wirkung von Medien rechtlich bestimmen.

Adressaten des Medienrechts sind Journalisten und Medienunternehmen, Funktionäre, die Veröffentlichungen verantworten, oder Personen, über die in der Zeitung geschrieben oder im Internet oder Fernsehen berichtet wird. Das kann der Fall sein als Funktionsträger wie beispielsweise innerhalb der IG Metall oder als Privatperson.

Rechtliche Einordnung

Ausgangspunkt des Medienrechts ist das Grundgesetz. Artikel 5, Absatz 1 garantiert die Meinungs- und Informationsfreiheit als Basis für eine funktionierende Demokratie. Die Meinungs- und Informationsfreiheit gibt jedem das Recht, seine Meinung zu äußern, diese zu verbreiten und sich umfassend zu informieren.

Das Recht des Einen hört da auf, wo das Recht des Anderen beginnt. Die Meinungs- und Informationsfreiheit gilt nicht uneingeschränkt. Die Freiheit hört da auf, wo der Schutz der Menschenwürde oder das allgemeine Persönlichkeitsrecht betroffen ist.

Das allgemeine Persönlichkeitsrecht (aus Artikel 2 des Grundgesetzes) gibt grundsätzlich jedem das Recht zu entscheiden, ob und in welchem Umfang er sein Leben in die Öffentlichkeit tragen möchte. Niemand soll gegen seinen Willen in die Öffentlichkeit gezogen werden. Es gilt der Grundsatz: Jeder hat die Möglichkeit, sein Privatleben dem Zugriff der Medien zu entziehen.

Was hat das mit unserer Arbeit als ehrenamtlich oder auch beruflich Engagierte zu tun? Viel, wie Ihr in den kommenden Abschnitten über Persönlichkeitsrechte, Urheberrecht und Markenrecht erfahren werdet.

Persönlichkeitsrechte

I. Recht am gesprochenen Wort

Das Recht am gesprochenen Wort schützt gegen Entstellung oder Unterschieben von Äußerungen. Jeder darf bestimmen, ob sein gesprochenes Wort auf Tonträger (CD, Mp3 oder andere) aufgezeichnet wird und vor wem es abgespielt wird.

II. Recht am eigenen Bild

Der Streit um die Veröffentlichung von Fotos oder Filmmaterial hat in der Vergangenheit oft die Gerichte beschäftigt und gibt immer wieder Anlass zu Rechtsstreitigkeiten, die vermeidbar sind, wenn man ein paar Grundsätze beachtet.

Fotos oder Filmaufnahmen dürfen ohne Erlaubnis der darauf abgebildeten Personen nicht veröffentlicht werden.

Ausnahmen:

Personen als Teil einer Menge: Menschen in einer Demo dürfen gezeigt werden, es sei denn, einzelne Personen sind herausgegriffen. Auch auf öffentlichen Plätzen dürfen Menschen fotografiert werden, solange sie nur Beiwerk zu Gebäuden, Skulpturen sind. Sobald einzelne Personen herausgestellt werden, muss ihre Einwilligung vor der Veröffentlichung eingeholt werden. Das gilt unabhängig davon, wofür ich das Foto verwenden will (Intranet, Internet, Betriebszeitung, Flugblatt). Im Zweifel ist man mit einer kleinen Frage, ob man das Bild verwenden darf, immer auf der sicheren Seite. Am besten die Einwilligung dokumentieren. Ideal ist eine schriftliche Einwilligung. Ein Okay per E-Mail genügt.

Personen des öffentlichen Lebens beziehungsweise „Personen der Zeitgeschichte": Bilder von Personen der Zeitgeschichte dürfen auch ohne Einwilligung veröffentlicht werden.

Dazu zählen Schauspieler, Politiker, prominente Fußballspieler oder Angehörige von Fürstenhäusern. Caroline von Monaco hat mehrere Male die Gerichte beschäftigt, weil sie gegen Fotografen vorgegangen ist, die sie in zum Teil privaten Lebenssituationen aufgespürt und Fotos in den einschlägigen Illustrierten veröffentlicht haben.

Hier gilt: Bewegt sich Caroline im öffentlichen Raum, können Fotos von ihr ohne Einwilligung veröffentlicht werden. Dasselbe gilt für den Daimler-Vorstandsvorsitzenden Dieter Zetsche, solange es sich um Fotos in seiner Funktion als Daimler-Chef handelt. In der Privatsphäre ist die Verwendung der Fotos unter Umständen erlaubt. In der Intimsphäre ist das Fotografieren von „Promis" verboten.

Urheberrecht

I. Text

In Zeiten des freien Zugriffs auf Texte im Internet gerät folgende Grundregel oft in Vergessenheit: Was veröffentlicht ist, ist nicht notwendigerweise frei. Was frei ist, ist nicht zwangsläufig kostenfrei.

Der Autor eines Textes besitzt an seinem Text alle Rechte. Ohne seine Genehmigung darf niemand den Text verwenden, vervielfältigen, auf die eigene Seite ins Internet stellen oder damit Geld verdienen. Wer dies tut, macht sich strafbar und muss Schadenersatz zahlen für das, was er mit fremden Mitteln erwirtschaftet hat.

*Unter Umständen
wird es teuer!*

Hier gilt: entweder Genehmigung des Autors einholen oder nur die Kerninformationen des Textes verwenden, ihn also grundlegend umformulieren. Es gibt inzwischen Suchmaschinen, die Texte auf zusammenhängende Wortfolgen scannen und das Material für Abmahnungen liefern.

Viele Anwaltskanzleien haben das lukrative Geschäft mit der Abmahnung entdeckt. Wenn beispielsweise ein IG Metall-Mitglied eine solche Abmahnung für eine gewerkschaftliche Veröffentlichung bekommt: Sofort die zuständige Rechtsstelle innerhalb der IG Metall verständigen. Nichts unterschreiben. Oft werden sogenannte Unterlassungs- oder Verpflichtungserklärungen verschickt. Diese sollten dem nächstbesten zuständigen Juristen unmittelbar vorgelegt werden.

Die gute Nachricht dazu ist: Euer Erzeugnis kann nicht ohne weiteres abgekupfert werden, da könnt dann wiederum Ihr durchgreifen.

Zeitungsartikel dürfen auf keinen Fall kopiert und auf die Internetseite oder Intranetseite gestellt werden. Was geht, ist ein Link, der auf den entsprechenden Artikel verweist, wenn die Zeitung ihn selbst ins Netz stellt.

2. Abbildungen

Ein Foto, eine Illustration oder auch eine Karikatur ist ein Kunstwerk und ebenfalls urheberrechtlich geschützt: Alle Rechte stehen demjenigen zu, der das Bild erschaffen hat.

Wann und für welchen Zweck darf ich ein Bild oder eine Karikatur verwenden, ohne Honorar bezahlen zu müssen? Gar nicht. Es sei denn, der Künstler gibt ausdrücklich seine Zustimmung. Auch dann muss die Art und Weise der Verwendung des Bildes geklärt sein. Für jede weitere Nutzung muss wieder eine Zustimmung des Künstlers eingeholt werden.

Vorsicht auch bei Materialien aus den eigenen Reihen. Auch wenn es sich beispielsweise um eine gelungene Karikatur aus einer Mitgliederzeitung der eigenen Gewerkschaft handelt: Der, der die Karikatur verwenden will, muss sich vorher erkundigen, ob er sie verwenden darf und gegebenenfalls zu welchem Preis. Hintergrund: Das Nutzungsrecht an dieser Karikatur ist unter Umständen nur um Zweck der einmaligen Veröffentlichung verkauft worden. Und der Karikaturist lebt nun mal vom Verkauf der Nutzungsrechte. Verletzungen seiner Rechte darf er verfolgen und das kostet mindestens das übliche Honorar. Wenn die Namensbezeichnung fehlt, sogar das doppelte des üblichen Honorars (Stand Frühjahr 2011).

Vor der Veröffentlichung muss der Urheber gefragt werden, ob das Foto, die Illustration oder die Karikatur genutzt werden darf. Gegebenenfalls ist ein Honorar zu zahlen und immer (!) der Name des Urhebers zu nennen.

Man
sollte
unbedingt
...

korrekt zitieren

Eigene Abbildungen könnt ihr ohne Bedenken verwenden: Auch hier ist es sinnvoll, den Namen des Fotografen oder des Illustrators – in diesem Fall Euren eigenen – zu nennen. Vielleicht ist die Abbildung so einzigartig, dass andere Begehrlichkeiten entwickeln, mit denen Ihr nicht in Zusammenhang gebracht werden möchtet. Alles schon passiert!

Beachten müsst Ihr bei eigenen Fotos die Rechte der Abgebildeten (siehe Persönlichkeitsrecht).

3. Zitate

Zitate sind urheberrechtlich erlaubt. Ein Zitat ist allerdings nur, was zur Verstärkung der eigenen Position herangezogen wird – es muss also ein eigener Text vorhanden sein, zu dessen Verstärkung man sich auf den Text eines anderen bezieht. Für die Länge des Zitats gibt es keine Regeln. Wichtig beim Zitat: Quelle nennen und es als solches markieren mit Anführungsszeichen.

Markenrecht, Namensrecht

Markenrecht und Namensrecht sind wichtig für die Beurteilung der Verwendung sogenannter „Logos".

Im Markenrecht geht es meist um die Frage der Verwechslungsgefahr. Wenn die gegeben ist, kann das Recht an der Marke, des Logos verletzt sein.

Lasst euch nicht täuschen: Nicht immer genügt eine Kontrolle, ob die Marke – ein Logo gilt als Bildmarke – beim Markenamt eingetragen ist. Jeder Name, jede Marke kann ganz einfach dadurch geschützt sein, dass er beziehungsweise sie in der Öffentlichkeit verwendet wird.

Wichtig bei behaupteten Markenrechtsverletzungen: Gewerkschaften handeln nie im geschäftlichen Verkehr und alles muss immer im Lichte von Art. 9 II GG geprüft werden, zusätzlich zu Art 5 GG (Meinungs- und Äußerungsfreiheit).

Darf ich das Logo meines Betriebs verwenden? Wer auf ein Flugblatt oder in irgendeiner sonstigen Publikation das Logo seines Betriebes verwenden will, kann das tun, wenn er mit seinem Unternehmen abgeklärt hat, dass er es darf. Soll auf einem Flugblatt sowohl das Logo des Unternehmens als auch das Logo einer anderen Gewerkschaft oder eines Verbandes verwendet werden, muss das abgeklärt sein. Viele Unternehmen sehen es nicht gerne, wenn das Logo der Gewerkschaft mit drauf ist.

Das Logo des Betriebes verfälschen – davon ist abzuraten. Das kann als Markenverunglimpfung ausgelegt werden oder als Verwässerung der Marke und zieht markenrechtliche Folgen nach sich.

Übrigens: Wenn Ihr einen besonderen Namen für eure Publikation gefunden habt und den verwendet, darf den niemand ohne Eure Zustimmung verwenden!

Veröffentlichungen

Worauf kommt es an? Neben der Verbreitung von Fakten und Meinungen zum Zwecke von Werbung, Mobilisieren, Agitation und so weiter kommt es neben der Allgemeinverständlichkeit darauf an, sich wenigstens ein Mindestmaß an Absicherung oder Unangreifbarkeit zu sichern.

Was muss man dafür beachten? Nachdem es in der Zwischenzeit zum Lieblingssport und zu einer sprudelnden Einnahmequelle zahlreicher Juristen gehört, Abmahnungen (siehe auch die Ausführungen weiter unten) wegen der Verletzung des Urheberrechts bis hin zum Markenrecht zu verteilen, müssen wir die Grundsätze übernehmen, die auch ein berufsmäßiger Schreiber, ein Journalist, beachten muss. Damit ist man halbwegs auf der sicheren Seite. Zumal auch Unternehmen Abmahnungen immer häufiger zum Zwecke der Einschüchterung aktiver Gewerkschaften benutzen.

Absolute Unangreifbarkeit gibt es nicht. Wenn man die Grundprinzipien des derzeitigen Äußerungsrechts anwendet, werden wir vielleicht trotzdem noch angegriffen. Aber die Chance unserer Gegner, dass sie ihre Wünsche gerichtlich durchgesetzt bekommen, ist deutlich geringer.

Voraussetzungen dafür sind: Die Fakten müssen stimmen. Das ist genauestens zu überprüfen. Wenn wir eine interessante Information erhalten, muss der Wahrheitsgehalt ermittelt werden. Falsche Tatsachenbehauptungen sind unter Umständen sogar strafbar. Es nützt nichts, die Behauptung in ein Zitat („X sagt, dass…") oder in eine Frage zu verpacken. Tatsache ist, was sich beweisen lässt.

Meinungen sind frei. Sie sind von der Meinungs- und Pressefreiheit geschützt. Meinung ist alles, was bewertet. Die Abgrenzung zwischen Tatsachen und Meinungen ist nicht immer einfach. Die Formel „Wir meinen, dass…", auf eine Tatsachenbehauptung angewendet, ist im Ernstfall wirkungslos.

Kritik gehört zum Handwerkszeug eines Journalisten und ist auch dem Laien erlaubt. Sie braucht nicht dezent und zurückhaltend zu sein. In der politischen Auseinandersetzung sind auch derbere Formen erlaubt.

Ausnahme ist die „Schmähkritik". Sie wird gerne als Totschlagargument hervorgezogen, liegt nur dann vor, wenn ohne jegliche Bezugnahme auf Themen und Probleme nur zum Zweck der Vernichtung und Herabwürdigung auf jemandem herumgehackt wird.

Im Einzelnen: Wenn man das Verhalten eines Dritten kritisiert, ist das erlaubt. Tiervergleiche werden dagegen als Schmähkritik angesehen und sind sogar als Satire problematisch. Mit der Darstellung des seinerzeit mächtigen CSU-Politikers Franz-Josef Strauß als Schwein haben sich schon die Gerichte beschäftigt und der Satiriker hat verloren. Abgesehen davon, darf Satire gemeiner sein als ein ernsthafter Text, da sie von der Überzeichnung lebt.

Ein Zitat, mit dem Ihr Eure Meinung ausdrückt und das Ihr zur Verstärkung

niemanden beleidigen

oder als Beleg benutzt, wird euch zuge-rechnet. Überschreitet es die erlaubten Grenzen, hat das Auswirkungen. Das gilt nicht, wenn ihr Euch von dem Zitat distanziert.

Abmahnungen

Viele Anwälte haben sich darauf spezi-alisiert, Abmahnungen zu verschicken und damit Geld zu verdienen. Dies ge-schieht mit dem Mittel der „strafbe-wehrten Unterlassungserklärung": In dieser Erklärung wollen die Abmahner sicherstellen, dass ein bestimmtes Ver-halten unterbleibt. Anderenfalls soll eine Strafe (Geldstrafe) fällig werden. In aller Regel setzt der Abmahnende eine Frist.

Wichtig: Immer reagieren – Kopf in den Sand stecken nützt nichts, sonst endet die Sache schnell im gerichtlichen Ver-fahren. Faustregel: Die einstweilige Ver-fügung gewinnt meist der, der sich ver-letzt fühlt – im Hauptsacheverfahren sieht dies oft anders aus.

 Deshalb grundsätzlich einen Juristen des Vertrauens mit Fachwissen (Me-dienrechtler) einbeziehen. Wenn die Sache eindeutig zu unseren Ungunsten sein sollte, muss die Unterlassungs-erklärung genauestens geprüft wer-den: Manchmal wird da ein untragbarer (hochgefährlicher) Text geliefert, wer-den unangemessen hohe Strafsummen bei weiterer Verwendung ins Spiel ge-bracht. ●

SIGRUN HEIL

Wer ist verantwortlich?

Für jede Veröffentlichung muss es ein **Impressum** mit einem Menschen geben, der „verantwortlich im Sinne des Presserechts" ist, und der mit vollem Namen und korrekter Adres-se genannt wird – Hintergrund: Be-hauptungen oder Beschuldigungen sollen nicht anonym verbreitet wer-den. Bei Drucksachen muss auch die Druckerei genannt werden.

Wenn möglich, sollte der „V.i.S.d.P" eine Person sein, die beruflich unab-hängig ist: Wenn Eure Naturschutz-gruppe mit der Stadtverwaltung im Clinch liegt, muss nicht unbedingt ein städtischer Angestellter die pres-serechtliche Verantwortung über-nehmen. Bei einer Betriebszeitung ist womöglich der örtliche Bevoll-mächtigte der IG Metall eine besse-re Wahl als die Betriebsratsvorsit-zende...

Keine Angst vor Journalisten!

Der Kontakt zu Medienvertretern sollte sorgsam gestaltet werden

Freitag, 14.38 Uhr

Das Klingeln des Telefons riss mich aus meiner Konzentration. Vor mir liegt zwischen Aktenmappen, Tarifverträgen und Zeitungsausschnitten die neueste Betriebsvereinbarung zur Beschäftigungssicherung in unserem Unternehmen auf dem Schreibtisch. Daneben der Tarifvertrag, den unsere Gewerkschaft vor etwa acht Jahren abgeschlossen hatte. Er ist die Grundlage für unsere Vereinbarung.

Ich blicke also auf den Grundstein für den Fortbestand der Belegschaft. Die Vereinbarung schützt meine Kolleginnen und Kollegen in den nächsten fünf Jahren vor Kündigungen. Das Eigenkapital der Firma war massiv abgeschmolzen, die Banken hatten den Geldhahn zugedreht und das ganze Unternehmen war zeitweise auf der Kippe gestanden.

Das waren die Vorzeichen, unter denen wir vor Monaten angefangen hatten, mit dem Arbeitgeber zu verhandeln.

Es war ein hartes, zähes Ringen gewesen. Wie ein Damoklesschwert hatte die Drohung der Standortschließung über uns gehangen, bis wir die Einigung fanden, die für beide Seiten akzeptabel ist.

Sicher, die Situation hatte sich in den letzten Wochen wieder entspannt, die Auftragslage zog deutlich an, statt Kurzarbeit wurden inzwischen in den meisten Bereichen wieder Überstunden verlangt. Doch als wir uns auf die Verhandlungen eingelassen hatten, ging es nicht nur um den Fortbestand des Standortes. Es ging um nichts weniger die Existenz der fast 500 Beschäftigten, die hier Tag für Tag ihr Geld verdienten.

Das Telefon klingelte weiter.

Was hatten wir nicht Für und Wider diskutiert, Details in Vier- oder Acht-Augen-Gesprächen verhandelt, die Vertragstexte ausgearbeitet und einige Nebenabreden als Protokollnotizen und in so genannten Sideletters festgezurrt. Dann musste das noch mit der

Gewerkschaft abgesprochen werden, damit auch alles im Gleichklang mit den Tarifverträgen ist.

Und letzte Nacht haben wir endlich den Durchbruch geschafft. Die Arbeitsplätze sind für fünf Jahre sicher, der Standort bleibt erhalten und das Unternehmen investiert sogar.

Und trotzdem murrt die Belegschaft. In einer E-Mail, die noch in der Nacht in mein Postfach geflattert war, werde ich von einem Beschäftigten, der es vorzieht, seinen Namen nicht zu nennen, als Verräter beschimpft. Er ist ärgert sich über Details des Vertrages. Demnach können der Belegschaft zur Sicherung des unter Kostendruck stehenden Standorts für die nächsten fünf Jahre Teile der kommenden Tariferhöhungen anrechnet werden. Dann wird das Niveau wieder an den Tarifvertrag angepasst. Außerdem lässt der Vertrag zu, das Weihnachtsgeld anteilig zu kürzen, wenn die finanzielle Lage des Unternehmens angespannt ist. Dafür gibt es jetzt eine Sonderzahlung für alle Beschäftigten, wenn vom Unternehmen Gewinn erwirtschaftet wird.

Noch immer klingelte das Telefon.

Ich schiebe die Unterlagen in die dazugehörige Mappe. Die Verhandlungen haben ordentlich Kräfte gezehrt. Jetzt liegt der Ausdruck einer E-Mail eines Angestellten oben auf dem Stapel. Er beschwert sich, weil wir die Zahl der Beschäftigten mit 40-Stunden-Verträgen reduzieren wollen. Schließlich habe er eine Familie zu ernähren und ein Haus zu zahlen, schreibt er. Und er werde uns seine Mitgliedskarte der Gewerkschaft schicken, wenn wir diesen angeblichen Unfug nicht stoppen.

Schließlich könne er seine Angelegenheiten sehr gut alleine regeln. Viel Spaß, denke ich mir nebenbei und nehme mir vor, ihm bei Gelegenheit zu antworten.

Endlich griff ich zum Hörer. „Mayer, Betriebsrat.“

„Hier ist Landowski“, meldete sich eine ruhige, sonore Stimme. „Ich bin Redakteur beim Tagblatt. Mir liegen Informationen vor, wonach Sie sich heute Nacht mit dem Arbeitgeber auf einen Standortsicherungsvertrag geeinigt haben. Dazu habe ich einige Fragen.“

Verdammt noch mal! Woher hatte der die Informationen? Wir haben doch die Belegschaft noch gar nicht informiert. Am Flugblatt schreibt der Kollege Werner gerade. Und wir haben es bisher immer so gehalten, zuerst die Belegschaft und dann den Rest. Das Flugblatt soll am Montag vor den Toren verteilt werden.

Ach ja, dachte ich mir und schrieb nebenher eine kurze Notiz, ich musste ja noch die Verteilermannschaft einteilen. Dann konzentrierte ich mich wieder auf das Telefonat, obwohl ich gar keine Lust hatte, mit so einem Schmierfink zu reden. Die schreiben doch, was sie wollen. Ich erwiderte mit fester Stimme: „Dazu kann ich Ihnen jetzt noch keine Auskunft geben.“

„Aber Sie haben doch fertig verhandelt. Meine Info kommt direkt aus dem Unternehmen. Und auch die Pressestelle hat nicht dementiert, dass es ein Ergebnis gibt.“

„Das ist deren Sache. Bevor wir unsere Kolleginnen und Kollegen nicht umfassend informiert und gehört haben, lässt sich dazu nichts sagen. Wir haben nächste Woche Betriebsversammlung, dann bekommen Sie Ihre Informationen."

„Das ist mir zu spät. Ich brauche jetzt ein Statement."

„Versuchen Sie es doch im Gewerkschaftsbüro."

„Dort ist doch Freitagnachmittag niemand zu erreichen. Oder haben Sie mir wenigstens eine Handynummer?"

„Nein, die kann ich nicht einfach so weitergeben. Auf Wiederhören", sagte ich und legte rasch den Hörer auf, bevor dieser Landowski noch etwas erwidern konnte.

Diese Pressemeute. Konnten die sich nicht an unsere Spielregeln halten? „Erst die Belegschaft, dann der Rest", brummte ich in Gedanken vor mich hin und schüttelte den Kopf.

Diese verfluchten Journalisten. Ich überlegte noch kurz, ob ich meinen Gewerkschaftssekretär anrufen sollte, ließ es aber bleiben. Ohne Informationen von uns können die ja auch nichts schreiben, dachte ich mir.

Samstag, 8.05 Uhr

Tags darauf saß ich beim Kaffee zuhause am Frühstückstisch und schlug das Tagblatt auf. Gleich auf der ersten Seite sprang mich eine Meldung an:

Sperling sichert Arbeitsplätze

Die rund 500 Arbeitsplätze der Metallwarenfabrik Sperling in Vogelsang sind für die nächsten fünf Jahre gesichert. Das hat das Tagblatt aus Unternehmenskreisen erfahren. Demnach gibt Sperling seinen Beschäftigten für diesen Zeitraum einen Schutz vor Entlassungen. Im Gegenzug werden die kommenden Tariferhöhungen während dieser Zeit nur teilweise weitergegeben und verzichten die Beschäftigten auf einen Teil ihres Weihnachtsgeldes.

„Uns war die Sicherheit für die Beschäftigten wichtig", so ein Unternehmenssprecher. Deshalb habe man versucht die Vereinbarung so schnell wie möglich unter Dach und Fach zu bringen. Außerdem werde man künftig die Mitarbeiter für ihre herausragende Leistung am Erfolg des Unternehmens beteiligen, so der Geschäftsführer Franz-Josef Sperling gegenüber unserer Zeitung. „Wenn wir gute Gewinne machen, sollen die Beschäftigten auch ihren Anteil bekommen. Da fahren sie finanziell besser wie mit den Tariferhöhungen."

Weder Betriebsrat noch die Regionalstelle der Gewerkschaft waren für eine Stellungnahme zu erreichen. Die Beschäftigten dagegen sehen die Vereinbarung überwiegend kritisch. „Da wurde ohne Not unser Geld dem Unternehmen in den Rachen geworfen", so ein Mitarbeiter vor dem Werktor. Ein anderer kritisiert die Vereinbarung als unnötig, freut sich aber über die Ankündigung seines Arbeitgebers, ihn künftig am Ertrag des Unternehmens beteiligen zu wollen. Der Betriebsrat scheint unterdessen in die Schusslinie der Belegschaft geraten zu sein. „Die wollen uns Geld wegnehmen. Wir sollen alle wieder 35 Stunden arbeiten", beschwert sich ein Angestellter aus der Verwaltung. „Mich hat keiner gefragt ob ich das will. Mein Vertrauen in den Betriebsrat ist langsam erschöpft".

Mein Blut pulsierte durch die Adern. Was war denn das? Hatten die denn nichts Besseres zu tun, als diesen Mist zu schreiben? Haben die denn überhaupt nicht erkannt und verstanden, was wir mit dieser Vereinbarung für einen Erfolg geschafft haben?

Nein, das haben sie nicht. Konnten sie ja auch gar nicht, denn es hat ihnen ja auch niemand gesagt.

Sicher, die Geschichte ist ein fiktives, verknapptes und vereinfachtes Beispiel. Trotzdem passiert so was jeden Tag. Weniger in den Großunternehmen. Aber im Mittelstand. Dem Journalisten wäre in diesem Fall eigentlich gar kein Vorwurf zu machen. Er ist seiner Sorgfaltspflicht nachgekommen und hat mit dem Unternehmen gesprochen, sogar eine Stellungnahme des Geschäftsführers erhalten.

Und er hat auch versucht die Gegenseite, also Arbeitnehmervertretung, mit einzubeziehen, hat angerufen und versucht, eine Reaktion zu bekommen. Und er war sogar offensichtlich vor dem Firmengelände und hat mit Beschäftigten gesprochen. Jetzt kann man einem Journalisten immer Subjektivität bei der Auswahl der Zitate zusprechen.

Aber mal ehrlich, wen verwundert eine solche Auswahl, wenn die Arbeitnehmerseite ihn mit seiner Anfrage so im Regen stehen lässt? Und klar ist auch: Der Journalist hatte die Informationen, die er braucht. Dann kann grundsätzlich nicht erwartet werden, dass er mit der Veröffentlichung wartet. In beiden Fällen – Veröffentlichung oder die Bitte, damit zu warten – hätte mit ihm gesprochen werden müssen.

Einem Journalisten ist es egal, ob Arbeitnehmervertreter zuerst die Belegschaft informieren wollen. Persönlich mag er dieses Vorgehen sogar verstehen. Aber sein Berufsethos verlangt praktisch von ihm, vorliegende Informationen auch zu einer aktuellen Berichterstattung zu verwenden. Und warum sollte er damit warten, bis eine Belegschaft informiert ist, wenn er es doch sein kann, der die Information veröffentlicht?

Wie gesagt, ein fiktives Beispiel. Aber so weit ist es vielleicht gar nicht von der Realität weg, wie so mancher Leser jetzt glauben mag.

Deshalb noch ein Beispiel aus der Praxis, von dem ein Journalist 2010 berichtet hat: Er hatte Informationen über einen betrieblichen Vorgang bekommen und wollte dazu eine Einschätzung und vielleicht auch Stellungnahme aus der zuständigen Verwaltungsstelle der IG Metall. Der folgende Dialog wurde so wiedergegeben:

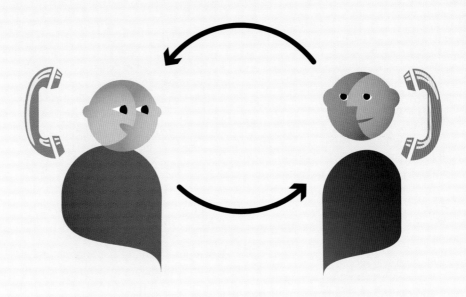

Der Journalist nannte ordentlich seinen Namen und sein Anliegen und bat darum, den Geschäftsführer der Verwaltungsstelle sprechen zu dürfen.

„Der ist nicht da", schallte die Antwort aus dem Hörer zurück.

„Können Sie mir denn sagen, wann ich ihn erreichen kann? Dann rufe ich noch mal an."

„Heute sicher nicht"

„Und morgen?"

„Sie können es ja mal versuchen."

„Wann wäre es denn geschickt?"

Die Dame am Telefon antwortete: „Auf jeden Fall nicht am Vormittag. Vielleicht ist er so ab zwei zu erreichen."

Der Journalist ruft also am folgenden Tag nach 14 Uhr wieder an und hat die selbe Kollegin am Telefon, die ihm mitteilt: „Nein, der ist nicht zu sprechen. Der ist in einer Sitzung."

„Wie lange dauert die?"

„Weiß ich nicht. Kann aber spät werden."

„Kann er mich vielleicht zurückrufen?"

„Wahrscheinlich sehe ich ihn heute nicht mehr. Dann kann ich ihm das auch nicht sagen"

„Okay, ich versuche mein Glück später noch mal."

Er hat es versucht. Nach 16.30 Uhr. Ohne Erfolg. Diesmal war der Gesprächspartner sogar nur ein mürrisch besprochener Anrufbeantworter. Der Journalist hat seinen Text dennoch geschrieben und tags darauf veröffentlicht. Bei der Gewerkschaft war der Ärger groß darüber. Wie könne man über so etwas schreiben, ohne vorher die Meinung der IG Metall zu hören?!

Doch der Ärger war nicht gerechtfertigt, denn genau diese Meinung einzuholen hat der Journalist sogar mehr als ausreichend versucht. Und in der heutigen Zeit mit den vorhandenen Möglichkeiten moderner Kommunikation wäre es ein Leichtes gewesen, den Geschäftsführer der Verwaltungsstelle mit dem Journalisten in Kontakt zu bringen oder ihn wenigstens über dessen Anfrage zu informieren.

Aber wie verhalten wir uns, wenn Journalisten Kontakt mit uns aufnehmen?

Wer genau ruft an? Journalist ist einer der wenigen ungeschützten Berufe. Das heißt, eigentlich kann sich jeder Journalist nennen und behaupten, diesen Beruf auszuüben. Also: Erst einmal klären, wer am anderen der Leitung ist, ein Redakteur einer Tageszeitung, ein Reporter, der für den Hörfunk oder das Fernsehen (für welchen Sender?) arbeitet oder der Mitarbeiter einer Nachrichtenagentur wie dpa oder Reuters.

Was will ein Journalist, wenn er Kontakt aufnimmt? Informationen. Dabei kann es sich um eine lapidare Auskunft wie beispielsweise die aktuelle Zahl der Beschäftigten in einem Betrieb handeln oder die Bitte um Zusendung einer Presseinformation.

Vielleicht möchte der Anrufer aber auch ein persönliches Gespräch. Dann heißt es nachfragen: Soll es ein Informationsgespräch sein, soll daraus später in einem Artikel zitiert werden, soll es ein Interview sein oder einfach nur ein vertrauliches Gespräch, das dem Journalisten hilft, weitere Informationen zu sammeln, um Sachverhalte einordnen und bewerten zu können?

Ist der Anrufer noch nicht persönlich bekannt, bietet sich ein gewisser Grad an Vorsicht an, wenn Informationen fließen. Was kann ich sagen, gibt es Details, die nicht öffentlich sind, verstoße ich mit meiner Auskunft gegen Absprachen, Regeln oder gar gesetzliche Bestimmungen? Das gilt es zu klären, wenn Unsicherheit besteht.

Wann rufen Journalisten an? Ganz bestimmt nicht aus Langeweile, sondern meist, wenn es brennt. Die nächste Tarifrunde steht vor der Tür, Firmen werden geschlossen und Beschäftigte entlassen, ein Castor-Transport rollt durch das Land oder ein neuer Lebensmittelskandal kündigt sich an.

Kommt der Anruf, dann sollten auch Informationen fließen. Sieht man ein Thema bereits vorab am Horizont aufziehen (Abschluss einer Betriebsvereinbarung, drohende Protestaktionen, Reaktion des Betriebsrats gegen vom Unternehmen angekündigten Stellenabbau), sollte man sich vorbereiten und vielleicht bereits eine Stellungnahme in der Schublade haben. Andernfalls sollte man sich etwas Zeit erbitten, um eine Reaktion zu erarbeiten und eventuell notwendige Abstimmungen über Sprachregelungen zu treffen. Aber auf jeden Fall sollte zurückgerufen werden.

ABER: Wer mit Journalisten spricht, kann nicht davon ausgehen oder erwarten, dass die Information, die Sichtweise von Ereignissen genau so auch wenige Minuten später im Internet oder am nächsten Morgen im Blatt stehen. Journalisten sind angehalten, möglichst ausgewogen zu berichten. Das heißt, alle Seiten, alle Beteiligten soll(t)en Gehör finden. KB ●

Public Relations ist nicht Pressearbeit ist nicht Werbung

Public Relations (PR), Werbung, Pressearbeit: Oft werden diese drei Begriffe gleichgesetzt und über einen Kamm geschoren – zu Unrecht, denn sie beschreiben drei verschiedene Dinge. JORDANA VOGIATZI bat KAI BLIESENER, den Pressesprecher der IG Metall Baden-Württemberg, um den Versuch einer Begriffsabgrenzung.

Bist Du in Deiner Funktion als Pressesprecher auch PR-Manager?

Nein. Aus Sicht des Pressesprechers muss ein klarer Trennstrich zwischen Pressearbeit und dem Bereich Werbung und PR gezogen werden. Pressearbeit ist Journalismus, nur eben von der anderen Seite des Tisches. Ein Pressesprecher ist kein verlängerter Arm der Werbe- und Marketing-Abteilung. Erfolgreiche Pressearbeit kann nur jemand machen, der die Mechanismen dahinter kennt und versteht. Journalismus funktioniert nun mal anders als Werbung und Marketing.

Wann spricht man von PR und Werbung und wann von Pressearbeit?

Pressearbeit geht immer noch durch einen redaktionellen Filter, was ihre Glaubwürdigkeit stärkt.

Der Unterschied von Werbung und PR ist häufig nur marginal, die Transparenz und der Informationsgehalt ist in beiden Fällen oft dünn. PR will mit unbelegten Behauptungen – das ist auch der schärfste Unterschied zur Pressearbeit und zum Journalismus – Emotionen wecken. Wenn aus den Pressemitteilungen aus den PR-Büros der künstliche Geschmacksverstärker herausgefiltert wird, bleibt selten mehr als eine fad schmeckende Buchstabensuppe übrig. Werbung bringt dieselben Inhalte anders auf den Weg: Sie kauft einfach Platz oder Zeit in den Medien, um dort entsprechende Werbebotschaften zu platzieren. Sie ist meist nur eine kurzfristige Maßnahme, deren Glaubwürdigkeit jeder selbst beurteilen muss.

PR versucht auszusehen wie Pressearbeit und zu wirken wie Werbung. Wenn die Redaktion versagt und die Inhalte nicht überprüft und ihre Herkunft erkennbar macht, hat der Verbraucher verpackte Werbung untergejubelt bekommen.

Wo liegen aus Deiner Sicht die Unterschiede zwischen Public-Relations-Arbeit und Werbung?

Auch das wird in Unternehmen, Verbänden und durch so genannte Full-Service Agenturen oft stark durcheinandergewirbelt. Werbeagenturen machen PR, PR-Agenturen machen Werbung und am Ende kommt oft heiße Luft raus.

PR hat eigentlich den Auftrag, Informationen über ein Unternehmen, einen Verband oder eine Organisation zu liefern und Sympathien in der Öffentlichkeit zu schaffen. Dabei sind Mittel und Techniken vielfach gleich wie in der Pressearbeit – nur eben die Inhalte nicht.

Werbung will ganz offen Produkte anpreisen und Verkäufe ankurbeln. Ihr Erfolg ist am Erlös ablesbar. Der Erfolg von klassischer PR ist dagegen schwer messbar und höchstens am guten Image einer Organisation abzulesen.

Aber Pressearbeit geschieht auch im Auftrag eines Unternehmens oder einer Organisation und vertritt deren Interesse, oder?

Das ist richtig und jeder Verbraucher muss das wissen. Als Gesamtverantwortlicher für den Bereich Kommunikation und Öffentlichkeitsarbeit muss ich sagen: Die Pressearbeit ist ein wichtiger Baustein im gesamten Kommunikationsgebäude. Gerade deshalb versuche ich als Pressesprecher, ein fairer und verlässlicher Ansprechpartner der Journalisten zu sein.

Hast Du ein paar Tipps und Tricks, was ein Unternehmen oder ein Verband tun muss, um besser in den Medien vertreten zu sein?

Professionalität ist dabei oberstes Gebot. Pressearbeit ist professionelles Bindeglied und Mittler zwischen berichtenswerten Informationen und nach Informationen suchenden Redaktionen. Sie unterstützt Journalisten in ihrem Job, bereitet Informationen für Journalisten professionell auf und wird dabei von journalistischen Grundsätzen geleitet. Sorgfalt und Wahrheitsgehalt stehen im Mittelpunkt. Wer kontinuierlich Pressearbeit betreibt, Kontakt zu Journalisten sucht und hält und ein offenes Ohr für Fragen aus den Redaktionen hat, wird den Weg in die Öffentlichkeit leichter finden.

●

Arbeiten als Redaktion

Gut funktionierende Teams brauchen ein paar Regeln

Etwa vier Ausgaben im Jahr produzieren zwei Handvoll Beschäftigte des Sägenherstellers Stihl – Blätter, die es in sich haben und die mit großer Aufmerksamkeit gelesen werden.

„Dichter schreiben einsam", trällert eine österreichische Popsängerin – gut, wenn man da kein Dichter ist. Wer mit anderen eine Zeitung, eine Internetseite oder sonstigen Lesestoff veröffentlicht, hat es besser. Ob man sich zum Schreiben in Ruhe allein konzentriert oder ob man einen Text zu mehreren Satz für Satz entwickelt, ist egal. Wichtig ist, dass diese Arbeit vielfach Gemeinsamkeit bedeutet: Wir machen unser Produkt gemeinsam – als Redaktion. Und erst recht: Wir schreiben für Menschen, die uns wichtig sind – unsere Leserinnen und Leser.

Zeitung machen ist was für Überzeugungstäter – wenigstens denken wir bei der Herausgabe dieses Buches nicht an jene aus Vorurteilen und leider auch aus der Realität bekannten Gestalten, die schmierig, eitel, zynisch und nur auf den eigenen Vorteil bedacht sind. Dass Journalisten in der öffentlichen Wertschätzung eigentlich nur von Klapperschlangen und ein paar ansteckenden Krankheiten unterboten werden, lassen wir hier mal ebenfalls außer Acht. Denn wir machen dieses Buch ja (so steht's schon vorne drauf) für engagierte Leute in Gewerkschaften, Betriebsräten und anderen Non-Profit-Organisationen.

Diese Leute gehen an die Öffentlichkeit, weil sie von einer Sache überzeugt sind und sich für sie einsetzen wollen. Sie sind im besten Sinn des Wortes Amateure (das lateinische Wort für Lieben, *amare*, steckt in diesem Begriff) und brauchen lediglich ein paar technische und inhaltliche Werkzeuge, um anständige journalistische Arbeit abliefern zu können.

Wir haben uns bei verschiedenen Redaktionen umgesehen, um Tipps für gute journalistische Amateur-Arbeit zu sammeln – bei Profis und bei Leuten, die sich aus Überzeugung heraus in ih-

rer Freizeit engagieren und Zeitungen produzieren.

Das Wichtigste: Trefft klare Absprachen – inhaltlich und organisatorisch. Ihr spart viel Zeit und Kraft, wenn einmal gemeinsam geklärt ist, welche Bandbreite von Informationen und Meinungen in Eurer Veröffentlichung auftauchen sollen (und welche nicht). Ob daraus ein Redaktionsstatut werden soll oder ob das einfach in einem Protokoll festgehalten wird, ist eher eine Geschmacksfrage.

Klärt eindeutig, wer welche Aufgaben hat: Wer lädt zu Redaktionssitzungen ein, falls diese nicht ohnehin zu festen Terminen stattfinden? Wer entscheidet über den letztlich veröffentlichten Inhalt – der einzelne Autor? Das Team? Gibt es eine Redaktionsleitung? Wer gestaltet die Seiten? Wer liefert die jeweiligen Abbildungen (und übernimmt die Gewähr, dass alle Bilder auch wirklich veröffentlicht werden dürfen)?

Jede Ausgabe ist ein eigenes Projekt und wird entsprechend vorbereitet und umgesetzt – einschließlich eines für alle verbindlichen Zeitplans.

Der Erscheinungstermin steht häufig durch äußere Vorgaben fest: Betriebszeitungen zum Beispiel sind viel sinnvoller, wenn sie vor einer Betriebsversammlung erscheinen.

Ein Bürgerinfo nützt viel mehr, wenn es beim Infostand schon vorliegt. Alle anderen Termine lassen sich von diesem Zeitpunkt aus von hinten her eindeutig festlegen. JF ●

Mehr auf Seite 122 ff.

Redaktionskonferenz beim „Schwäbischen Tagblatt" in Tübingen: Oft reichen die Stühle kaum aus.

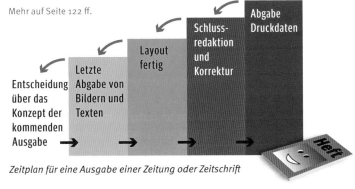

Entscheidung über das Konzept der kommenden Ausgabe → Letzte Abgabe von Bildern und Texten → Layout fertig → Schlussredaktion und Korrektur → Abgabe Druckdaten

Zeitplan für eine Ausgabe einer Zeitung oder Zeitschrift

Vor dem Schreiben: Informationen suchen

Die Recherche ist das Rückgrat jeder guten Informationsarbeit.
Sie kann langwierig sein, frustrierend – oder packend...

Die Geschichten liegen auf der Straße? Manchmal. Ganz genau hinsehen hilft auf jeden Fall...

Wer etwas mitteilen will, muss wissen, worum es geht – diese Banalität kann einen viel Zeit kosten. Manchmal ist es leicht, weil man „nur" das Ergebnis eigenen Erlebens formulieren muss: Wer einen Pressebericht über eine eigene Aktion schreiben will, kennt alle notwendigen Hintergründe, Zusammenhänge und Geschehnisse (wenn die Aktion gut vorbereitet war).

Wer sich einem Thema erst nähern muss, um darüber zu schreiben, hat zwei Möglichkeiten:

Entweder er weiß in etwa, wonach er sucht, und braucht nur noch **Fachleute, die ihn im Detail korrekt informieren** – das ist nicht sehr aufregend, aber mit überschaubarem Aufwand verbunden.

Oder er hat nur eine Idee oder einen ersten Anhaltspunkt. Dann kann die **Suche nach Ansprechpartnern, nach gesicherten Informationen** eine spannende Sache werden.

In jedem Fall gilt, was der Journalist und Schriftsteller Egon Erwin Kisch (1885 – 1948) jedem Reporter ins Stammbuch schrieb, ob Profi oder engagierter Amateur: **„Alles für möglich halten, nichts glauben."** Wer glaubt, er wisse das Ergebnis seiner Recherche schon vor deren Beginn, macht etwas falsch. Nur wer auch bereit ist, überrascht zu werden, kann eine gute Geschichte zusammentragen.

Häufig muss man lediglich sorgfältig die **wichtigen Einzelheiten ins richtige Verhältnis zueinander setze**n – das ist eher Handwerk als Abenteuer. Wer beispielsweise einen Artikel über die Erschließung eines neuen Gewerbegebiets schreiben will, findet vermutlich in der Stadtverwaltung gute Ansprechpartner – entweder gibt es einen kompetenten Ansprechpartner in der Pressestelle, oder sie kann ein Gespräch mit einem Fachmann vermitteln.

Wer sich dann noch in den Fraktionen des Gemeinderats umhört, in der örtlich zuständigen Industrie- und Handelskammer, beim Handels- und Gewerbeverein und einer passenden Gewerkschaft, der wird für den Anfang genügend Anhaltspunkte sammeln können. Oder mehr als genug...

Manchmal sind auch **schriftliche Quellen** wichtig: Beschlüsse (zum Beispiel des Gemeinderats), Verordnungen und Gesetze (etwa zu Umweltschutzfragen) oder Gutachten (in diesem Fall beispielsweise vom Regionalverband, einem Landschaftsplaner oder einem Naturschutzverband). Auch andere Artikel aus Zeitungen oder Zeitschriften oder Informationen aus Büchern oder aus dem Internet können sich als Quelle eignen.

Ob Gesagtes oder Geschriebenes – **jede Quelle sollte im späteren Artikel erkennbar sein**. Leserinnen und Leser haben ein Recht, sich selbst ein Bild vom Ursprung einer Information oder einer Meinung zu machen: Was ist das Interesse der Fachfrau oder des Fachmannes in dieser Sache? Wer steckt hinter einem Schriftstück? Vorsicht bei Informationen aus dem Internet: Was jemand auf Plattformen wie „Wikipedia" veröffentlicht, kann ein guter Hinweis sein, muss aber nicht stimmen.

Wo immer es die Möglichkeit gibt, **zu einer Position auch die Gegenseite** zu hören, stärkt das die Recherche. Dazu muss man sich im Vorfeld informieren, wer die Beteiligten an der Sache sind, wer daran welches Interesse hat. All-

gemeinbildung und waches Interesse erleichtern diese Vorbereitung; aber natürlich kann man sich auch als Außenstehender einarbeiten. Das kann Zeit kosten und kann auch in viele Sackgassen führen.

Nur sehr selten ergeben die Recherchen, dass kein Artikel zu schreiben ist. Manchmal muss man das unklare Ergebnis der Suche nach Inhalten präsentieren: Widersprüchliche Positionen darstellen, Verheimlichung von Informationen erkennbar machen – auch das kann einen guten Artikel ergeben.

Im Normalfall kommt man nach der Recherche zum schönen Teil der Arbeit: zum Schreiben. Ärgerlich wäre dann, wenn man wichtige Informationen zu sammeln vergessen hat: Was ist die genaue Tätigkeit der Frau vom Landratsamt? Was hat die Stadträtin exakt gesagt? Wurde der Bebauungsplan vor oder nach dem Verkauf des Grundstücks beschlossen? Ist der Vorstand vom Vogelschutzverein einverstanden, wenn man ihn namentlich zitiert? Kurzum: Nutzt die Gelegenheit, wenn Ihr mit Fachleuten im Gespräch seid, wenn Ihr die Akten im Archiv vor Euch habt: Schreibt auf, was wichtig sein könnte. Notiert genau, wo Ihr eine Information gefunden habt. Scheut Euch nicht, nachzufragen (Ansprechpartner freuen sich, wenn später nicht das Gegenteil des Gesagten im Artikel steht).

Sammelt die notwendigen Informationen, auch wenn Ihr am Schluss gar nicht alle verwenden werdet. Bringt Informationen und nach Möglichkeit auch Bilder zusammen. Und dann legt los und schreibt einen gut recherchierten und spannenden Text!　　JF ●

Egon Erwin Kisch: Der Reporter bezog klare Positionen auf der Seite des politischen Fortschritts – und verlangte völlige Unvoreingenommenheit als Grundlage jeder guten Recherche.

Texte schreiben

Verschiedene Textsorten
und was bei ihrer Herstellung zu beachten ist

Wir wollen gelesen werden – Nachrichten, Neuigkeiten, Wissenswertes transportieren. Dafür produzieren wir Medien, die „Träger" dieser Neuigkeiten, sei es auf Papier oder digital. Wichtigster Bestandteil aller Trägermedien ist im Zusammenspiel mit Bild und Gestaltung der interessante, elegante, leicht zu lesende Text.

Es wird immer schwieriger, in der Überfülle der Medienwelt die Aufmerksamkeit des Lesers oder der Leserin zu gewinnen. Die Geduld für Texte schrumpfte wissenschaftlichen Erhebungen zufolge schon auf wenige Sekunden. Das gilt nicht nur für die Länge von Texten, auch für die Länge von Sätzen und Wörtern selbst. Die Leser blättern, klicken sofort weiter, wenn sie nicht gleich erfassen können, um was es geht. Für Online-Medien gilt das noch stärker als für bedrucktes Papier.

Autoren und Redakteure haben die Aufgabe, es den Lesern möglichst leicht zu machen. Die Leser sollen das Wichtigste in kurzer Zeit erfassen und damit das Thema rasch verstehen können. Die Informationstexte, um die es hier in erster Linie geht, bestehen im Kern immer aus der Nachricht, der Neuigkeit. Immerhin, die Definition der Nachricht ist bei all dem digitalen Wandel gleich geblieben.

Die Struktur der Nachricht ist Grundlage des journalistischen Denkens und zieht sich durch alle Medienprodukte. Die Journalisten verstehen darunter:

> **„Eine Nachricht** ist also die objektive Mitteilung eines allgemein interessierenden, aktuellen Sachverhalts in einem bestimmten formalen Aufbau. Das Wort Nachricht wird mit zweierlei Bedeutung verwendet:
>
> Inhaltlich – als die Mitteilung, die Information schlechthin.
>
> Formal – als eine ganz bestimmte journalistische Darstellungsform, eben die Nachricht, in der Regel nicht länger als 20 bis 30 Zeilen oder eine bis zwei Sendeminuten..."[1]

---

1   Walther von LaRoche, Einführung in den praktischen Journalismus 1982, S. 62

Einzelheiten?
Unsicherheiten?
Zeitdruck?
Erwartungen?
Übersicht?
Absichten?

Konzentration auf das Thema fällt leichter, wenn man sich über die Hintergründe ebenso im Klaren ist wie über die sachlichen Details – und über das Handwerk des Schreibens.

Wie können wir für unsere Informationen mehr Aufmerksamkeit erreichen? Wie schafften wir dafür zumindest gute Voraussetzungen?

Die folgenden Kapitel geben eine Übersicht über die wichtigsten Aspekte und Regeln für das Schreiben von Texten für Medien. Ausgangspunkt ist die Basis allen Informierens, die Nachricht, die Neuigkeit.

Der rote Faden beginnt bei der Ordnung der Gedanken und führt hin zum Aufbau einer Nachricht. Die verschiedenen journalistischen Darstellungsformen werden erläutert – ob Feature, Reportage oder Interview. Die kurz gefasste, verständliche, anschauliche Sprache gehört ebenfalls dazu. Am Ende steht die Anordnung der Texte auf den Seiten. Das Schreiben verknüpft sich mit der Mediengestaltung – mit Überschriften und anderen Kleintexten, mit Bildern, Grafik und Layout.

Folgende Abschnitte führen Euch Schritt für Schritt ins Thema:

1 vor dem Schreiben die Gedanken ordnen[2]

2 das Wichtigste ganz vorne, die 20-Sekunden-Regel[3]

3 die Beantwortung der sieben wesentlichen Fragen

4 die Länge von Absätzen und der angemessen kurze Text, Bericht

5 Feature, Reportage, Porträt, Interview und all die anderen – die geeignete Darstellungsform

6 verständliche, anschauliche, kurz gefasste Sprache: Sätze, Wörter; Fachsprache übersetzen

7 die unterschätzte Bedeutung der Kleintexte

1 Gedanken ordnen

2   nach: Thilo Baum: 30 Minuten für gutes Schreiben
3   nach: Wolf Schneider: Deutsch für junge Profis

Den Kopf frei zu haben, erleichtert das Schreiben ungemein – auch wenn man dazu nicht unbedingt ans Ende der Welt reisen muss...

Wie fangen wir einen Text an? Was wollen wir alles berichten? Was wollen die Leser wissen? In welche Reihenfolge bringen wir unsere Gedanken? Wieviel Platz haben wir überhaupt dafür?

Über dem leeren Blatt, vor dem leeren Bildschirm stürmen eine Menge Fragen auf uns ein. Wir tun deshalb gut daran, erst einmal unsere Gedanken und Informationen zu ordnen. Das erleichtert uns die Arbeit des Schreibens dann sehr. Zumal es oft um komplizierte be-

triebliche, technische, juristische Materie geht.

Thilo Baum[4] empfiehlt uns zur Sammlung der Gedanken die Methode des Mindmapping. Wir verwenden diese Gedankenkarte gerne, denn sie listet die Gedanken nicht nur auf, sondern gibt ihnen auch eine passende Gewichtigkeit. Der rote Faden für den Artikeltext ergibt sich manchmal fast wie von selbst.

Ein Beispiel – die Oscar-Verleihung 2011. Alles, was wir für unsere Zwecke wissen müssen, notieren wir auf der Mindmap (hier links dargestellt).

Die Auflistung der einzelnen Informationen hilft auch bei der Beantwortung der Frage: Haben wir alles gut recherchiert und belegt? Es gibt nichts Ärgerlicheres als eine fehlende Detailinformation, die den Schreibfluss unterbricht (wie war das noch – Maier mit ai, ey, ay, ei, mit oder ohne e vor dem r?)

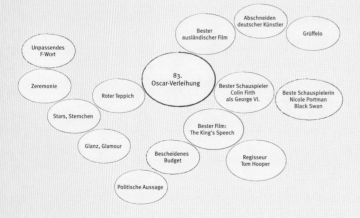

---

4   Baum, S. 12f

❷ Das Wichtigste nach vorne

Eine Oscar-Verleihung eignet sich bestens für farbige Feuilleton-Artikel. Wir versuchen einmal, sie als „harte", aktuelle Nachricht aufzubauen.

Die erste Frage zu einem Nachrichtenartikel ist immer: Was ist das Wichtigste? Und die Regel dazu: Das Wichtigste gehört immer nach vorne. Hier ist das relativ einfach zu beantworten: Welcher Film wurde als bester ausgezeichnet?

In der Überschrift könnte also stehen:
Vier Oscars für „The King's Speech"

Auf die Überschrift folgt der „Lead", der Vorspann, der die Sache weiter ausbreitet. Das sind zwei, drei Sätze – mehr nicht:

Das britische Geschichtsdrama „The King's Speech" erhielt als bester Film insgesamt vier Oscars. Als beste Schauspieler wurden in der Nacht zu Montag Colin Firth und Natalie Portman ausgezeichnet.

Was das „Wichtigste" in einem Artikeltext werden soll, liegt nicht immer so eindeutig offen wie bei einer Oscar-Verleihung. Oft gibt es mehrere wichtige Punkte. Dann müssen wir uns entscheiden, was zuerst drankommen soll, sonst machen wir uns die Arbeit schwer. Diese Auswahl treffen wir am besten gleich nach dem Ordnen der Gedanken auf der Mindmap. Wir können sie dort markieren, nummerieren, einen Verlauf bestimmen. Dann liegt der Plan klar vor uns neben der Tastatur.

❸ Die sieben Ws

Am Anfang eines Nachrichtenartikels müssen wir die Fragen beantworten, die uns die sieben Ws stellen.[5] Wir können die begonnene Nachricht zur Oscar-Verleihung damit vervollständigen.

Die sieben Ws fragen:

Wer?

Was?

Wo?

Wann?

Wie?

Warum?

Welche Quelle?

Die Nachricht zur Oscar-Verleihung könnte so weitergehen:

„The King's Speech" erhielt in der 83. Gala in Los Angeles Oscars in vier Kategorien: als bester Film, für die Regie von Tom Hooper, das Drehbuch von David Seidler und die schauspielerische Leistung von Colin Firth als stotternder König George VI. Zur besten Schauspielerin kürte die Jury der Academy Natalie Portman für ihre Rolle als Ballerina in dem Psychothriller „Black Swan". Wie die Film-Academy weiter mitteilte, gingen außerdem vier Oscars in technischen Kategorien an Christopher Nolans „Inception". Deutsche Hoffnungen auf einen Oscar erfüllten sich nicht. Die Regisseure des Animationsfilms „Der Grüffelo" – Jakob Schuh und Max Lang – gingen leer aus, auch Hans Zimmer, der die Filmmusik zu „Inception" schrieb.

---

5   LaRoche, S. 81ff

Die sieben **W**s im Text:

Wer? ▶ Filme und Filmkünstler

Was? ▶ erhalten Oscars

Wann? ▶ in der Nacht zum Montag

Wo? ▶ in Los Angeles

Wie? ▶ im Rahmen der 83. Gala

Warum? ▶ Entscheidung der Jury

Welche Quelle? ▶ Mitteilung der Academy

Alle wichtigen Fragen sind damit beantwortet. Die Liste der sieben Ws dient uns als Checkliste dafür, nicht als Zwangsjacke. Mal entfällt das eine oder andere W. Viele weitere werden zusätzlich beantwortet, wenn wir mehr Platz haben und aus der Nachricht ein Bericht wird – ihr größerer Bruder.

Ein achtes W fügen wir gleich noch hinzu, denn damit haben wir das Grundgerüst für den Informationstext komplett:

Welches Zitat?

Wörtliche Zitate beleben sonst eher trockene Nachrichtentexte ungemein. Sie dürfen auch durchaus mal im Lead stehen, wenn sie kurz gehalten sind. Nicht immer wird es ein Zitat sein wie „Ich habe fertig" des Fußballtrainers Giovanni Trapattoni, das zum geflügelten Wort wurde.

Ein Zitat von Colin Firth könnten wir in die Nachricht von der Oscar-Verleihung einfügen – ein sehr britisches Understatement:

„Ich glaube, meine Karriere hat gerade ihren Höhepunkt erreicht", sagte Colin Firth in seiner Dankesrede.

Mit diesem Zitat führen wir Colin Firth als Protagonisten in unseren Artikeltext ein. Wir könnten mit ihm (und mit weiteren Protagonisten) die Nachricht weiter ausbauen zum Bericht.

In Nachricht wie Bericht verzichten die Journalisten auf eine wertende Sprache und nehmen eine neutrale Haltung ein. Die Protagonisten dagegen dürfen und sollen mit ihren Meinungen und Einschätzungen zitiert werden.

Das Werkzeug für den Aufbau eines Nachrichtentextes sind also zusammengefasst so aus:

▶ Das Wichtigste zuerst.

▶ Lead/Vorspann zwei, höchstens drei Sätze.

▶ Am Anfang des Textes die sieben **W**s beantworten, möglichst viele schon im Lead.

▶ Protagonisten einführen und deren wörtliche Zitate einbauen.

④ Nur 20 Sekunden für die Aufmerksamkeit

20 Sekunden – und weg ist meine Bereitschaft, mich für ein Thema zu interessieren.
Was nicht schnell Lust auf mehr weckt, kommt immer öfter gar nicht an.

Aufmerksamkeit ist ein knappes Gut geworden. Wählerisch stehen die Mediennutzer einer Unzahl von Informations- und Unterhaltungsangeboten gegenüber. Warum sollte ich einen Text weiterlesen, der mich in den ersten zwei Sätzen langweilt? Ein Video anschauen, dessen erste Bilder mich nicht bewegen? Ein PDF herunterladen, von dem ich nicht genau weiß, was drinsteht? Zapp – weg bin ich. Vielleicht bei einem anderen Text, der spannender zu werden scheint?

Es genügt nicht, ein Thema zu haben. Das genügt nicht einmal bei einer sonst mit Spannung erwarteten Oscar-Gala. Im Gegenteil, das ist noch schwieriger: Da erscheinen weltweit gleichzeitig Tausende von Artikeln online. Und für welchen mag der Leser seine Aufmerksamkeit investieren?

Nur wenige Sekunden entscheiden über Dranbleiben oder Abspringen. Anfang der 1990er–Jahre ermittelte die Leseforschung 20 Sekunden als maximale Zeitspanne zwischen Interesse und Langeweile. Das ist als 20-Sekunden-Regel in die Fachliteratur eingegangen.[6] In Textmenge ausgedrückt sind das ungefähr 350 Zeichen. Aber das war vor 20 Jahren. Mit der Entwicklung des Internets hat sich das Ganze weiter zugespitzt. Heute sind die sogenannten „Teaser", die Anfangssätze von Online-Texten, in der Regel kürzer. Ungefähr 150 bis 250 Zeichen, dann fällt die Klappe. In Zeit ausgedrückt: zwischen zehn und 15 Sekunden.

Wir müssen also in unseren Texten die Voraussetzung dafür schaffen, dass die Leser dranbleiben. Das tun sie, wenn sie in Kürze die wichtigsten Infos zum Thema bekommen. Titel und Lead in unserem Nachrichtenbeispiel zur Oscar-Verleihung haben übrigens 231 Zeichen.

Dazu sollten wir „feurig beginnen"[7]. Das meint: Die Lead-Sätze sollen nicht nur kurz und klar sein, sondern auch überraschend, spannend, lustig, aus dem Leben gegriffen. Dafür lohnt es sich, ein bisschen Mühe zu investieren. Gibt es solche Pointen im Thema? Passend zum Lead, in dem wir ja auch das „Wichtigste" erzählen müssen? Hier sind Redakteure und Autoren gefordert – und das ganz besonders im Online-Bereich.

---

6   Schneider, S. 17ff

7   Schneider, S. 13ff

Ein ansprechender Text besteht aus überschaubaren Sätzen, die gut verständlich sind.

respektive der Autorin durch Erscheinungsbild und Sprache konterkariert. Dagegen sind eher lange und vielfach verschlungener Text eine Hürde, die etliche Leser und Leserinnen eindeutig abschreckt und somit das eigentliche Anliegen des Autors

Angemessene Kürze und unangemessene Länge – Der Bericht

Wenn wir die Aufmerksamkeit des Lesers errungen haben, brauchen wir die größte Mühe, ihn bei der Stange zu halten. Auch die Zeitspannen für das Lesen schrumpfen zusammen; Artikel werden nicht zu Ende gelesen. Auf dem Bildschirm lesen Menschen noch viel flüchtiger und ungeduldiger als auf Papier.

Dem können wir mit einer angemessenen Kürze begegnen. Das betrifft sowohl die Länge (oder: Kürze) des ganzen Textes wie auch die Sprache. Kurze Sätze und schlanke Wörter verhelfen zum angenehmen Gefühl flüssiger Kürze.

Das Diktum der angemessenen Kürze gilt besonders für den Bericht. Das ist der größer geratene Bruder der Nachricht, wie wir sie am Beispiel der Oscar-Verleihung gesehen haben. Wie bei ihr beginnt der Bericht mit Titel und Lead. Im ersten Absatz werden die wichtigsten Fakten vorangestellt. Dann folgen absatzweise die zu berichtenden Gedanken.

Der Text braucht eine Dramaturgie, möglichst überraschend, um interessant zu bleiben. Die chronologische Erzählung von der Betriebsversammlung ist eine Wegzapp-Garantie. Und wir brauchen einen oder mehrere Protagonisten, die wir zitieren können, mit denen wir erzählen können.

Aus dem Mindmap wissen wir, wie viele Gedanken wir in unserem Bericht unterbringen möchten. Ein Gedanke, ein Absatz. Jeder Absatz sollte um die 300 Zeichen lang sein, nicht viel mehr, nicht viel weniger. Damit können wir gleich die voraussichtliche Länge des Artikels überschlagen. Welche Länge ist angemessen, um dem Thema gerecht zu werden? Sind alle wichtigen Aspekte berücksichtigt? Vielleicht ist eine Länge für den Platz in der Betriebszeitung vorgegeben? Kommen wir damit hin?

Es gibt eine unangemessene Kürze. Wenn zum Thema einfach zu viele Informationen fehlen würden, dann ist die Textplanung eindeutig zu knapp.

Häufiger ist aber eine unangemessene Länge. Wenn das Wichtigste behandelt ist und uns die übrigen Gedanken schon sehr unwichtig vorkommen, sollten wir den Artikel schleunigst abschließen.

❺ Reportage, Feature und Co. – die weiteren Darstellungsformen

Die Klassiker Nachricht und Bericht sind das tägliche Schwarzbrot des Journalisten. Deshalb bekommt er hin und wieder gerne Appetit auf etwas Süßes oder Sahniges und schreibt uns eine bunte Reportage oder eine deftige Glosse. Aber die Wahl der Darstellungsform sollte nicht dem Heißhunger überlassen sein, sondern zum aktuellen Thema passen.

Weitere **informierende Darstellungsformen**

im Journalismus sind:
Feature
Interview und Umfrage
Reportage
Porträt
Analyse

Die **meinungsäußernden Darstellungsformen:**

Kommentar
Glosse
Kritik und Rezension

Das Feature

Wir stellen hier das Feature in den Vordergrund. Das hat folgenden Grund: Es eignet sehr gut zur anschaulichen Aufbereitung der oft komplizierten Themen, die wir in unseren Medien zu behandeln haben.

Ein Beispiel: eine wissenschaftliche Untersuchung mit dem Titel „Die Beschäftigungsentwicklung Baden-Württembergs während der Weltfinanzkrise – eine vergleichende Analyse aus Sicht unterschiedlicher Berufsgruppen". (Autor Ralf Rukwid, Institut für Volkswirtschaftslehre, Universität Stuttgart-Hohenheim, veröffentlicht von der IG Metall Baden-Württemberg am 14. Februar 2011 auf der Website www.bw.igm.de.)

Das Wichtigste, die Hauptaussage dieser statistischen Untersuchung lautet:

Die Arbeitsplätze von Un- und Angelernten und von Facharbeitern gehen zurück, während Arbeitsplätze für Hochqualifizierte wie Ingenieure oder Kaufmännische Angestellte eher zunehmen. Und in Baden-Württemberg sei diese Entwicklung besonders stark zu verzeichnen.

Es steckt also eine Brisanz in diesem trockenen wissenschaftlichen Thema. Es kommt erst richtig rüber, wenn die Situation im Betrieb oder sogar ganz persönliche Auswirkungen damit in Verbindung gebracht werden können.

Die Form des Features erlaubt uns das.

Wir können zum Beispiel für den Artikel in der Betriebszeitung eine un- und angelernte Kollegin herausgreifen, die uns über ihre persönliche Situation berichtet. Oder: Wir können die Entwicklung der Arbeitsplätze im eigenen Betrieb untersuchen und verschiedene Beschäftigte, Un- und Angelernte wie auch Ingenieure zu ihrer eigenen Betroffenheit befragen. Protagonisten nennen wir diese Menschen, die uns durch den Text führen.

Das Feature beginnt mit dieser persönlichen, direkten Verbindung, mit der Protagonistin Sabine F.

Ein (erfundener) Feature-Einstieg könnte so lauten:

Sabine F. (37) arbeitet am Montageband, seit zehn Jahren schon. Einen Beruf hat sie nicht erlernt, sagt sie und erzählt: „Nach dem Schulabschluss kamen gleich die Kinder und eine Ausbildung war nicht möglich." Später fand sie in Teilzeit den Job in der Montage, für den sie damals angelernt wurde. Aber diese Jobs werden auch bei uns in der Firma immer weiter abgebaut und verlagert. „Wie soll es weitergehen", fragt sich Sabine F., „wenn auch mein Arbeitsplatz demnächst wegfällt?"

Nach dem Einstieg können wir nun auf weiteres Interesse der Leser hoffen und können ihnen in Berichtsform ein paar Zahlen aus der Untersuchung zumuten. Natürlich bleiben wir – wenn möglich – auch im weiteren Aufbau des Features bei der direkten Betroffenheit.

Zum Beispiel könnte der Betriebsrat berichten, welche Anstrengungen zur Qualifizierung für Un- und Angelernte im Betrieb unternommen werden. Wenn die Betroffenen damit eine Perspektive bekommen, gäbe es für Sabine F. am Ende des Features sogar Hoffnungsvolles zu erzählen. Das wäre auch ein Vorschlag zur Dramaturgie des Textes: offene Fragen am Anfang und am Ende eine hoffnungsvolle Perspektive. So ganz en passant haben wir mit diesem Feature die brisanten Verschiebungen bei den Arbeitsplätzen an die Leserin, den Leser gebracht. Mehr wollten wir gar nicht erreichen.

So ist die Form des Features eigentlich ein „trojanisches Pferd" mit dem Ziel, Interesse für das ursprünglich trockene und schwer zu verstehende Thema zu finden.

Wir verstehen jetzt auch, warum Journalisten immer auf der Suche nach O-Tönen sind, nach Menschen, die sie befragen können. Das verlangen die Zeitungen, die Radio- und Fernsehsender von ihnen, weil nur über die persönliche Betroffenheit – „Schicksale" – Publikumsinteresse hergestellt werden kann.

Das Interview und die Umfrage

Interviews geben unseren Medien ein „Gesicht". Persönliche Sichtweisen können das behandelte Thema auf eine eigene, interessante und spannende Art vorstellen. Abstrakte Sachverhalte zeigen sich in persönlichen Auswirkungen. Interviews mit Experten, mit Vorgesetzten ergeben neue Sach-Erkenntnisse.

Fachkundig, prominent oder beides – egal, wer der Interviewpartner ist: Wichtig ist, dass die Interviewerin oder der Interviewer bestmöglich vorbereitet ist und eine kritische Distanz bewahrt – wie bei jeder guten Recherche.

Das Interview wird interessant, wenn es Reibung gibt, wenn in Fragen und Antworten verschiedene Standpunkte und Haltungen aufeinander treffen. Werden die Fragen lediglich als Stichwortgeber verwendet, wird das Interview schnell langweilig und der Leser ist weg. Die Interview-Situation ist in Hörfunk und Fernsehen, in Video- und Podcast selbstredend noch wesentlich lebendiger als in Schriftform.

Nach der strengen Definition der Journalisten ist das Interview ein Frage-Antwort-Spiel, keine Diskussion zum Beispiel. Der Autor bereitet sich auf das Thema vor und auf das „Opfer", das er mit seinen Fragen löchern will. Wer das Thema halbwegs intus hat, dem stellen sich die Fragen von alleine. Die Interview-Fragen sind kurz und präzise zu stellen und nicht als Ko-Referat zu formulieren. Die Hauptrolle spielt der Interviewte allein.

Walter von LaRoche gibt die folgenden Tipps zur Führung eines Interviews[8] :

▶ Bereiten Sie sich so gut wie möglich auf die zu besprechende Sache und die Person des zu Interviewenden vor, damit Sie ihm ein anregender Gesprächspartner sind, zu dem er gerne redet und den er ernst nimmt.

▶ Führen Sie ein Gespräch. Das heißt, seien Sie weder Verhör-Veranstalter noch Plaudertasche.

▶ Halten Sie Fragen bereit, aber seien Sie nicht Sklave Ihrer Vorarbeit, sondern frei genug, auf Gesprächssituationen zu reagieren.

▶ Fragen Sie präzise.

▶ Stellen Sie nur solche Fragen, von denen Sie annehmen dürfen, dass Ihr Interviewpartner sie aufgrund seiner Kenntnis und Kompetenz auch beantworten kann.

---

8   LaRoche, S. 150

▶ Stellen Sie nicht mehrere Fragen auf einmal. Das verwirrt den ungeübten Partner und er antwortet unvollständig; dem Routinier aber eröffnet das Fragenbündel die Chance, sich auszusuchen, auf welche Fragen er antworten und welche er vergessen will.

▶ Interviews unter vier Augen sind gewöhnlich ergiebiger als solche vor Publikum. Gespräche, die man vor Zuhörern führt, geraten leicht zur Schau; außerdem hat der Interviewpartner vielleicht Bedenken, dies oder jenes vor Publikum mitzuteilen oder zuzugeben, was er im Zwiegespräch gesagt hätte.

Nach dem Gespräch und dessen Aufzeichnung muss das Interview zur Veröffentlichung aufbereitet werden. In der Regel werden Gespräche in der Schriftform viel zu lang, so dass normalerweise gekürzt werden muss (vgl. die angemessene Kürze). Das mündlich Formulierte entspricht selten einer druckreifen Schriftform, so dass es in der Regel auch umgestellt werden muss.

▶ *Dieser Text gibt Tipps für ein Interview, in dem Ihr jemanden befragt.*
*Für den Fall, dass Ihr befragt werdet, findet Ihr auf **Seite 202** Hinweise...*

Liegt das Interview in bearbeiteter Schriftform vor, bekommt es der Interviewte zur Ansicht. Er muss schließlich entscheiden können, ob er sich im gekürzten und umformulierten Texten wiederfindet. Seine sprachlichen Änderungswünsche sollten deshalb berücksichtigt werden. Anders ist es bei Korrekturwünschen in der Sache, was bei kritischen Interviews nicht selten ist. Die Redaktion sollte sich dann auf den Standpunkt stellen: Gesagt ist gesagt – und sollte das Interview in der ursprünglichen Form veröffentlichen. Im Zweifel können die Änderungswünsche des Interviewten ebenfalls veröffentlicht werden. Der Vorgang wird dann offen für alle.

Ein Foto des Interviewten oder der Gesprächssituation gehört wie selbstverständlich zu einem Interview.

Die **Umfrage** ist eine spezielle Form des Interviews. Dafür werden zu einem Thema mehrere Leute befragt, meist mit nur einer Frage. „Wie steht Ihr zur Forderung in der Tarifrunde?" wäre ein Beispiel dafür. Die (kurzen) Antworten werden mit Porträtbild zusammen veröffentlicht. Wir können damit auf persönliche Weise ein aktuelles Meinungsbild zu einem bestimmten Thema vermitteln.

Die bunte Reportage

In der Reportage schildert der Reporter, was er erlebt. Durchaus auch in der (ehrlichsten) Ich-Form. Im Erlebnisbericht verlässt er den im Bericht sonst üblichen objektiven Blickwinkel und schildert den Sachverhalt aus seiner eigenen subjektiven Perspektive. Dabei lässt er viele bunte Details einfließen, die die Atmosphäre vermitteln. Er lässt Protagonisten zu Wort kommen, die das Gleiche mit ihm erleben.

Egon Erwin Kisch, sicher immer noch einer der berühmtesten Reporter aller Zeiten, beginnt eine Reportage über den Kaugummi so:

Zum ersten Mal begegnete mir der Kaugummi als ein Auswuchs auf meiner Hose; irgend ein Mitpassagier hatte ein Stück Kaugummi zu Ende gekaut und nachher auf meinem Deckstuhl bestattet, von wo der Leichnam auf meine Hose kam. Das war auf meiner ersten Überfahrt nach New York. Drüben sah ich dann allüberall Gummi-Kau-Boys, und auch die Girls kauten in allen Lebenslagen.

> (Der Kaugummi, erzählt vom Ende bis zum Anfang, aus: Egon Erwin Kisch, Entdeckungen in Mexiko, S. 248, Kiepenheuer & Witsch, Köln 1981).

In diesem Anfang steckt alles, was einen Reportage-Anfang ausmachen sollte: eine persönliche Erfahrung, der Beginn mit dem Besonderen (Kischs Hose) und die Überleitung zum Allgemeinen, dem verbreiteten Kaugummi-Kauen.

Kisch reiste für seine Reportage in den mexikanischen Dschungel, um dort die Bedingungen zu untersuchen, unter denen der Rohstoff für den Kaugummi – Chicle – gewonnen wird. Die Dramaturgie dieser Reportage ist die Reise vom Ende zum Anfang der Kaugummiproduktion. Jede Reportage braucht eine Dramaturgie.

Der Schluss von Kischs Reportage (Kisch, S. 259):

Erst mit General Santa Ana fing es an, dem Manne, der sein Leben damit verbrachte, abwechselnd Präsident oder Präsidentschaftskandidat von Mexiko zu sein. In letzterer Eigenschaft saß er so um 1860 herum in den Vereinigten Staaten, unentwegt Chicle kauend. Dies brachte Santa Anas amerikanischen Sekretär, einen Mr. Adams, auf die Idee: Könnte man nicht mit diesem Zeug die Vorteile von Kautschuk und Kandis vereinigen? Mr. Adams holte sich Chicle aus Mexiko und eröffnete eine Werkstatt.

Das war der Anfang, und ich schließe.

Kann man aus einer so banalen Sache wie Kaugummi eine interessante Reportage machen? Egon Erwin Kisch konnte. Denn hinter dem Banalen steckt oft viel Interessantes.

Wer gut recherchiert, Zusammenhänge sichtbar machen kann und sich das Handwerk des Schreibens angeeignet hat, kann solche Geschichten hervorragend erzählen.

Das Porträt

Das Porträt kann von der Darstellungsform her vieles sein: Bericht, Feature, Reportage, Interview, selbst Glosse oder Kommentar. Es gelten die Grundsätze der jeweiligen Darstellungsform.

Das Porträt gilt deshalb nicht als eigenständige Darstellungsform. Gemeinsames Merkmal ist allein: Es geht um eine bestimmte Person, die vorgestellt wird. Sie kann persönlich vorgestellt werden oder auch mit einem, ihrem Sachthema, über das informiert werden soll.

Im Zweifel kann auch ein Bericht über das Sachthema mit der bewussten Person als Protagonisten geschrieben werden. Die persönlichen Angaben zur Vita können dann in Tabellenform in einem Extra-Text daneben gestellt werden. Porträts geben unseren Medien ein Gesicht, wie es auch das Interview leistet.

Kommentar, Glosse, Kritik und Rezension

Bisher haben wir im wesentlichen informierende Darstellungsformen vorgestellt. In denen äußern die Protagonisten ihre Meinung und der Journalist hält seine zurück. In Kommentar, Glosse, Kritik und Rezension darf er nun in die Vollen greifen. Grenzen ziehen das Presse- und das Strafrecht und der gute Geschmack. Meinungsäußernde Artikel sind mit den Namen des Urhebers unterschrieben, der dafür auch verantwortlich ist.

Kommentare stehen in der Regel neben Berichten, in denen die Sachinformation der verschiedenen Standpunkte ausgebreitet wird. Die Argumente verwendet der Kommentator, um für seine Meinung überzeugend zu werben. Er verwendet dafür wertende Formulierungen, die sonst im Bericht vermieden werden.

Die **Glosse** gilt als schwierigste Darstellungsform und wandelt stets auf schmalem Grat. Ironie und Satire werden oft missverstanden und dann erreicht die Glosse ihr Gegenteil. Hier muss man sich der Sprache und des Anlasses sehr sicher sein.

Kritik und **Rezension** sind normalerweise im Feuilleton zuhause und weniger in der Betriebszeitung. Es geht um die Beurteilung von Literatur, Kunstausstellungen, Filmen, von Theater und Musik.

Einen Inhalt in die pas-
sende Textform zu packen
ist ähnlich wichtig wie die
Wahl des richtigen Schuh-
werks zum jeweiligen
Zweck. Wer sich falsch ent-
scheidet, wird das eigent-
liche Ziel verfehlen.

Die angemessene Darstellungsform

Wie schon gesagt: Journalisten müssen viel Pflicht, viel „Schwarzbrot" schreiben, also nüchterne Nachrichten und Berichte. Deshalb verlangt es sie nach Abwechslung. Aber es sollte nicht der momentanen Befindlichkeit überlassen bleiben, welche Darstellungsform gewählt wird. Es geht vor allem um die Wirkung der jeweiligen Darstellungsform.

Aus der Leseforschung wissen wir, wann die Leser welche Textformen eher erwarten. Sind die Leser sehr am Thema beteiligt, erwarten sie eher nüchterne, verlässliche Informationen.

Geht es zum Beispiel um Arbeitsplatzabbau, also um die Existenz, sind die Leser genug bewegt. Es geht dann darum, sie möglichst klar, offen, sachlich und zuverlässig zu informieren. Das muss nicht einmal ausformuliert sein. Hier genügte sogar eine einfache Tabelle mit aufgelisteten Maßnahmen, deren Folgen und den Gegenvorschlägen der Betriebsräte.

Umgekehrt verhält es sich, wenn wir die Leser hinter dem Ofen hervorlocken wollen – wie beim vorherigen Beispiel mit der wissenschaftlichen Untersuchung über die Verschiebung bei den Arbeitsplätzen. Hier sind die „bewegenden" Textformen angebracht, also das Feature, eine Reportage, eine Umfrage, ein (kritisches) Interview. Die emotionalen oder polarisierenden Elemente dieser Darstellungsformen erfüllen dann genau ihren Zweck.[9]

---

9   Diese Anregungen haben wir der Publikation „Wie Texte wirken" aus der Reihe „Journalisten-Werkstatt" entnommen, Verlag Johann Oberauer, Salzburg.

⑥ Die verständliche Sprache

„Blogger – plagt Euch", schrieb Sprach-papst Wolf Schneider den Online-Auto-ren ins Stammbuch[10]. Die bisher schon für alle Texte geltenden Grundsätze für eine verständliche, flüssige, einpräg-same Sprache bleiben auch im digi-talen Zeitalter in Kraft. Und das sogar verschärft, weil die Leser in der Über-fülle der digitalen Informationen im-mer ungeduldiger werden. Die Blog-ger und mit ihnen alle anderen Autoren von Informationstexten müssen sich im Dienst der Leser um eine anschau-liche Sprache bemühen – oder plagen.

Joseph Pulitzer, Stifter eines bekannten Preises für hervorragende journalisti-sche Leistungen, riet den Schreibern:[11]

„Schreibe kurz – und sie werden es lesen.
Schreibe klar – und sie werden es verstehen.
Schreibe bildhaft – und sie werden
es im Gedächtnis behalten."

Der folgende Satz entspricht so gar nicht Joseph Pulitzers Ratschlag (und wir nehmen diese harte Nuss als Bei-spiel für unsere Ratschläge):

Neben den im Zusammenhang mit der Krisenbewältigung häufig diskutierten Instrumenten der Kurzarbeit und der Reduktion von Überstunden scheinen Nachfrageausfälle verstärkt durch ei-nen Arbeitsplatzabbau innerhalb der Zeitarbeitsbranche kompensiert zu werden.

---

10   zitiert nach einem Interview von Tho-mas Schulze/dpa, erschienen am 5. Mai 2010 im Berliner Tagesspiegel
11   Zitiert nach Schneider, S. 43

Schreibe kurz

Pulitzer meint damit in erster Linie die angemessene Kürze oder Länge des Textes. Das haben wir oben schon dis-kutiert (Seite 72). Auch mit kurzen Wörtern und kurzen Sätzen lassen sich die Texte weiter verkürzen. Damit wer-den sie auch verständlicher.

Kurze Wörter:

Wir verwenden stets das kürzere Wort. Die starken Wörter in unserer deut-schen Sprache sind fast alles Einsil-ber. Glück, Lust, Spaß, Schmerz, Zorn, Hass sind nur einige davon. Liebe ist ein Zweisilber, aber fast ebenso kurz.

Wir Menschen haben auch in unse-rer Umgangssprache eine Tendenz zur Wortverkürzung. Aus „Auszubildender" machen wir Azubi. Aus „Deutschland sucht den Superstar" wird „DSDS". Aus Entgeltrahmentarifvertrag wird „Era".

Weniger Überstunden und Kurzarbeit haben geholfen, die Krise zu bewälti-gen. Damit haben wir das lange Wort Krisenbewältigung ersetzt. Außer-dem umschreiben wir die *Bewältigung* mit einer aktiven Formulierung. Aktiv schreiben – das ist die nächste Anre-gung:

Aktive Wörter

Aktive Wörter sind anpackend und for-dern zur Tat auf.

Vor allem um die Tätigkeitswörter, die Verben, geht es hier. Wir verwenden lie-ber starke Tätigkeitswörter als Haupt-wörter mit der Endung „-ung". Verben beschreiben Taten. Oben haben wir ge-schrieben, dass weniger Überstunden und Kurzarbeit geholfen haben, die Kri-se zu bewältigen. Wir haben Krisenbewältigung also nicht nur durch ein kürzeres Wort ersetzt, sondern mit dem darin steckenden Verb bewältigen auch aktiviert.

Wir vermeiden Sätze in Passiv-Form und greifen zu aktiven Sätzen. Wir wollen aktive Texte, keine passiven.

Der Passiv-Satz im Beispiel:

... scheinen Nachfrageausfälle durch einen Arbeitsplatzabbau innerhalb der Zeitarbeitsbranche kompensiert zu werden...

Ein aktiver Satz könnte lauten:

Ein Jobabbau in der Zeitarbeitsbranche scheint die eingebrochene Nachfrage auszugleichen.

Bei der Überarbeitung sind drei Dinge passiert:

Erstens: Wir haben kürzere Wörter verwendet. Zum Beispiel auch in statt innerhalb, Jobabbau statt Arbeitsplatzabbau.

Zweitens: Wir haben den Satz aktiviert und das Verb kompensieren durch das verständlichere ausgleichen ersetzt (siehe unten: Schreibe klar)

Drittens: Aus dem langen Satz haben wir zwei kürzere Sätze gebaut.

Kurze Sätze:

Wir schreiben in erster Linie kurze Hauptsätze.

Beispiel: Die Branche überstand die Krise mit Kurzarbeit und weniger Überstunden.

Nebensätze verwenden wir hauptsächlich zur Abwechslung. Allein mit Hauptsätzen wird die Melodie des Textes zu eintönig. Es würde sonst zu abgehackt klingen.

In erster Linie verwenden wir angehängte oder vorangestellte Nebensätze. Auch da wechseln wir ab.

Beispiele:

Weniger Überstunden und Kurzarbeit haben geholfen, die Krise zu bewältigen.

Die Krise wurde überwunden, indem Überstunden abgebaut und kurzgearbeitet wurde.

Eingeschobene Nebensätze vermeiden wir, weil sie den Lesefluss unterbrechen. Ausnahmsweise dürfen wir sie zur Abwechslung gezielt anwenden.

Beispiel – eingeschobener Nebensatz:

Die Branche überstand die Krise, die die eingebrochene Nachfrage auslöste, mit verringerten Überstunden und Kurzarbeit.

Bei zweiteiligen Tätigkeitswörtern gilt noch eine besondere Regel.

Zweiteilige Tätigkeitswörter sind zum Beispiel: Ich trete in die Gewerkschaft ein.

Der Arbeitgeber stellte in der Betriebsversammlung seine aktuellen Pläne vor.

Für den Abstand zwischen den beiden Teilen gilt die **Sechs-Wörter-Regel**[12]. Mehr als sechs Wörter sollten nicht dazwischen liegen und schon gar kein Nebensatz. Sonst leidet die Verständlichkeit sehr. Im zweiten Beispiel sind es gerade sechs Wörter zwischen stellte und vor.

---

12   Schneider, S. 111ff

Falsch:

Ich trete in die Gewerkschaft, die mir sehr viele Vorteile bietet und mich unterstützt, ein.

Besser:

Ich trete in die Gewerkschaft ein, weil sie mir sehr viele Vorteile bietet und mich unterstützt.

So lange, wie der Atem reicht

Ein Satz sollte höchstens so lange sein, so weit der Atem reicht, rät uns Wolf Schneider[13].

In unserem Beispiel geht uns der Atem schon fast aus, wenn wir beim Wort Nachfrageausfälle angekommen sind. Die Trennung in zwei Sätze ist deshalb unbedingt notwendig.

Schreibe klar,
das heißt: verständlich.

Erstens: Die kurzen Wörter, die kurzen Sätze erhöhen die Verständlichkeit bereits enorm.

Zweitens: Wir verwenden allgemein verständliche Wörter. In unserem Alltag haben wir es mit vielen komplizierten Fachbegriffen zu tun. Ob Tarifchinesisch, die Fachsprache der Arbeitsschützer, Juristisches aus dem Arbeitsrecht oder auch Marketing-Englisch: Wir sind stets gehalten, die frem-

Im Jahr 1278 war jemand, der schreiben konnte, etwas ganz Besonderes...

---

13   Schneider, S. 117ff

---

den Wörter für unsere Leser in verständliche Begriffe zu übertragen. Zum Beispiel ausgleichen statt *kompensieren*, verringern statt reduzieren. Ja – hier fängt es schon an. Wir halten diese Fremdwörter für so geläufig, dass wir uns keine Gedanken darüber machen. Aber so weithin bekannt sind sie gar nicht – so dass das deutsche Wort immer die bessere Wahl bleibt.

Wenn eine Übersetzung nicht direkt gelingt, müssen wir das Stichwort erklären. Das können wir zum Beispiel mit einem Extra-Kasten tun.

Zum Beispiel:
Was ist eine Beschäftigungs- und Qualifizierungsgesellschaft?
Was sind Lösemittel?
Was steht im Entgeltrahmentarifvertrag?

Schreibe bildhaft

Das heißt: Schreibe farbig, anschaulich und direkt greifbar.

Mit aktiven Verben und Sätzen, mit starken, farbigen, anschaulichen, treffenden Wörtern liegen wir bei dieser Forderung schon sehr gut. Statt „Krisenbewältigung" also besser: die Krise bewältigen, überstehen, überwinden, meistern, vielleicht sogar bekämpfen.

Wir können noch mehr tun, nämlich das greifbare Einzelne verwenden statt des allgemeinen und abstrakten Ganzen.

Wenn der Verkehrsfunk herumliegende Gegenstände meldet, dann ist das eine nur abstrakte Bezeichnung. Erfahren wir aber, dass es Teppichrollen oder Korbsessel sind, dann haben wir ein Bild im Kopf. Und Bilder prägen sich ein.

Diesen Satz brauchen wir eigentlich auch nicht:

Der Arbeitgeber stellte in der Betriebsversammlung seine aktuellen Pläne vor.

Da gehen wir besser gleich in die Einzelheiten und geben Butter bei die Fische:

Der Arbeitgeber kündigte in der Betriebsversammlung an, in den nächsten sechs Monaten 250 Arbeitsplätze in der Montage zu streichen.

Das ist nun konkret greifbar und fassbar. Dann schreiben wir anschließend nicht unbestimmt:

Das sorgte für großen Unmut in der Belegschaft.

Wir schreiben genau, was passierte (das Beispiel ist fiktiv):

Die Ankündigung des Arbeitgebers wurde von einem heftigen Pfeifkonzert unterbrochen. Einige riefen: „Das lassen wir nicht mit uns machen."

Eine Bemerkung zum Ende:

Die Arbeit mit der geschriebenen Sprache lässt sich nicht von jetzt auf nachher erlernen, auch wenn manche Bücher das gerne vorgaukeln, zum Beispiel „30 Minuten für gutes Schreiben." Übung und etwas Mühe ist notwendig, um textsicher zu werden. Seminare, eine Schreibwerkstatt vielleicht, sind zu empfehlen. Die Literatur, die wir im Anhang empfehlen, gibt vertiefende Tipps und Hinweise. Auch wenn das mit den „30 Minuten" halt nur ein guter Werbegag ist.

LITERATUR:

Baum, Thilo: 30 Minuten für gutes Schreiben, Gabal-Verlag, Offenbach 2004.

Kisch, Egon Erwin: Entdeckungen in Mexiko, Kiepenheuer & Witsch, Köln 1981. Letzte Auflage Droemer Knaur, München 1992.

Kolb, Ingrid: Titel & Kleintexte, Reihe Journalisten-Werkstatt, Verlag Johann Oberauer, Salzburg o.D.

LaRoche, Walther von: Einführung in den praktischen Journalismus, List-Verlag München 1982. Letzte Auflage: 1990.

Linden, Peter: Wie Texte wirken, Reihe Journalisten-Werkstatt, Verlag Johann Oberauer, Salzburg o.D.

Schneider, Wolf: Deutsch für junge Profis, Rowohlt, Berlin 2010.

... während im Jahr 2011 in den reicheren Ländern der Erde immer mehr Menschen diese Kunst wie selbstverständlich beherrschen. Sie können damit etwas ganz Besonderes anfangen.

Überschrift
(Titel)

⑦ Große Bedeutung: Kleintexte

Aufmacher-
Illustration
oder -foto

Bildunterschrift →

Ansprechende Drucksachen können Erfolg haben – denn sie werden gelesen...

Vorspann

Sie entscheiden mit über die Zugänglichkeit eines Beitrags. Sie sind extrem wichtige Faktoren in jenem kurzen Moment, in dem ein Mensch sich entscheidet, den Beitrag lesen zu wollen oder nicht. Gemeint sind Titel, Vorspänne (auch „Leads" genannt), Zwischentitel, Bildunterschriften und Kästen mit Info-Texten wie zum Beispiel Literaturhinweisen, Daten oder Hinweisen aufs Internet.

Zusammen mit dem Aufmacher-Bild fällt der **Titel** als erstes ins Auge. Es lohnt sich deshalb, darauf einiges Nachdenken zu verwenden. Der Titel soll das Wichtigste am besten in einer auffälligen, witzigen, starken, originellen Aussage enthalten. In großen Buchstaben selbstredend. Der Titel wird in der Regel um eine Unterzeile ergänzt, die den Titel stützt und noch weiter zum Textinhalt hinführt. Mit der Lektüre von Titel und Unterzeile sollte der Leser schon wissen, was ihn im Artikeltext er-

wartet. Siehe auch die Checkliste: Zehn Regeln für Überschriften Seite 86.

Nächster wichtiger Leseanreiz sind die **Vorspänne** oder **Leads**, das Fettgedruckte vor dem eigentlichen Artikeltext. Wir erinnern uns an die 20-Sekunden-Regel (Seite 71). Diese Vorgaben muss der Vorspann unbedingt erfüllen. Höchstens 350 Zeichen also und die Lead-Sätze sollen nicht nur kurz und klar sein, sondern auch überraschend, spannend, lustig.

Zwische
titel

Auch total hilfreich ← Zwischen titel

Zwischentitel sind fett oder größer gedruckte Textzeilen, verteilt im Artikeltext. Manchmal werden sie mit Linien abgegrenzt oder farbig unterlegt, das kommt auf die grafische Gestaltung an. Auch sie haben das Ziel, Blickfänger zu sein für den Leser. Wenn der Vorspann gelesen ist, fliegt der Leser vielleicht über die Zwischentitel. Sind diese interessant und originell, entschließt er sich vielleicht doch dazu, mit dem Lesen des Artikeltextes zu beginnen. In der Regel werden Sätze aus dem Artikeltext als Zwischentitel verwendet.

Die **Bildunterschriften** gehören zu den am meisten unterschätzten Textelementen. Oft werden sie auch weggelassen. Der Blick des Lesers geht immer zuerst auf das große Foto, dann als nächstes auf den Titel. Wenn das große Foto mit einer sinnvollen Bildzeile beschrieben ist, ist das schon wieder ein Anreiz.

Henri Nannen, Gründer des Magazins „Stern", sagte: Die Bildunterschrift müsse dem Betrachter das Bild vorlesen. Das heißt: Sie soll uns kurz erläutern, was auf dem Bild drauf ist. Besonders wichtig sind Bildzeilen, wenn Personen abgebildet sind (die ja nicht immer so prominent sind, dass sie allen bekannt sind). Dann müssen die Namen genannt und richtig bezeichnet werden.

Wir merken uns: Mit dem Artikeltext sind wir noch nicht fertig. Für das komplette Bild des Mediums brauchen wir auch die Kleintexte. Die Kleintexte sind wichtige Blickfänger für die Leserinnen und Leser.[1]

---

1   Anregungen aus „Titel & Kleintexte", Reihe Journalisten-Werkstatt, Verlag Johann Oberauer, Salzburg

Die **Kästen** entlasten den Artikeltext und stellen wichtige Erklärungen auf den Seiten heraus. Was wir sonst im Text ausführlich und ermüdend erklären müssten, das lässt sich – durchaus auch in tabellarischer Form – in diesen Infoboxen übersichtlich darstellen.

Wir verwenden das zum Beispiel für:

▶ biografische Daten

▶ für Daten jedweder Art, zum Beispiel Firmendaten wie Beschäftigten- oder Umsatzzahlen

▶ für Literatur- und Web-Hinweise

▶ für Stichwort-Erklärungen

▶ Beispielrechnungen für Erfolgsprämien

▶ Mengenangaben für Kochrezepte

▶ und was sich alles sonst noch denken lässt.

Kasten

(dieser hier hat runde Ecken - nur so als Anregung. Es gibt schier unendlich viele Gestaltungsvarianten.)

UE ●

Die elf Gebote des Satzbaus

Verboten ist,

1) mehr als sechs Wörter zwischen die Teile eines zweiteiligen Verbums oder zwischen Subjekt und Prädikat zu schieben

2) einen Satz länger zu machen, als bei lautem Lesen der Atem reichen würde

Extrem unerwünscht sind

3) eingeschobene Nebensätze

4) vorangestellte Attribute

Unerwünscht sind

5) hartnäckig wiederkehrende Satzanfänge

6) atemlos gesetzte Punkte

Erwünscht sind

7) Hauptsätze – immer die erste Wahl

8) oft: angehängte Nebensätze – ohne Handlung und mit Augenmaß

9) manchmal: vorangestellte Nebensätze, wenn sie kurz sind

10) Sätze wie Pfeile, vorwärtsstrebend

11) mindestens fünf der sieben Satzzeichen in jedem Text

Dies alles gilt ausnahmslos für alle Texte, die auf möglichst viele Leser zielen – unverändert seit Thukydides und Luther, seit Schiller und Bert Brecht. Ohne Rücksicht auf das Medium, ohne Rücksicht auf den Zweck...

Aus: Schneider, Wolf: Deutsch für junge Profis, Rowohlt, Berlin 2010, S. 131f

Zehn Regeln für Überschriften

▶ Text genau lesen. Die Überschrift darf nichts aussagen, was nicht im Text steht.

▶ „Signalwörter" benutzen, die dem Leser die Orientierung leichter machen, vor allem bei Nachrichten, über die schon vorher berichtet wurde.

▶ Auch wenn der Inhalt komisch ist: keine Witze, kein Jargon, keine Flapsigkeiten in der Überschrift

▶ Konkrete Aussagen, keine vagen Formulierungen!

▶ Überschrift und Unterzeile müssen korrespondieren und jede für sich verständlich sein.

▶ Die Unterzeile ergänzt und klärt die Hauptzeile, so dass der Leser genau weiß, welcher Inhalt ihn erwartet

▶ In der Überschrift nicht kommentieren, nicht werten und schon gar nicht moralisieren!

▶ Zu spektakulären Ereignissen – Morden, Katastrophen – den Ort nennen, vor allem, wenn der Schauplatz im Ausland liegt.

▶ Zwischen Überschrift und Lauftext dürfen keine Widersprüche auftauchen

▶ Selbstkritik! Jede Überschrift noch einmal überprüfen: Was sagt sie aus? Führt sie zum Inhalt des Textes?

Minimal verändert aus: Kolb, Ingrid: Titel & Kleintexte, Reihe Journalisten-Werkstatt, Verlag Johann Oberauer, Salzburg o.D., S. 4

Journalistische Schreibweisen

Zahlen

Eins bis zwölf werden grundsätzlich als Buchstaben geschrieben (Ausnahme: Dezimalzahlen.)

Ab 13 sind Zahlen grundsätzlich als Ziffern zu schreiben.

Mitunter werden aber auch höhere Zahlen ab 13 als Wort geschrieben, zum Beispiel tausend. Aber nur, und das ist die zugrunde liegende Regel, wenn sie kurz zu schreiben sind. „Eintausenddreihundertsiebzehn" wäre eindeutig zu lang.

Datum und Uhrzeiten

Monatsnamen werden grundsätzlich als Wörter geschrieben.
Beispiel: 28. Februar 2011.

Einstellige Tage werden ohne vorangestellte Null geschrieben. Also der 6. Juni 2011, nicht 06. Juni. Ähnliches gilt für Uhrzeiten: 8 Uhr, nicht 08.00 Uhr.

Abkürzungen stets ausschreiben

Million – nicht Mio.
Kilometer – nicht km
Unter anderem - nicht u.a.
Circa – nicht ca.
Betriebsratsvorsitzender – nicht BRV
Vertrauenskörperleiter, nicht VKL

Nur allgemein bekannte Abkürzungen können stehenbleiben:
SPD, EU, DGB

Einheiten stets ausschreiben

Prozent, nicht %
Euro, nicht €

Kein Herr, keine Frau

Einen Herrn oder eine Frau Müller gibt es in einem journalistischen Text nicht. Stattdessen werden stets Vor- und Nachname genannt. Wenn die Person vorgestellt ist, kann im Verlauf des Artikels zur Abwechslung auch mal nur der Nachname stehen oder die Bezeichnung der Funktion oder des Berufs, zum Beispiel: Der Betriebsratsvorsitzende sagte, ...

Eigennamen

Eigennamen werden in ihrer jeweils besonderen Schreibweise in der Regel ignoriert und der gängigen Rechtschreibung angepasst. „ver.di" heißt deshalb immer und überall Verdi (außer in deren eigenen Publikationen).

Mit Firmennamen wird genauso verfahren. Auch wenn „LÄPPLE" sich selbst in Großbuchstaben schreibt, wird das immer zu Läpple.

Die Bezeichnungen der Rechtsformen wie „GmbH & Co. KG" werden immer weggelassen, außer sie haben inhaltliche Bedeutung für den konkreten Text.

Augen, die einen direkt anblicken – ein attraktiver Mensch in einer Situation, die zum Thema passt, dazu ein auffallender Hintergrund: Beste Voraussetzungen für eine effektive Illustration...

Nach dem Schreiben: Gestaltung. Inhalte wirkungsvoll präsentieren...

Das Auge liest mit - Ihr wollt Menschen erreichen, die mehr oder weniger aufgeschlossen für Eure Inhalte sind, also solltet Ihr ihnen den Einstieg erleichtern. Gestaltung ist dazu ein wichtiges Werkzeug.

Und sie ist noch mehr: Gestaltung ist eine eigene Botschaft. Gestaltung ist Ausdruck von Kultur. Gestaltung ist Teil des Inhalts und Gestaltung ist Emotion.

Das sind große Worte. Nur keine Angst: Gestaltung ist auch Handwerk, das man sich gut aneignen kann. Und: Gestaltung macht Spaß. Denen, die Euer Produkt anschauen, und Euch selbst.

Da zur Kommunikation immer zwei gehören (mindestens...): Denkt einfach immer wieder an die Leute, die das anschauen, lesen und verstehen sollen. Ihr kennt diese Leute, Ihr könnt Euch vorstellen, was sie als Leserin oder Leser erwarten. Tut ihnen den Gefallen und macht es ihnen möglichst leicht, Eure Inhalte aufnehmen zu können.

An die Leser denken

Der berühmte Satz „Man kann nicht nicht kommunizieren" (Paul Watzlawick, 1921 – 2007) trifft natürlich auch auf die Kommunikationsform „Gestaltung von schriftlichen und bildlichen Informationen" zu. Egal, wie Euer Produkt aussieht: Das sagt etwas aus.

Es kann aussagen: „Liebe Leserin, lieber Leser, uns ist es wurst, wie's Dir geht, quäl' Dich halt hier durch, es stehen lauter wichtige und richtige Sachen drin." (Das ist die Aussage von Textwüsten, die klein- und enggedruckt nur die wirklich Hartgesottenen unter den möglicherweise Interessierten erreichen können.)

Oder Euer Produkt sagt: „Liebe Leserin, lieber Leser, Du bist es uns wert, unsere Inhalte gut aufzubereiten: Hier sind für den ersten Eindruck ein paar Hinweise auf die Informationen in diesem Artikel, auf dieser Seite – außer einer gut formulierten und platzierten Überschrift auch noch aussagekräftige Zwischentitel und natürlich ansprechende Abbildungen – ein interessantes Foto, eine anschauliche Infografik oder gar eine Karikatur, die viel Aussage auf den Punkt bringt.

Viel Mühe für weniger Worte

Ein ganz wichtiger Bestandteil der Gestaltung ist der Umfang – wer schreibt, möchte gerne ausführlich und präzise texten können. Wer liest, möchte im Normalfall rasch und möglichst bequem informiert werden. Ein Konflikt, der sich oft nicht ganz auflösen lässt.

Erfahrungsgemäß sollte im Zweifelsfall die Leserin beziehungsweise der Leser den Vorrang bekommen und die Autorin oder der Autor überzeugt werden, die Sache nochmal kürzer zu formulieren. Allen, die sich genötigt sehen, ihren Text zu kürzen, noch ein kleiner Gruß von Geheimrat Goethe, der angeblich einmal schrieb: „Lieber Freund, verzeih den langen Brief, ich hatte keine Zeit, mich kurz zu fassen." Ihr solltet Euch diese Zeit nehmen, denn Ihr schreibt nicht nur für Freunde, sondern wollt viele Menschen erreichen.

Für alle Gestaltung gilt: Macht Euer Produkt **übersichtlich**, schafft Schwerpunkte, die als **Einstieg** funktionie-

ren – zumeist sind das Überschrift und oder Abbildung/en. Lasst auf dem Bildschirm oder dem Papier auch Platz frei – Text ist wie guter Wein, er muss atmen, bevor man ihn genießen kann.

Sehen üben

Ob Ihr Euch seit Jahren mit Gestaltung befasst oder ob Ihr Euch dem Thema erst annähert: Das ganze Leben ist Weiterbildung. Tagtäglich seht Ihr gestaltete Produkte, die Euch ansprechen oder nicht. Nutzt Eure eigenen Erfahrungen als Medien-Konsumentin oder -Konsument für Eure eigene gestalterische Arbeit. Wenn Euch beispielsweise eine Zeitschriftenseite gut gefällt: Betrachtet sie genau und findet möglichst viele der Gründe dafür heraus.

Genauso andersherum: Wenn Euch etwas gar nicht anspricht – prüft die Schwachstellen. Schriftart und -größe, Farbigkeit, Verhältnis zwischen Text-, Bild- und Freiflächen – all das können Gründe für den Erfolg oder Misserfolg von optischen Medien sein.

Der Anfang aller Gestaltung ist Sehen und Empfinden. Wenn Ihr es schafft, diese Fähigkeiten etwas zu schulen und Euch das Ergebnis bewusst zu machen, tut Ihr Euch beim Machen von Medien viel leichter. JF ●

Das Einmaleins der Gestaltung

Wie gestalte ich ein zum Beispiel Flugblatt oder eine Betriebszeitung? Welches Layout bringt meine Leserin und meinen Leser dazu, eine Drucksache in die Hand zu nehmen? Wie bereite ich den Inhalt so auf, dass er gelesen wird? Und wie halte ich meinen Leser bis zum Schluss bei der Stange?

Zusatzfrage: Wie unterstütze ich beispielsweise durch eine Zeitschrift, durch eine Website oder durch einen Blog eine dauerhafte Verbindung zwischen Leser und Medium oder zwischen Leser und Herausgeber? Wie kann so eine Veröffentlichung dazu beitragen, dass der Leser den Macherinnen und Machern vertraut, ihre Ziele dauerhaft positiv bewertet? Kann die Gestaltung dazu einen Beitrag leisten?

Was kann ein Layout leisten?

Ein Layout ist die Anordnung von Text- und Bildelementen. Es strukturiert den zu vermittelnden Inhalt mit verschiedenen Textelementen (langer Artikel, Textboxen, Überschriften, Zwischentitel, Bildtexte) Fotos, Illustrationen oder Informationsgrafiken.

Nur ein gut verständlicher Beitrag wird gelesen und kann im besten Fall gar überzeugen. Zur Verständlichkeit kann das Layout einen großen Beitrag leisten. Es betont wichtige Inhalte und setzt die weniger wichtigen zurück. So entsteht eine Hierarchie, die beim Wahrnehmen der Informationen und beim Merken hilft.

Beim Layout einer wiederkehrenden Veröffentlichung ist Erkennbarkeit ein wichtiger Faktor: So sehr jede Ausgabe sich von der nächsten und von der vorigen unterscheidet, so sehr sollte es doch dauerhaft geltende Gestaltungs-

regeln geben. Solch ein stabiler Rahmen macht es dem Leser viel leichter, sich auf die Inhalte zu konzentrieren.

Außerdem prägt ein gutes und konsequent verwendetes Grundlayout auch das Bild des Mediums bei den Lesern. Es unterstützt wesentlich das Image der Veröffentlichung und damit auch, wie die Macherinnen und Macher eingeschätzt werden.

Nähe zum Publikum ist vielfach wichtig – auch bei der Gestaltung: Beziehen sich neben den Inhalten auch die Bilder auf die Lebenswirklichkeit der Leser, wird der Beitrag als authentisch empfunden und die Autoren oder das gesamte Medium gewinnen Vertrauen.

> Durch Zusatzinformationen oder Teilaspekte, die der Gestalter in Absprache mit dem Autor des Textes in Faktenboxen oder Infografiken hervorhebt, bietet er dem Auge des Lesers zusätzliche Leseanreize und Einstiegsmöglichkeiten in den Text.
>
> (Zeitungsdesigner Norbert Küpper)

Im besten Fall zeigt das Layout dem Leser den Kern einer Geschichte oder setzt ein Spotlight auf den wichtigsten Aspekt.

Wenn sich Text und Bild zu einer Einheit ergänzen, fällt dem Leser der Einstieg besonders leicht. Texte werden bis zu Ende gelesen und bleiben im Gedächtnis haften.

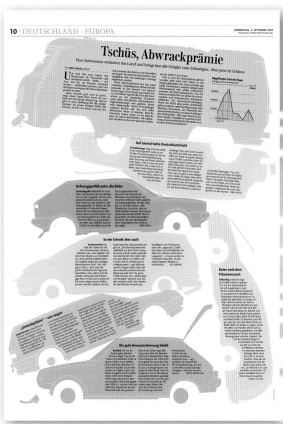

Beispiel für gute Ergänzung des Textes durch Bild und Überschrift: Wenn es um Erdgas geht, mit dem alle Welt gerne heizen möchte, ist die Weltkugel als Kopf unter einer wärmenden Fellmütze ein geeigneter Hingucker, der Titel „Kalter Krieg" ist einerseits fast schon ein Wortspiel und zitiert andererseits den Begriff für die erbitterten Auseinandersetzungen ohne aktive Waffengewalt nach dem Zweiten Weltkrieg.

Gelungenes Beispiel zur Visualisierung von Inhalten: Sieben kurze Geschichten zur Abwrackprämie – erzählt auf farbigen Auto-Illustrationen, die wie Autos auf einem Schrottplatz aufeinander gestapelt wurden.

Quelle: Financial Times Deutschland, Präsentation „Modernes Zeitungsdesign" von Norbert Küpper

Ein neues Layout...

... für eine wiederkehrende Veröffentlichung zu entwickeln, ist eine wichtige Aufgabe. Wenn Ihr beispielsweise die Gestaltungsregeln festlegt, die eine Betriebszeitung für längere Zeit prägen werden, beachtet zunächst folgende sieben Fragen:

1 | Zielsetzung und Finanzen:
Was will ich erreichen und welches Budget steht mir zur Verfügung?

Wir möchten unsere Leser regelmäßig über unsere Arbeit (beispielsweise als Betriebsrat) informieren oder sie zu Aktionen mobilisieren.

Oft ist für ein solches Projekt wenig Geld vorhanden: Also brauchen wir eine Lösung, die im Digitaldruck oder auf einem Schwarz-Weiß-Drucker noch gut aussieht. Wenn kein Geld für den Kauf eines teuren Layoutprogramms von besonderen Schriften da ist, muss eine Lösung gefunden werden, die mit einfachen Mitteln gut wirkt.

2 | Klarheit über uns selbst:
Was unterscheidet uns von anderen, was ist unsere „Corporate Identity"?

Wir müssen uns überlegen, was unsere Zeitung von anderen Informationsangeboten unterscheidet (beispielsweise allgemeine Presse, Mitarbeiterblatt der Geschäftsleitung): Themen exklusiv aus der Sicht des Arbeitnehmers aufbereiten zum Beispiel.

Unsere Leserinnen und Leser müssen wissen, welche Zeitung sie aufschlagen. Wir brauchen unter anderem einen ansprechenden Namen für unsere Zeitung und wenn der feststeht, einen einprägsamen Zeitungskopf – wie ein Logo. Achtung: Hier lieber mehr Zeit investieren, da ein einmal feststehender Zeitungskopf für längere Zeit nicht mehr verändert werden sollte.

Schreibt auf, welche Eigenschaften Euer Unternehmen, Euer Gremium oder eben Euer Blatt ausmachen. Ein Beispiel ist der Stil Eurer Texte: Wollt Ihr sachlich und objektiv berichten, wollt Ihr glaubwürdig sein? Oder wollt Ihr herzhaft kommentieren und Konflikte provozieren? Versucht, Bilder für die Begriffe zu finden, für die Ihr Euch entscheidet.

Buchtipp: Corporate Identity, Annja Weinberger, Stiebner Verlag

3 | Zielgruppe:
Wen wollen wir erreichen: Zielgruppe analysieren, Produkt zielgruppengerecht gestalten

Nachdem die Identität definiert ist, ist es wichtig, sich seine Zielgruppe genau anzuschauen. Wir sollten uns ein Bild davon machen, welche Lese- und Lebensgewohnheiten, welche Interessen, welche Wertvorstellungen, Wünsche, Hobbys sie hat, wie ihr Arbeitsumfeld aussieht, ihre Lieblingsfarben, welche

Fernsehprogramme sie anschaut, wie sie ihre Freizeit verbringt, wohin sie in Urlaub fährt, um die richtigen Impulse für die Gestaltung zu erhalten. Die Sinus-Millieu-Studie, runterzuladen bei www.sinus-institut.de, kann erste Anhaltspunkte liefern – zumindest zeigt sie, wie Wissenschaftler an solch eine Aufgabe herangehen. Ergänzend zu diesem Blickwinkel solltet Ihr auch vor Ort recherchieren, beispielsweise über Leserbefragungen.

4 | Beispiele suchen:

Informationen sammeln – wie haben andere ähnliche Aufgaben gelöst?

Schaut Euch die Zeitungen an, die Eure Zielgruppe liest. Das hat nichts mit Abkupfern zu tun, sondern hilft, Euch abzugrenzen und eine eigene Position zu finden.

Sammelt Flugblätter, Flyer und andere Informationen, die sich an Eure Zielgruppe richten. Hängt alles an Eure Pinnwand und wertet es aus. Schaut Euch die Namen der Zeitungen an, die Bildsprache, die Zeitungsköpfe. Welche Farben werden verwendet?

5 | Ideen finden:

Was wird unser Erkennungszeichen?

Nachdem Eure Identität definiert ist, Ihr Eure Zielgruppen analysiert habt und Eure Recherche der „Konkurrenz-Medien" abgeschlossen hast, sind die Vorbereitungen beendet. Jetzt gilt es, beispielsweise den passenden Zeitungskopf zu entwerfen, der Eure Identität mit Leben füllt.

Kreativitätstechniken helfen bei der Ideenfindung

Es gibt nicht DIE richtige Methode. Manchmal hilft es weiter, wenn Ihr verschiedene Methoden ausprobiert. Oft kommen die Ideen, wenn man nicht im Büro ist – schreibt alle Ideen auf oder skizziert sie, damit nichts verloren geht …

Mindmapping: Schreibt assoziativ Begriffe auf, die Eure Identität ausmachen, die Euch von anderen unterscheiden und stelle Bezüge unter den Begriffen her.

Morphologische Matrix: Zerlegt Begriffe in ihre Bestandteile und kombiniere sie unterschiedlich miteinander. Sucht nach passenden Bildern. Oder entwerft eine Wortmarke oder Wort-Bild-Marke.

Bedeutung von Begriffen: Schlagt im etymologischen Wörterbuch nach; die Etymologie beschreibt die Herkunft von Wörtern.

Redewendungen, Sprichwörter: Sie können Euch zu Bildern oder Schlagzeilen führen.

Analogien – findet ähnliche Bedeutungen, vielleicht hilft ein ähnlicher Begriff Euch weiter.

Visuelle Synektik: Methode, bei der man Bilder frei assoziativ mit Begriffen kombiniert.

Schließt Eure Ideenfindung zu einem Termin, den Ihr Euch setzt, ab. Dann schaut Euch alles an, vergegenwärtigt Euch wieder: Was wollen wir erreichen? Entscheidet Euch für die drei, die am besten zu Eurer Zielsetzung passen.

6 | Das Corporate Design:

Welches ganzheitliche Erscheinungsbild geben wir uns?

Die Aufgabe des „Corporate Designs" ist, das Alleinstellungsmerkmal sichtbar zu machen, zu visualisieren. Je besser es mir gelingt, das zu veranschaulichen, was uns von anderen unterscheidet, um so unverwechselbarer und wiedererkennbarer wird unser Erscheinungsbild von den Zielgruppen aufgenommen.

Zum Corporate Design gehören das Logo, die Typografie (Hausschrift), die Farben und das Kommunikationsdesign: die Gesamtheit aller gedruckten und digitalen Medien.

• Ein Logo entwerfen

Damit Euer Logo oder Zeitungskopf sich schnell einprägt im Gedächtnis Eurer Leser, solltet Ihr es so einfach wie möglich gestalten. Überfrachtet es nicht. Arbeitet mit geometrischen Grundformen, Linien, Schrift. Je einfacher, umso wirkungsvoller wird Euer Logo sein.

Ein Logo (zum Beispiel Euer Zeitungskopf) muss gut wiedererkannt werden, egal ob es groß oder sehr klein abgebildet wird. Ein farbiger Entwurf muss auch schwarz-weiß gut funktionieren.

• Farbe verwenden

Neben Logo und Zeitungskopf spielt die Farbwahl eine entscheidende Rolle bei Eurem Erscheinungsbild. Arbeitet Ihr mit Rot, Orange und Gelb, verbindet Euer Leser damit im abendländischen Kulturkreis Wärme, Energie und Feuer. Dem entgegen haben die Farben Blau und Grün eine kühle, sachliche Ausstrahlung.

Verwendet Ihr Farben, die nebeneinander im Farbkreis liegen, schafft Ihr ein harmonisches Farbklima, wählt Ihr Farben, die sich im Farbkreis gegenüber liegen, entsteht Spannung und Dynamik.

• Die Typografie

Welche Schriftarten Ihr verwendet, hat großen Einfluss auf das Erscheinungsbild Eures Produkts. Also seid sorgfältig bei der Festlegung.

Um das riesige Angebot an Schriften ein wenig einzuteilen, unterscheiden Fachleute zwei Familien: Serifen-Schriften haben kleine waagrechte Striche an vielen der Strich-Enden. Grotesk-Schriften nicht.

Teils werden Diskussionen um die Verwendung geeigneter Schriften mit fast religiösem Eifer geführt. Wie auch in der Religion, gibt es für eine „richtige" oder eine „falsche" Schriftart wenig wissenschaftliche Beweise – doch oft ein eindeutiges Empfinden.

Häufig werden Grotesk-Schriften für Überschriften verwendet. Sie sind klar und prägnant. Bei längeren Texten wird eine serifenbetonte Schrift empfohlen: Die Serifen helfen dem Auge, sich von Buchstabe zu Buchstabe und von Zeile zu Zeile zu bewegen; das Auge bleibt leichter auf der Zeile und das Lesen solcher Texte gilt als weniger anstrengend. Dadurch wieder steigt die Lust am Lesen und die Hoffnung, dass die Botschaften des Textes auch ankommen.

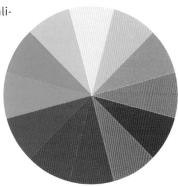

Der Farbkreis nach Johannes Itten

ganz gut Serifen gemacht

Das ganz *ist in einer Grotesk-Schrift (oder auch Linear-Antiqua) gesetzt: Futura heißt sie und stammt von 1927.*

Das gut *stammt aus der Garamond – einer französischen Renaissance-Antiqua aus dem 16. Jahrhundert. Es ist eine Serifen-Schrift, kleine waagerechte Zipfel (Serifen) unterstützen die Orientierung auf die fortlaufende Zeile.*

Und das gemacht *ist, wie die meisten Seiten dieses Buches, in der FF Meta gesetzt. Sie entstand 1985.*

Bei der Gestaltung dieses Buches haben wir uns übrigens für die Schrift „FF Meta" entschieden: **Die Überschriften**, lange Texte (genannt Mengentext oder auch Fließtext) und *Bildunterschriften* sind durch unterschiedliche Mitglieder dieser Schriftfamilie gestaltet: Die Überschriften in der kräftigen „Meta Bold", die Bildtexte in der „Meta Normal Italic" (schräg gestellte Buchstaben werden als kursiv oder italic bezeichnet).

Die FF Meta ist unserer Ansicht nach eine sehr gelungene Kombination der Klarheit einer Grotesk-Schrift der Lesefreundlichkeit einer Serifen-Schrift. Sie ist übrigens auch die „Hausschrift" der IG Metall.

Oft spielt Geld eine wichtige Rolle bei Entscheidungen: Also verwendet man häufig Schriften, die mit dem Betriebssystem von Computern mitgeliefert werden. Beispiele:

Times (**fett**, *kursiv*)

Georgia (**fett**, *kursiv*)

Arial (**fett**, *kursiv*)

Verdana (**fett**, *kursiv*)

Sparsamkeit sollte übrigens nicht nur beim Kauf von Schriften bedacht werden, sondern unbedingt auch bei ihrer Anwendung: Verwendet möglichst wenige verschiedene Schriften, um nicht von den Inhalten abzulenken. Schöpft lieber die Möglichkeiten aus, die sich innerhalb von einer oder zwei Schriftfamilien bieten.

Bitte seid auch konsequent in der Anwendung von Vorgaben: Wenn Ihr einmal entschieden habt, dass die Schrift in normalen Beiträgen 9,5 Punkt groß sein soll, dann haltet Euch daran. Macht nicht die Schrift plötzlich kleiner, nur weil Ihr Euch scheut, den Text zu kürzen. Leserin und Leser werden's Euch danken!

• Gestaltungsrichtlinien

Wenn Mitglieder einer Organisation die Zielgruppe sind, ist es für das Layout sinnvoll, nach dem Corporate Design – den Vorgaben zum Erscheinungsbild dieser Organisation – zu gestalten. Das stiftet Identität mit einer starken Organisation. Eine Zeitung für Mitglieder der IG Metall gestalten wir also beispielsweise entsprechend der Gestaltungsrichtlinien der IG Metall.

Damit alle Medien ein einheitliches Aussehen haben, konzipiert der Gestalter, wenn alle Einzelelemente des Corporate Designs feststehen, diese Richtlinien. Sie dienen als roter Faden für die Gestaltung. Welche Formate, welche Spaltenzahl, welche Schriften in welchen Größen, welche Farben, welche Abstände und noch viel mehr Details sind darin festgelegt.

Ein praxistaugliches Gestaltungshandbuch unterstützt Profis und – wenn auch engagierte Laien zur Mitarbeit eingeladen sind – Amateure beim Herstellen

> „Lesen heißt arbeiten. Durch die Gestaltung der Zeitung muss dem Leser die Arbeit erleichtert werden."
> Norbert Küpper
> Zeitungsdesigner

von wirkungsvollen Veröffentlichungen. Gestaltungsrichtlinien und oft auch Beispielsanwendungen finden die Mitglieder von Organisationen mit Corporate Design im Internet, im Intranet oder auf entsprechenden Datenträgern (in Büchern oder auf CDs).

7 | Realisation:

Wie setzen wir anhand von Layoutgrundlagen ein Projekt um? Hier ein Beispiel der Flugblattgruppe der IG Metall und der METALLZEITUNG

Historische Offsetdruckmaschine mit lediglich einer Druckfarbe: Hoher Personen- und Zeitaufwand für ein gutes Ergebnis – dafür sind größere Mengen kein Problem.

7.1 Zielgruppen-Analyse

Seiten „Mein Leser – das unbekannte Wesen".

7.2 Kopf

Erst den Flugblattkopf entwerfen (hier gelten die gleichen Regeln wie bei der Konzeption eines Logos: Einfach, klar, schnell wieder erkennbar, einprägsam muss auch in schwarz-weiß funktionieren)

7.3 Typografie

Wenn überhaupt nicht gespart werden muss, werden Schriftdesigner beauftragt, eine ganz eigene Hausschrift zu entwerfen. Zwischen dieser Lösung und den kostenlosen Schriften aus dem Betriebssystem gibt es noch eine riesige Menge hervorragender (oder auch zweifelhafter) Schriften zu kaufen oder auch als kostenlose Freeware.

Der Flugblattgruppe der IG Metall wollte ermöglichen, dass die Gestaltungsregeln überall ohne zusätzliche Kosten angewandt werden können, ohne dass Schriften extra gekauft werden müssen. Deshalb hat man sich für die serifenlose „Arial" für die Überschriften, Vorspänne, Zwischentitel und Bildunterschriften entschieden und für die serifenbetonte „Georgia" als Mengentext-Schrift.

7.4 Format und Druckverfahren

Der Markt für Drucksachen verändert sich rapide. Mit großem Erfolg bemühen sich immer mehr industrielle Druckereien um die unterschiedlichsten Aufträge. Sie sammeln diese Aufträge über ihre Homepage im Internet ein und bieten Drucksachen zu Preisen, die keine örtliche Druckerei mitmachen kann.

Der Grund: Die gesammelten Aufträge werden gemeinsam auf riesigen Maschinen gedruckt und erst später an die verschiedenen Kunden verteilt. Dadurch ist der Personal- und Maschinenaufwand viel kleiner als beim „Drucker um die Ecke", der für jeden Auftrag eigene Druckplatten herstellt, druckt, schneidet und bei Bedarf auch noch heftet. Dass die industriellen Druckereien den Mittelstand kaputt machen, ist eine Tatsache. Wer das nicht verantworten möchte, muss anders produzieren – notfalls deutlich teurer.

Die Flugblattgruppe der IG Metall stellte sich zur Bedingung, dass ihre Produkte gegebenenfalls auf Digitaldruckern, bei Bedarf auch auf einfachen Bürodruckern auszudrucken sein müssen: Kleine Auflagen von beispielsweise 100 Stück lohnen keinen Druck mit einer Offsetmaschine. Für die Flugblattvorlagen wurde das Format DIN A4 festgelegt, damit sie auch auf einfachen Geräten ausgegeben werden können.

Digitaldruck 2011: Mit geringstem Personalaufwand werden beeindruckende farbige Druckergebnisse in kleinerer Auflage kostengünstig produziert.

Beispiel für einen Satzspiegel. Er legt sozusagen die Spielregeln für das Layout fest.

7.5 Satzspiegel:

Der sogenannte Satzspiegel definiert, wo und wie die Inhalte platziert werden. Das Beispiel hier oben hat vier Spalten je Seite. Gehören die Spalten zum selben Artikel, ist der Abstand dazwischen kleiner, als wenn (wie in der Spalte ganz rechts) gemischte Meldungen dazukommen.

Waagerecht sind Grundlinien eingezeichnet – an ihnen orientiert sich in diesem Beispiel der Zeilenabstand. Häufig sind Satzspiegel

Bevor ich einen Satzspiegel entwerfe, muss ich mir die Inhalte anschauen: Handelt es sich um einen durchgehenden Text? Will ich weitere Rubriken wie einen Kommentar, einen Zeitplan für eine Aktion oder derlei unterbringen? Will ich Statements von Betroffenen platzieren? Will ich informieren, mobilisieren, Mitglieder gewinnen? Brauche ich Platz für die Beitrittserklärung?

7.6 Anordnung

Wenn klar ist, was die wichtigsten Informationen auf der Seite (oder der Doppelseite) sind, solltet Ihr Euch Gedanken über die Anordnung von Texten und Bildern machen. Das erfordert Übung. Ein Beispiel, das helfen kann:

Eine Seite in der Horizontalen vierteln. Drei Viertel der Seite bekommt der Aufmacher mit Bild und großer Überschrift, ein Viertel der Seite der untergeordnete Text. Der Leser wird auf den oberen Text zuerst schauen – fertig ist eine einfache und gut funktionierende Hierarchie.

Beispiel für ein einfache Hiera auf einer Seite einer Zeitschri

8 | Feedback:

Besteht das Layout in der Realität? Der „Hausfrauentest"

Liegt Euer Flugblatt nun vor Euch, solltet Ihr es unbedingt anderen zeigen. Am besten Unbeteiligten, Unvoreingenommenen, die nicht ins Projekt involviert waren. Wenn sich der Aha-Effekt einstellt, hat Euer Flugblatt den Realitätstest bestanden, wenn sich nur Fragezeichen auf der Stirn Eurer Gegenübers abzeichnen, fragt nach, was sie nicht nachvollziehen können und bessert nach.

Fragebogen

Nachdem Eure Zeitung das erste Mal erschienen ist und dann im Abstand von circa zwei Jahren solltet Ihr Eure Leser um Ihre Meinung bitten. Fragt sie mit einem Fragebogen, wie ihnen das Layout gefällt. Wenn die Leserstruktur es ermöglicht: Gründet einen Leserbeirat, der sich in regelmäßigen Abständen trifft und das Blatt inhaltlich und gestalterisch kommentiert. ●

GUDRUN WICHELHAUS-DECHER

Produkte der Flugblattgruppe: Klare Regeln für die Gestaltung sorgen für klare Erkennbarkeit

BUCHEMPFEHLUNGEN:

Graphik Design Kurs, In acht Lektionen zum Erfolg. David Dabner, Sheena Calvert, Anoki Casey, Stiebner Verlag;

Design und Layout verstehen und anwenden. David Dabner, Alan Swann, Stiebner Verlag.

Frankfurter Allgemeine Zeitung: *Das konservative Blatt verwendet im Normalfall sechs Spalten mit 57 Millime-ter Textbreite (die mittlere Seite zeigt eine relativ moderne Abweichung: Im unteren Viertel sind auf dem Platz von fünf Standard-Spalten vier etwas breitere Spalten). Insgesamt bringt es die FAZ auf einen Wert von **10,89** ZpQ.*

Wie viele Buchstaben, Satz- und Leerzeichen passen auf einen durch-schnittlichen Quadrat-zentimeter Textfläche? Wir haben in einigen Layouts nachgezählt und präsen-tieren die nicht übertrie-ben ernst gemeinte, aber doch aussagefähige Maß-einheit ZpQ: Zeichen pro Quadratzentimeter.

brand eins: *Das Wirtschafts-magazin jongliert mit Zwei- und Dreispaltigkeit (davon ist eine dann 59 Millimeter breit), mit kleiner Schrift und mit ext-rem knappen Rändern. Durch den hohen Abstand zwischen den Zeilen bleiben die Seiten angenehm zu lesen. Der ZpQ-Wert liegt bei **12,49**.*

The Face war eines der innovativsten Pop- und Modemagazine im London der 1980er-Jahre. Lange, bevor das allgemeine Mode wurde, wechselten die Grafiker die Spaltenzahl nach Gutdünken. Manchmal hielten sie sich auch seitenweise überhaupt nicht an Vorgaben wie Schriftgröße oder Spaltenstruktur – ein sehr aufwändiges Verfahren für die Macher und gelegentlich auch für die Leser. Dann wieder spielten die Gestalter mit einem extrem strengen Magazin-Layout. Im hier rechts abgebildeten Beispiel mit je zwei 88,5 Millimeter breiten Textspalten pro Seite kamen sie auf **17,9** ZpQ – gut präsentiert durch die großen Fotos und weite Abstände an allen Rändern.

Scheibenwischer: Informationen der IG Metall Stuttgart für die Beschäftigten der Daimler AG in Untertürkheim – hier werden häufig drei Textspalten mit je 57 Millimeter Breite verwendet. Recht große, aber sehr schmale und eng aufeinander sitzende Buchstaben sowie knapper Zeilenabstand ergeben eine Textdichte von **17,68** ZpQ.

„Habt Ihr ein Foto von der Aktion?"

Gute Fotografien – vom Profi oder selbst gemacht

Ob Profigerät oder Westentaschenkamera: Sie können allesamt sehr gute und brauchbare Bilder machen.
Das Motiv ist wichtig – und der Mensch, der die Aufnahme gestaltet.

Wahrscheinlich hat nur einer eben mit dem Handy draufgedrückt und jetzt braucht man noch ein Bild für die Internetseite, oder sogar für die Lokalzeitung, weil die auch schon längst den Fotografen eingespart hat.

Für jede Gelegenheit – im gewerkschaftlichen Bereich zum Beispiel kann es ein Jubiläum sein, eine Azubi-Aktion oder die nächste Betriebsratswahl – ist es eigentlich Pflicht, dass schon bei der Planung an vernünftige Fotos gedacht wird.

Das ist heute kein Hexenwerk mehr. Selbst kleine Kompaktkameras aus der Hosentasche erlauben technisch verwendungsfähige Fotos, wenn der Mensch hinter der Kamera ein paar Dinge beachtet.

Dank automatischer Belichtung und Autofokus kann sich der Fotograf ganz auf das Bild beziehungsweise auf die Szene konzentrieren, die er fotografieren will.

„Wenn das Foto nicht gut ist, warst Du nicht nah genug dran!" Dieser Spruch des legendären Fotografen Robert Capa hat ihn das Leben gekostet. Aber Ihr wollt ja nicht in den Krieg ziehen, sondern Euer Leben und Eure Aktionen festhalten.

Das Geschehen, die beteiligten Menschen sollten auf den Fotos wiedererkennbar dargestellt sein. Also keine Scheu vor Euren Freunden, Kollegen oder Nachbarn. Einfach davor stellen und draufdrücken (gegebenenfalls solltet Ihr klären, ob sie einverstanden sind – was bei einer Demo eigentlich logisch sein dürfte).

Ganz wichtig sind die handelnden Menschen. Die sollen deutlich zu sehen sein, also von vorne mit erkennbaren Gesichtern und wenn sie etwas tun, muss das zu sehen sein.

Die journalistischen fünf (oder sieben oder acht, Ihr wisst schon…) **W** sind ein einfacher Leitfaden für gute Fotos:

Wer: die handelnden Personen

Jugendliche Demonstranten oder der Vorsitzende des Gesamtbetriebsrats, vor dem Werktor oder in der Fabrikation – beide Bilder erzählen eine Menge über die gezeigten Menschen und zeigen sie in einem wichtigen Zusammenhang. Beide Bilder sind mit guter Nähe zu den Fotografierten aufgenommen.

Was: Um was geht's hier eigentlich?

Das Plakat im Hintergrund erklärt, warum der Mann demonstriert (oben).

Ein wichtiger Ansatz ist, die demonstrierenden Menschen nicht ausschließlich als Menge darzustellen, sondern sie auch als einzelne Persönlichkeit erkennbar zu machen – Einzelne, die sich gemeinsam engagieren.

Wo: Umgebung, wenn sie mit dem Thema zu tun hat, einbeziehen, zum Beispiel ein Schild mit Firmennamen oder Logo vor einer Fabrik. Oder Gegenstände, die zum Thema gehören.

Wann: zugegeben, das ist normalerweise schwer zu fotografieren. Diese Information liefert meistens der Bildtext.

Diese Bilder sagen eine Menge aus: Die beiden oberen Motive lassen eindeutig erkennen, wo sie aufgenommen sind, die Schachtel auf dem Kopf des Demonstranten ist prägnant beschriftet. Auf dem unteren Bild zeigen die Kleiderbügel zwischen Kamera und Frau ebenso wie die Auslagen im Hintergrund, dass Textilien und Einzelhandel wichtige Stichwörter sind.

Wer die technischen Möglichkeiten hat, sollte jedem Foto „Dateiinformationen" anhängen: Datum und Anlass, aber auch der Fotograf und die Regelung des Nutzungsrechts sind wichtige Informationen. Wer sie kennt, kann sich viel Sucherei und Fragerei sparen.

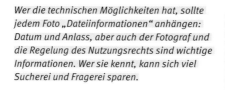

Dokumenttitel:	jr_101020_2258
Autor:	Joachim E. Roettgers GRAFFITI
Autorentitel:	
Beschreibung:	20.10.2010 Ulm / Donau DEU IG Metall Aktionstag Der baden-wuerttembergische IG Metall Bezirksleit Brandschutztechnik in Ulm Donautal mehr soziale
Bewertung:	★ ★ ★ ★ ★
ler Beschreibung:	
Stichwörter:	Kfz-Zulieferindurtrie; Mann; Industrie; Menschen; A

Wie: Beispielsweise eine Demo sollte wie eine Demo aussehen und nicht wie ein Spaziergang. Dazu gehören also

▶ Transparente mit lesbarem Text, Fahnen, und Leute in Bewegung. Ein kleiner Trick für Demos

▶ oder andere Menschenmengen: Damit's nach ein bisschen mehr aussieht, das Zoomobjektiv auf Tele stellen, ausnahmsweise ein paar Schritte zurückgehen und damit die Leute ein bisschen „zusammenrücken". Dann sieht das alles kompakter und nach mehr aus.

▶ Ein Foto von einem Infostand sollte die Infos möglichst mit drauf haben, in Form von Schrifttafeln oder Plakaten hinter dem Infostand, erkennbare Flugblätter in den Händen der sichtbar Beteiligten, und so weiter.

Ein paar technische Hinweise zum Schluss: Am klarsten werden die Fotos mit der Sonne beziehungsweise der Lichtquelle im Rücken der Fotografin. Die Programmautomatik der meisten Kameras sorgt dafür, dass die Belichtungszeiten kürzer als 1/60 Sekunde bleibt, damit das Bild nicht verwackelt wird. Trotzdem solltet Ihr immer darauf achten, die Kamera ruhig zu halten. Wenn das Motiv sich bewegt (zum Beispiel eine Demo), sollte die Verschlusszeit möglichst nicht länger als 1/250 Sekunde sein.

Damit die Bildqualität gut wird, bitte die maximale Bildgröße an der Kamera einstellen, das ist der beste Schutz gegen verpixelte Bilder.

Bei aller Vereinfachung der Technik durch die Digitalisierung ist genug Licht von der richtigen Seite entscheidend für ein gutes Foto. Darum zum Schluss der Fotografengruß: Gut Licht!   ●

Joachim E. Röttgers

Alle Reportagefotos zu diesem Beitrag stammen vom Autor.

Bildbeschaffung

Wenn es keine eigenen Fotos gibt,
können Microstock-Agenturen helfen

Die Aufgabe: Wir möchten einen Artikel, ein Faltblatt, eine Broschüre illustrieren. Wir haben jedoch keine geeigneten eigenen Fotos oder Grafiken im eigenen Archiv und können sie auch nicht selbst herstellen.

Für einen Artikel etwa zum Thema Energiewende suchen wir vielleicht Fotos oder grafische Illustrationen von Windrädern oder Solaranlagen oder was uns sonst dazu einfällt. Wir können dazu einen Fotografen oder einen Grafiker beauftragen, wenn unser Budget uns das erlaubt – und bekommen dafür exklusiv passende und tolle Bilder.

Wir können dazu auch im Internet recherchieren. Alle großen Suchmaschinen haben eine eigene Abteilung für die Suche nach Bildern. Aber, Achtung: Ohne eine Klärung der Urheberrechte dürfen wir keine Bilder einfach kopieren und in unserem Medium veröffentlichen. Verletzungen des Urheberrechts können teuer zu stehen kommen. Für die Veröffentlichung muss das Einverständnis der Urheber eingeholt und ein Abdruckhonorar vereinbart werden. Das ist mitunter etwas mühsam und im Einzelfall auch nicht billig.

Als eine kostengünstige Möglichkeit bieten sich Microstock-Agenturen an. Diese Bildagenturen unterhalten teils sehr große Datenbanken und bieten Veröffentlichungsrechte zu sehr günstigen Konditionen, teils sogar umsonst an – Fotografien wie auch grafische Illustrationen. Gerade bei den allgemeinen und übergreifenden Themen wie „Energiewende" haben solche Agenturen oft eine große Auswahl an Bildern, die gleich nach Bezahlung auf den Rechner geladen und ins Medium eingebaut werden können.

Die Bilder werden in verschiedenen Größen angeboten. Für Illustrationen im Internet genügen kleinere Dateigrößen. Die sind auch kostengünstiger als die Dateigrößen, die für einen Druck benötigt werden. Manchmal werden sogar verschiedene Größen für Druckdateien

angeboten, je nachdem, ob das Bild ganzseitig oder nur einspaltig gedruckt werden soll. Diese Microstock-Agenturen finden wir am einfachsten über eine Suchmaschine oder über die Links in einem Nachschlagewerk wie Wikipedia unter einem Stichwort wie „Microstock-Agenturen".

Ein Nachteil solcher Agenturen ist, dass wir zu speziellen Themen oft nicht das Richtige finden. Aber dazu haben wir ja meistens unsere internen Quellen – oder auch gute Augen und einen Fotoapparat.

Ein anderer Nachteil: Die oft extrem günstigen Fotos sind keinesfalls exklusiv. Es kann passieren, dass das gleiche fröhlich wirkende Ferkel auf einem anklagenden Plakat von Tierschützern erscheint und in der Zeitungsanzeige einer Metzgerei…

Größere Verbände unterstützen ihre Medienschaffenden mit eigenen Angeboten. Im Medienportal der IG Metall

beispielsweise finden sich neben Fotos und Illustrationen auch Infografiken und Cartoons. Diese Materialien können laut IG Metall honorarfrei für alles verwendet werden, was mit der Metallgewerkschaft zu tun hat: zum Beispiel für Flugblätter, Betriebszeitungen, Präsentationen oder auch für Aushänge am Schwarzen Brett. Das Medienportal ist jedoch nur für (ehren- und hauptamtliche) Funktionäre zugänglich, die auch beim Extranet der IG Metall angemeldet sind. UE ●

Millionen von Bildmotiven bieten die entsprechenden Agenturen an – das richtige zu finden, kann sehr zeitraubend sein.

Wichtig bei Bildern mit Menschen drauf: Die Agentur muss bestätigen, dass diese generell mit einer Veröffentlichung einverstanden sind („Model Release").

LINKS (AUSWAHL):

Wikipedia ⋯⋯> Stichwort Microstock-Agentur

Medienportal der IG Metall (für Aktive) ⋯⋯> www.extranet.igmetall.de/medienportal

Informationsportal zum Thema Bildlizenzierung und Urheberrecht ⋯⋯> www.stockphotorights.de

Wer die Bilder hat, hat das Sagen

Illustrationen und Infografiken sprechen die Sinne an

Medium

Informationen anschaulich machen, ein gutes Bild finden, um Inhalte zu transportieren – das ist schon seit der Höhlenmalerei eine extrem wichtige Seite des Medien-Produzierens.

Eine Großmutter der Medienarbeit, die katholische Kirche, hat es vorgemacht: Um ihrem Publikum die Hauptbotschaften nahezubringen (Drohung, Verheißung, Welterklärung), hat sie von Anfang an auf starke Bilder gesetzt – die hier gezeigten Beispiele aus Jerg Ratgebs „Barbara-Altar" von 1510 sind drastisch und wirkungsvoll: Die Folterszenen, in denen die junge Christin von den Knechten ihres andersgläubigen Vaters misshandelt wird, sind spektakulär und befriedigen große Sensationslust. Die Bilder erzählen: Die Aufhebung der Unbeugbaren in den Himmel sei der Lohn für ihre Glaubensfestigkeit. Und dass sich die Scha-

Jerg Ratgeb: Barbara-Altar (Evangelische Stadtkirche Schwaigern)

fe des Hirten, der sie verraten hatte, in Wölfe und Heuschrecken verwandelten, wird den bäuerlichen Betrachtern dieser Bilder eine starke Drohung gewesen sein, sich nicht gegen den christlichen Glauben zu stellen.

Diese Beispiele zeigen, mit welch gewaltigem Aufwand schon früh Bilder gemacht wurden, um Inhalte zu illustrieren und wirkungsvoll weiterzugeben. Die Geschichte der Heiligen Barbara war schon viele hundert Jahre alt – aber so ins Bild gesetzt konnte sie erfolgreich weiter verbreitet werden.

Die meisten Betrachterinnen und Betrachter des Altars konnten wohl weder lesen noch schreiben. Dieses Problem hat sich heutzutage in unseren Regionen verringert – aber beim Blättern durch Zeitungen, Flugblätter oder Internetseiten verhalten sich Nutzer fast wie Analphabeten: Sie sehen erst mal nur auf die Bilder, nur wenn die beeindrucken, dann „sieht man mal weiter".

In der Bildsprache ebenfalls drastisch sind die Grafiken aus den **frühen Medien des fortschrittlichen Lagers**, wie die Beispiele aus dem „Wahren Jakob" (sozialdemokratische Satirezeitschrift von 1879 bis 1933) und dem „Simplicissimus" (satirische Wochenzeitschrift von 1896 bis 1944) zeigen: Folter und Totschlag sind auch hier oft als Blickfang verwendet, um komplexe Zusammenhänge darzustellen.

Der „Simplicissimus" machte das brutale Prinzip des Kolonialismus in einem brutalen Bild sichtbar.

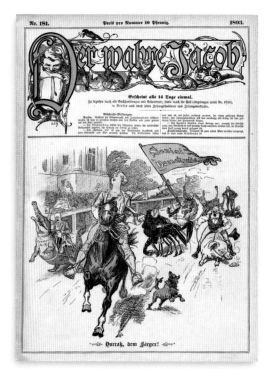

*„Der wahre Jakob"
verzichtete auf jede
Ironie, wenn er die
eigene politische Li-
nie seinem Publikum
gegenüber in Bilder
fasste.*

Andere Abbildungen sind in einer Weise pathetisch, die aus der religiösen
Bilderwelt bekannt ist: Der Vertreter
der Sozialdemokratie reitet auf einem
edlen Ross dem Sieg entgegen, während die alten Kräfte auf Esel, Krokodil,
Krebs oder Schwein das Rennen verlieren. Oder ein unglaublich starker Mann,
der laut Bildtext „das Volk" darstellt,
packt einen Stier (die „Reaction") bei
den Hörnern und wirft ihn in den Sand.

Mit viel bescheideneren Motiven und
Metaphern illustriert man heutzutage
die meisten Texte – selbst Karikaturen
triefen zumeist nicht mehr so
stark vor allgemeiner Be-
deutung. Und noch viel
schlichter geht es in
den meisten sachli-
chen Abbildungen zu:
Rechen- und Präsen-
tationsprogramme für
den PC haben die Welt
in den letzten Jahren
mit **n und Tortengrafiken**

**64 % aller Leser
finden Balkendiagramme
blöd.**

überzogen. Manchmal sieht man vor
lauter Statistik die Inhalte nicht.

Zeitgemäße Infografik

Zwischen den dramatischen Illustrationen religiöser oder politischer Agitation und der technokratischen Sach-
lichkeit der Microsoft-Anwender einen
guten Weg zu finden, ist die Aufgabe
zeitgenössischer Illustration und Infografik. Die Leserin und der Leser werden es danken.

Oft sollen Mengenverhältnisse sichtbar
gemacht werden: Da sind die stark stra-
pazierten Linien-, Kreis- und
Balkendiagramme nicht der
schlechteste Weg – wenn
beispielsweise die Be-
schäftigtenzahl eines
Unternehmens darge-
stellt werden soll oder
die erstrittenen Ein-
kommenserhöhungen.
Aber: Es sind ja keine
grauen und blauen Balken

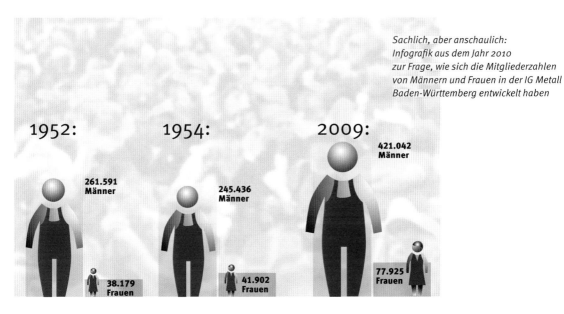

Sachlich, aber anschaulich:
Infografik aus dem Jahr 2010
zur Frage, wie sich die Mitgliederzahlen
von Männern und Frauen in der IG Metall
Baden-Württemberg entwickelt haben

1952:

261.591
Männer

38.179
Frauen

1954:

245.436
Männer

41.902
Frauen

2009:

421.042
Männer

77.925
Frauen

in einer Firma beschäftigt und aufs Konto bekommt man keine grünen oder gelben Stapel überwiesen.

Anschaulich machen heißt also auch in diesem Fall: Das Thema genau betrachten, den eigentlichen Gegenstand der Diskussion wahrnehmen und diesen dann mit ins Bild umsetzen. Wenn es um Beschäftigtenzahlen geht – warum nicht mit Abbildungen von Menschen arbeiten, die das Mengenverhältnis darstellen: Ob man stilisierte Fotos nimmt oder Piktogramme, ob die Zahl der abgebildeten Figuren oder ihre Größe das Mengenverhältnis darstellt – es wird allemal von einem allgemeinen Publikum leichter verstanden und besser gemerkt. Präzise Zahlen können, angemessen gestaltet, in der

Grafik selbst oder als Legende beigefügt werden.

Wenn eine solche direkte Umsetzung in Symbole nicht funktioniert, empfiehlt es sich, die statistischen Werte in einer passenden Bild-Umgebung zu präsentieren. Beispiel: Eine Umfrage unter Schichtarbeitenden eines Unternehmens hat ergeben, dass weit mehr als die Hälfte der Betroffenen sich wünscht, ab 50 Jahren nicht mehr Schicht arbeiten zu müssen – der wichtigste Balken-Anteil ist mit der Prozentzahl beschriftet, die übrigen erklären sich anhand dieser Angabe. Weil das Thema durch eine kleine Illustration dargestellt ist, kann es leicht aufgegriffen und in Gesprächen weitergegeben werden.

In diesem Fall zeigte die Grafik eines von 14 Ergebnissen aus der Umfrage, die ver-

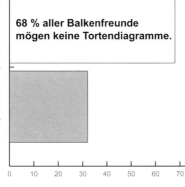

68 % aller Balkenfreunde
mögen keine Tortendiagramme.

| 0 | 10 | 20 | 30 | 40 | 50 | 60 | 70 |

Reine Torten- und Balkendiagramme sehen selbst dann noch langweilig aus, wenn sie sich schon parodieren....

Ein einheitliches Grafik-System für die verschiedenen Ergebnisse einer Umfrage macht klar: Diese Ergebnisse stammen aus demselben Zusammenhang. Die individuelle Gestaltung weckt Interesse, sich mit den Inhalten auseinanderzusetzen.

öffentlicht werden sollten. In so einer Situation ist darauf zu achten, dass die Illustrationen klar erkennbaren Seriencharakter haben – zum Beispiel einheitlichen Bildaufbau und grafische Elemente. Dennoch sollen sie nicht insgesamt langweilig sein und sich gut unterscheiden lassen.

Verschiedene Bild-Formen

Für Illustrationen aller Art (ob ein Thema allgemein bebildert werden soll,

ob eine Statistik anschaulich werden soll oder ob in der Art einer Karikatur ein Thema unterhaltsam-zugespitzt präsentiert wird) gibt es verschiedene Techniken, die je nach Laune und Begabung verwendet werden können:

Natürlich ist nach wie vor eine **Handzeichnung** eine höchst charmante Form, die dank preiswerter Scanner leicht den Weg ins Layout findet.

Ebenso können mit geeigneten **Zeichen- oder Grafikprogrammen** die ver-

Arbeitsabläufe mit Humor und zeichnerischem Talent ins Bild gesetzt: Zdravko Aman-Radenkovic, Qualitätssicherer bei der Daimler AG, thematisierte die Arbeit seiner Kollegen in einer originellen Bilderserie.

schiedensten ansprechenden Bilder am Computer erzeugt werden.

Aussagekräftige **Fotografien** sind oft mit relativ geringem Aufwand möglich: Profis und engagierte Amateure können auf diesem Weg sehr viel Aussage und Gefühl transportieren. Auch etwas höherer Aufwand zur Inszenierung eines starken Bildes kann sich da lohnen.

Schließlich sind **Bildbearbeitungen** und Fotomontagen höchst effektvolle Illustrationen. Wer sich eingearbeitet hat, kann viel Aufmerksamkeit wecken und einen Weg in das längerfristige Gedächtnis der Leserinnen und Leser finden.

Das Ziel bei all dieser Arbeit ist, dass die Leserinnen und Leser mit Leichtigkeit die Inhalte verstehen und anschließend verwenden können. Also gestaltet beherzt und geistreich die Schaubilder, Infografiken und Illustrationen, und gestaltet sie ansprechend und anschaulich.

Der alte Witz vom Bildhauer trifft es ganz gut: Der Bewunderer fragt ihn, ob das nicht unglaublich schwer sei, aus einem Steinblock einen Löwen zu hauen. „Och nö", sagt der Meister, „ich nehm' einfach den Stein und schlag' alles weg, was nicht nach Löwe aussieht."

Kommst du nach der Spätschicht auch in den Seniorenclub?

Arbeiten bis 67? Nein Danke!

...ahrzehnte ...earbeitet. Jetzt die Rente genießen!

Mehr Informationen: www.igm-mannheim.de

Weil wir wissen, dass auch noch kein Bildhauermeister vom Himmel gefallen ist, machen wir uns keinen Stress, wenn wir etwas Zeit brauchen, bis unsere Illustrationen und Infografiken halbwegs so sind, wie wir sie uns vorstellen... JF ●

Ein Thema in einer Abbildung zuzuspitzen hilft oft, es auch weniger interessierten Menschen nahezubringen. Satirische Motive führen häufig ein langes „Nachleben" an Wänden von Sozialräumen, Büros oder auch in privaten Wohnungen.

Flugblatt:
schnelle Infos auf die Hand

Ein Flugblatt muss fliegen! Ist es zu schwer, landet es auf dem Boden und verfehlt seinen Zweck.

Zum Flugblatt sagt mancher auch Flyer. Handzettel können es auch sein – die Begriffe gehen etwas durcheinander. In diesem Buch halten wir es so: Flugblätter sind Medien aktuellen redaktionellen Inhalts auf einem Blatt, eher ungefaltet. Zu den Flyern zählen wir eher gefaltete Blätter – meistens auch mit aktuellen Informationen, aber eher mit Hinweis- oder Werbecharakter, zum Beispiel zu Veranstaltungen.

Was ist der Zweck eines Flugblatts?

Ziemlich eindeutig: Wir wollen damit eine wichtige, brennende, eine aktuelle Information rasch verbreiten.

Sprache und Inhalt von Flugblättern sind deshalb nicht neutral, sondern argumentieren im Sinn der Sache. Durchaus mit Bewegung im Ton – und wir fordern auch zur Tat auf.

Das Flugblatt wird meistens gedruckt verteilt. Aber wir können es auch elektronisch verbreiten, sollten das parallel auch tun. E-Mail-Verteiler sind jedoch eine unsichere Sache. Die (Privat-)Adressen wechseln ständig, die Pflege ist aufwändig. Beschäftigte in der Produktion haben vielfach keine betrieblichen Adressen und keinen E-Mail-Zugang. Das gedruckte Flugblatt ist deshalb für die betriebliche wie auch für die allgemeine Öffentlichkeit noch immer die erste Wahl. Und die parallel verschickte elektronische Info ist richtig gerade für die Beschäftigten im Büro oder eben eine andere Zielgruppe, die Ihre Adressen hinterlegt hat, um informiert zu werden.

Wer sind die Adressaten eines Flugblatts?

Oft sind es die Betroffenen, die unbedingt aktuell informiert werden müssen.

Beispiel: die Information über die Ergebnisse für einen Sozialplan und Interessenausgleich im Betrieb. Oder für Beschäftigte einer Branche: der Stand der Tarifverhandlungen von gestern, verbunden mit dem Warnstreikaufruf für heute.

Oder es ist eine breitere Öffentlichkeit, die wir erreichen wollen – Beispiel: Eine Stolperstein-Initiative informiert über eine Gedenkveranstaltung für einen von den Nazis ermordeten Nachbarn. Oder eine Bürgerinitiative ruft zur Beteiligung der Bürger an einer kommunalen Entscheidung auf. Oder die IG Metall möchte mit Bürgerflugblättern ihre Positionen zur Sozialpolitik darstellen. Solche Flugblätter werden dann in der Öffentlichkeit verteilt, in den Innenstädten oder anderen zentralen Punkten.

Das Flugblatt erscheint nicht regelmäßig, sondern nur zu bestimmten wichtigen Anlässen – vielleicht auch nur einmal. Es soll schnell, einfach und günstig erstellt werden können. Im Zweifel wird es nicht gedruckt, sondern fotokopiert oder auf dem Kopierdrucker vervielfältigt (gut bei vergleichsweise kleinen Auflagen).

Die Verteilung vor dem Werktor oder auf der Straße ist für den Arbeitgeber nicht kontrollierbar. Das ist in Konfliktfällen ein wichtige Tatsache.

Umfang

Ein Flugblatt umfasst in der Regel **ein Blatt**, oft sogar nur auf einer Seite bedruckt. Für ausführlichere Informationen sind andere Medien zuständig, zum Beispiel ein dicker Newsletter. Oder gar eine kleine Broschüre.

Rasche Kommunikation

Flugblätter, das wissen wir aus Leserbefragungen, werden im Durchschnitt weniger als dreißig Sekunden gelesen. Deshalb haben wir nur eine Chance: Der Leser muss in zwanzig Sekunden erfahren, um was es geht.

Für den Text orientieren wir uns deshalb an der Zwanzig-Sekunden-Regel, die im Beitrag „Texte schreiben" näher beschrieben wird.

Sprache

Um ein Flugblatt zu formulieren, verwenden wir Aufforderungssätze, direkte Ansprachen des Lesers, Ausrufe oder auch Fragen. Wiederholungen, die wir im Normalfall vermeiden sollten, können einer Aussage Nachdruck verleihen – Beispiel: Wollt Ihr auch ein Ende der Sparmaßnahmen an Schulen? Wollt Ihr, dass Schüler bessere Bücher bekommen?

Layout:

Hauptzweck ist es, die schnelle Vermittlung der Information zu unterstützen.

Das heißt im Einzelnen (und da folgen wir den Grundsätzen der Zeitung mit den großen Buchstaben):

Die **große Schlagzeile** ist obligatorisch.

Darunter ein **Vorspann**, der alle W-Fragen, alle wichtigen Infos also beantwortet. Mit **direkter Ansprache**.

Dann folgt ein kurzer Text, der die Umstände ausreichend weiter erläutert.

Mit (auffälligen) **Zwischentiteln**, die auf einen Blick erfasst werden.

Fette Schriften für Text in besonders wichtigen Passagen.

Große Bilder. Am besten mit Aktion drauf.

Zur Darstellung von Argumenten, Statistiken, komplizierten Zusammenhängen lieber **Grafiken** oder Statistiken anstelle von beschreibendem Text.

Die Schönheit des Layouts steht im Zweifel an zweiter Stelle. An erster Stelle stehen häufig die schnelle Herstellung und Verbreitung.

Für die schnelle Herstellung ist es nützlich, **Layoutvorlagen** vorzubereiten und griffbereit zu halten. Das gilt auch für immer wieder verwendete Grafiken, wie zum Beispiel die Logos der Organisation, der Publikation, einer aktuellen Kampagne oder auch des Betriebs (Achtung: Auch für solche Grafiken müssen die Bildrechte geklärt sein!).

In den Layoutvorlagen halten wir für den schnellen Einsatz vor:

Maße: in der Regel DIN A4 oder DIN A5. Darauf vorbereitet Textfelder mit gut aussehender Breite und Höhe, gegebenenfalls Variationen in der Spaltenzahl.

Textspalten: Schmalere Spalten sind besser lesbar. Für ein Standardformat von DIN A4 wären fünf Spalten aber schon zu viel des Guten. Mit vier Spalten gibt es eine größere Vielfalt bei den Layoutvariationen als bei drei. Zum Beispiel können Bilder mal zwei-, mal drei-, mal vierspaltig gewählt werden. Einspaltig sowieso. Das gilt auch für Kästen und Tabellen. Beim zwei- und dreispaltigen Umbruch gibt es hier weniger Varianten.

Farbigkeit: vierfarbig (was die Darstellung fast aller Farben zulässt) zweifarbig oder einfarbig

Titelname des Blatts und **Logos**

Schriftart und -größen für **Überschriften**

Schriftart und -größen für **Textschriften**
und **Zwischentitel**

die **Farbgestaltung** des Layouts, von
Texten, (Hintergrund-) Farben für Kästen, deren Randlinien und Textbreiten

das **Impressum** (Hinweis für Betriebsräte: presserechtliche Verantwortung
der zuständigen Gewerkschaft, um im
Konfliktfall Ehrenamtliche zu schützen)

Crossmedia

Für die Nutzung in gedruckten und digitalen Medien ist es einer der einfachsten Wege, das Flugblatt im PDF-For-
mat bereitzustellen. Dann kann es als
E-Mail verschickt, auf der Internetseite veröffentlicht, von dort automatisch
per RSS, Twitter oder Facebook weitergegeben werden. Für Tablet-PCs können zwar PDFs verwendet werden, eine
technische Aufbereitung ist aber empfehlenswert.

In der E-Mail und auf der Internetseite müssen auf jeden Fall die aussagekräftige Schlagzeile, Vorspann und Text
(in Kurzform) direkt als Fließtext sichtbar sein: Aus dem PDF-Anhang ist ja
erstmal nichts erkennbar – und mancher wird sich ohne Anreiz gar nicht die
Mühe machen, diesen zu öffnen. Vielleicht nur deshalb, weil er oder sie gerade unterwegs ist – und am kleinen
Schirm des Smartphones die PDF-Datei
nur mit Mühe lesbar könnte. Nichtssa-
gende Betreffs und Titel verschenken
die Chance, Aufmerksamkeit zu gewinnen.   UE ●

Faltblätter:
kompakt und doch vielseitig

Eines der beliebtesten Medien: Es besteht aus einem einzigen Stück Papier, ist ganz einfach oder ziemlich raffiniert gefaltet und kann überraschend viele Informationen transportieren: Das Faltblatt. Anwendungsmöglichkeiten: Fast unbegrenzt – das kann eine Einladung zu einer Veranstaltung sein, ein Hinweis auf eine Kursreihe samt Anmeldekarte, ein Übersicht über Kandidatinnen und Kandidaten bei einer Wahl oder auch eine Übersicht über die Forderungen einer Initiative.

Faltblätter informieren und mobilisieren. Entsprechend kurz und knackig sollten die einzelnen Texte sein, entsprechend ansprechend der Titel. Ein Faltblatt ist im Gegensatz zum Flugblatt (siehe Seite 114) etwas langlebiger (es soll auch Leute geben, die werfen ein Faltblatt weniger leicht in den Abfall als ein Flugblatt). Dagegen ist es schneller zu gebrauchen als eine Broschüre (siehe Seite 120).

Stellt Euch am Anfang der Arbeit vor, Ihr bekommt das fertige Faltblatt in die Hand, ohne dass Euch das Thema allzu sehr interessieren würde – wie müsste es aufgeteilt und gestaltet sein, um doch gelesen (oder wenigstens genau angeschaut) zu werden?

Wenn die Art Eures Flugblatts feststeht, könnt Ihr beispielsweise ein einfaches Faltmuster machen. Tragt darauf in Stichworten die Themen ein, die Eurer Ansicht nach wichtig sind. Am besten benutzt Ihr Bleistift und Radiergum-

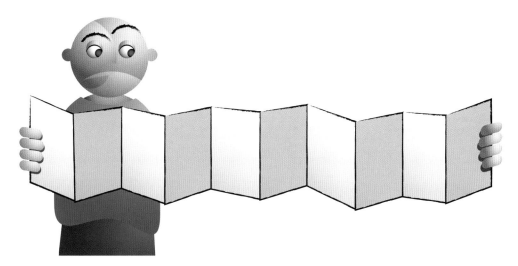

mi oder Klebezettel, um die geplanten Text- und Bildelemente so lange hin- und her zu schieben, bis das Faltblatt gut funktioniert.

Dann könnt Ihr schon mal das Layout im Programm Eurer Wahl aufbauen oder eine vorhandene Vorlage auswählen. Macht einen Test, wie lange die Texte sein dürfen, damit sie Eurem Zettel-Layout entsprechen. Und dann schreibt die Texte – die Reihenfolge mag sonderbar erscheinen, doch damit bekommt Ihr

auf jeden Fall ein angenehm zu lesendes Faltblatt hin.

Sammelt ruhig auch Beispiele von Faltblättern, die Euch im Lauf der Zeit begegnet sind. Unabhängig vom Thema und der Aussage: Welche nimmt man sich gerne zur Hand und welche wirken verschlossen und schwierig zu ergründen? Beobachtet Eure eigenen Reaktionen und die Eurer Bekannten. Dann seht zu, dass Euer Faltblatt zur ersten Gruppe gehören wird.   JF ●

Drei der gebräuchlichsten Faltblatt-Arten: Der Vierseiter, der sechsseitige Wickel-Falz und ein Zickzack-Falz – in diesem Beispiel mit acht Seiten. Er kann (fast) beliebig lang sein (siehe oben...).

Broschüren: mehr Infos für längere Zeit

Wenn ein Faltblatt zu wenig ist, wenn Informationen auch mal länger gebraucht werden sollen – dann machen wir eine Broschüre. Informationsmenge und inhaltlicher Anspruch sind also Merkmale solcher Hefte. Und dass sie eine Menge Arbeit bedeuten können...

Warum und für wen?

Bei allem, was wir anderen vorsetzen wollen, sind das die Ausgangsfragen: Was wollen wir erreichen? Wer ist unsere Zielgruppe? Wenn ehrliche Antworten ergeben: Eine Broschüre hätte Sinn und die Leute, für die wir sie machen wollen, wären auch bereit, sie zu lesen – dann mal los!

Umfang und Format

Sobald eine Druckschrift acht oder mehr Seiten hat, sobald die Blätter durch Heftklammern im Rücken, durch eine Spiral- oder eine Klebebindung verbunden sind, nennen wir das Ding Broschüre. Alle Formate sind möglich, häufig sind hierzulande die DIN-Format A5 (148 x 210 Millimeter) und A4 (210 x 297 Millimeter). Doch Abmessungen, Hoch- oder Querformat oder gar ein nachträglich in Form geschnittenes Heft – das alles ist möglich und wird von Euch bestimmt, von Eurer Kreativität, Euren Gestaltungsideen oder auch Eurem Budget. Mit Fachleuten, beispielsweise aus Eurer Druckerei, könnt Ihr sicher gute Konzepte entwickeln.

Titelblatt und Inhalt

Eine Bitte aus Sicht der Leserinnen und Leser: Verwendet ausreichend Hirnschmalz und Herz auf die Gestaltung der Titelseite. Alles, was Ihr in den Abschnitten über Gestaltung (Seite 88 ff.) findet, ist hier besonders zu beherzigen: Schafft einen Schwerpunkt, der einen klaren Bezug zum Inhalt hat – eine Schlagzeile und/oder ein Bild. Erst wenn Ihr sicher seid, dass Euer Titelblatt auch einen mäßig interessierten Menschen überzeugen kann, sich das

*Klammer- oder
Rückstichheftung*

*Rückstichheftung
mit Ringöse
(zum Abheften in Ordnern)*

ganze Heft mal näher anzusehen, seid
ihr mit diesem Teil der Arbeit fertig.

Gebt Eurem Publikum Sicherheit im
Umgang mit Eurer Broschüre: Erst recht
bei hoher Seitenzahl ist es wichtig, ein
Inhaltsverzeichnis zu machen. Wenn es
verschiedene Kapitel gibt, unterscheidet sie beispielsweise durch grafische
Elemente und zeigt diese Verknüpfung
auch schon im Inhaltsverzeichnis.

*Spiralbindung
für häufiges Umblättern*

Textgliederung

Strapaziert nicht die Geduld Eures Le-
sepublikums durch lange Abhandlun-
gen – sicherlich lässt sich Euer Thema
auch in mehrere, aufeinander aufbau-
ende Abschnitte gliedern.

*Klebebindung:
Fast schon wie ein
Taschenbuch.
Besonderheit in diesem
Fall: Für verschiedene
Inhaltsbereiche wurde
verschieden farbiges
Papier verwendet.*

Kontakt und Hinweise

Wenn wir etwas veröffentlichen, sollte für interessierte Leserinnen und Leser klar sein, wer dahinter steht und
wie man gegebenenfalls noch mehr Informationen oder auch Kontakt zu den
Herausgebern bekommen kann. Also
nicht nur, weil das Presserecht es vor-
schreibt: Denkt an einen gut erkennbaren Hinweis auf Euch samt E-Mail-
Adresse und Internetseite. Und wenn es
sich anbietet: Verweist auch auf andere
gedruckte Veröffentlichungen und Links
im Internet, die zum selben Thema weiterführende Infos bieten. JF ●

Zeitungen:
wenn man viel zu sagen hat

Betriebszeitungen bei Liebherr

Viermal im Jahr bringen sie etwa 9.000 Exemplare ihrer Betriebszeitungen unter die Leute – von Hand vor den Werktoren verteilt, stets im Vorfeld von Betriebsversammlungen: Aktive aus fünf Liebherr-Werken, in denen Bagger, Mischanlagen, Kräne oder auch Kühlschränke hergestellt werden, machen daneben auch Zeitungen.

Um effektiver und damit auch besser zu werden, haben die Redaktionen sich zusammengeschlossen, koordiniert von der IG Metall Ulm. Inhalte, die konzernweit wichtig sind oder aus der übergeordneten Wirtschaft und Politik stammen, werden auf gemeinsamen Seiten dargestellt. Was speziell auf ei-

nen bestimmten Standort gemünzt ist, erscheint dort auf eigenen Seiten.

Das Spektrum reicht von Ski- und Fußball-Ereignissen unter Beschäftigten über Standortsicherung und Bezahlung, Datenschutz und Gefährdungsanalyse bis zum Europabetriebsrat des Konzerns oder auch zur neuen Landesregierung in Baden-Württemberg und was Beschäftigte von ihr erwarten können.

Einer der Betriebsratsvorsitzenden und ein Vertreter der IG Metall Ulm stimmen sich telefonisch ab, welche Themen in der übernächsten Ausgabe vorkommen sollten. Sie beauftragen einzelne Redaktionsmitglieder mit Recherchieren und Schreiben dieser Texte.

*◀ Konstruktive Kritik der letzten Ausgabe
▲ Korrekturen für ein optimales Ergebnis
Gemeinsam lesen, denken, diskutieren ▶*

In der Zwischenzeit wird die kommende Ausgabe gemacht: Bei einer Sitzung mit Redakteurinnen und Redakteuren aus allen beteiligten Standorten werden die früher bestellten Artikel durchgesprochen. Die Diskussionen sind zeigen, mit welcher Freude an einer guten Zeitung, die Redaktion bei der Arbeit ist: „Da kann man locker zwei Sätze draus machen." – „Ha ja, dann versteht man's auch." Oder auch „Du schreibst, die EU-Richtlinien zum Urlaubsgeld seien ‚wesentlich verbessert' worden – kannst Du das konkretisieren?"

Manche Formulierungen werden gemeinsam ausbaldowert, bei anderen Artikeln erhält der Autor den Auftrag, im Sinn der Diskussion den Text druckreif zu machen. Fotos und Grafiken werden, wo immer es geht, selbst gemacht. Auf die Dauer hoffen die Redakteure, manche Diskussion auch per E-Mail und Telefon zeitsparend führen zu können.

Die Inhalte werden über das Redaktionssystem *Tango* ins Layout eingegeben (siehe auch Seite 138). Eine Druckerei in Darmstadt stellt aus diesen Daten die verschiedenen Ausgaben her. Die zentrale Produktion hält die Preise im Rahmen und garantiert zuverlässige und rasche Herstellung.

Die Zeitungen erscheinen in Konkurrenz zur offiziellen Mitarbeiter-Zeitung des Konzerns. „Die sind sicher professioneller", ist man sich einig, „aber wir sind näher an den Leuten und können darum viel interessantere Artikel bringen." ●

Mit vielfältigen Inhalten bringt die SÄGEBLATT-Redaktion ihren Leserinnen und Lesern Einblicke in die Arbeitswelt bei Stihl und über die Hintergründe des Geschehens.

Betriebszeitung bei Stihl

Optimale Publikumsreaktion: „Super, ein neues SÄGEBLATT, mal sehen, was drinsteckt!" – und das von einem Angestellten, der nicht zum engeren Freundeskreis der IG Metall in der Stihl AG und Co KG zählt. Nach sieben Jahren mit normalerweise je vier Ausgaben hat sich die Redaktion eine interessierte Leserschaft erarbeitet.

1.100 Exemplare lässt die IG Metall Waiblingen, die Herausgeberin ist, regelmäßig drucken. Für die aktiven Betriebsräte ist ein neues SÄGEBLATT immer auch die willkommene Gelegenheit, in den Abteilungen mit den Beschäftigten ins Gespräch zu kommen. „Das ist sehr gut, wenn man etwas Aktuelles in der Hand hat." Und mit der Bitte um Feedback lassen sich Kontakte weiter vertiefen.

Zwei Handvoll Kolleginnen und Kollegen machen das SÄGEBLATT zum größten Teil. Weitere Autorinnen und Autoren sind herzlich willkommen – erst recht, wenn sie spezielles Fachwissen verständlich aufbereiten können. Seit einiger Zeit sind Namen und Bild des Urhebers bei jedem Artikel – „und – zack – die Berichte wurden noch besser", findet ein Redaktionsmitglied.

Die Redaktion achtet darauf, dass Ereignisse in den verschiedenen Stihl-Werken berücksichtigt werden. Auch, dass die betriebliche Wirklichkeit von möglichst vielen Beschäftigten im Blatt auftauchen sollte: Azubi und Vorruheständler, Angestellte aus Forschung und Entwicklung genauso wie aus der Verwaltung und Beschäftigte aus der Produktion.

Drei bis fünf Wochen braucht es für ein neues SÄGEBLATT. Zwischen Themensammlung und Drucklegung werden die Vertrauensleute im Betrieb um ihre Meinung zur kommenden Ausgabe gefragt. Eine Kollegin gestaltet die Seiten mit einem professionellen Layout-Programm, Bilder besorgt man sich unter anderem über ein Abonnement bei dpa-infografik.de oder der Hans-Böckler-Stiftung.

Die schon länger dabei sind, erinnern sich: „Am Anfang haben wir über einzelne Sätze heftig diskutiert". Inzwischen kommen aus dem Team zwar noch Anregungen an einen Autor, doch man habe viel mehr Gelassenheit gewonnen. Mit extrem kontroverser Rückmeldung von einzelnen Lesern müsse man ohnehin leben: „Zum selben Text meint einer, das sei ja völlig aufgebauscht und klassenkämpferisch, und der andere findet, lascher geht's wohl nicht." Insgesamt sei das Feedback sehr gut, freut sich die Redaktion. – „drum macht das auch richtig Spaß!"

Lokalzeitung in Tübingen und Umgebung

Jeden Tag eine Lokalzeitung mit zwölf und mehr Seiten produziert das 18-köpfige Team beim SCHWÄBISCHEN TAGBLATT in Tübingen, unterstützt durch ein gut gepflegtes Netz von freien Mitarbeitern. Es werden Seiten für die Bereiche Tübingen, Reutlingen, Rottenburg und das Steinlachtal hergestellt. Auch online stellt eine eigene Redaktion viele TAGBLATT-Inhalte ein.

Neben Lokalpolitik und gesellschaftlichem Geschehen sind Sport und Kultur Schwerpunkte der Themensuche vor Ort. Bei allem Bemühen der Redaktion um hochwertige Recherche, gut geschriebene Artikel und exzellent fotografierte Bilder ist seit jeher eine der beliebtesten Sparten im Blatt die Leser-briefseite. Dort hat sich eine vielfältige Kultur von Diskussion und Beteiligung entwickelt, und das TAGBLATT setzt viele Arbeitsstunden der Redaktion ein, um diese Seite jeden Tag zu betreuen.

Das SCHWÄBISCHE TAGBLATT bezieht als „Mantel" alle übergeordneten Seiten von der SÜDWEST PRESSE aus Ulm, vor Ort werden lediglich die lokalen Seiten produziert. Ein „Chef vom Dienst" koordiniert täglich die Möglichkeiten und Anforderungen von Anzeigenabteilung, Technik und Redaktion.

Auf die Frage, wer die wichtigsten Leute bei der Zeitung sind, sagt ein altgedienter Redakteur unumwunden: „Die Austräger." Denn wäre das TAGBLATT nicht morgens rechtzeitig bei den Lesern, „könnte man es nur noch zum Salat einwickeln verwenden." JF ●

Weil das liberale SCHWÄBI-SCHE TAGBLATT manch behäbigem Leser politisch zu weit links erschien, bekam es den Spitznamen „Neckar-Prawda". Seit 1982 ein ironiesinniger Redakteur vom Arbeitsbesuch in der UdSSR ein Plakat zum 70jährigen Bestehen des sowjetischen Propagandablatts mitbrachte, hängt ein Bildnis von Prawda-Gründer Wladimir Iljitsch Uljanow, genannt Lenin, in der Tübinger Redaktionsstube.

Mein Leser, das unbekannte Wesen

Offenheit und
Bereitschaft zur Beteiligung
als Grundlage
erfolgreicher Redaktionsarbeit

Die Leserinnen und Leser, die man hat, sind ein großer Schatz, den man leicht verspielen kann. Und die Leserinnen und Leser, die man noch nicht gewonnen hat, sind ebenso der Mühe wert, verstanden zu werden.

Wie man sich mit einer Zeitung an eine klar umrissene Gruppe von Menschen wendet – an Mitglieder eines Vereins, an Beschäftigte eines Unternehmens –, weiß Susanne Rohmund *genau: Sie ist Chefredakteurin der* Metallzeitung, *des Mitgliederblatts der IG Metall. Am Beispiel einer Betriebszeitung gibt sie Tipps für die Praxis.*

Eine Betriebszeitung hat ein klares Ziel: Sie soll gelesen werden. Leider ist es gar nicht so einfach, bei der Flut von Informationen und Medien, die Aufmerksamkeit der Beschäftigten zu gewinnen. Denn die Betriebszeitung konkurriert mit der Lokalzeitung, der Tagesschau, dem Radio, Facebook sowie manchmal mit dem Blatt der Personalabteilung. Aber die Zeitung des Betriebsrats hat was, was andere Medien nicht haben: Sie berichtet aus dem Blickwinkel der Kolleginnen und Kollegen über ihre Arbeitswelt. Hier einige Hinweise rund um das Thema Zielgruppe.

Wie sieht meine Zielgruppe aus? Für wen schreibe ich?

Auf die Frage, für wen schreibe ich eigentlich, kommt in der Regel eine spontane Antwort: für die Beschäftigten. So weit, so gut. Doch viele Betriebszeitungsmacher vergessen, dass die Zielgruppe „Beschäftigte" zahlreiche Untergruppen hat. Da wären beispielsweise die Auszubildenden, die Gewerblichen, die Meister, die Vorarbeiter, die Schichtführer, die Kaufmännischen, die Monteure und die Vertriebsleute. Es gibt Frauen, Männer, junge Kollegen, ältere Kolleginnen, Beschäftigte mit Migrationshintergrund, Leiharbeitnehmer, Studenten mit Werkvertrag, Menschen kurz vor der Rente und Junge, die ihr Berufsleben gerade erst planen.

Eines gilt für sie alle: Sie haben unterschiedliche Wünsche und Bedürfnisse an die Betriebszeitung. Und: Sie lesen diese Zeitung nur, wenn sie etwas Spannendes und Informatives bietet.

Die „metallzeitung": aktuelle Themen für verschiedene Zielgruppen in jedem Heft, zeitgemäß aufbereitet

Für was interessiert sich meine Zielgruppe gerade? Was ist spannend und informativ?

Ganz einfach: Informationen, die den Arbeitsplatz betreffen und die die Beschäftigten von keinem anderen Medium erhalten. Informationen, die nicht in der Lokalzeitung oder bei SPIEGEL-ONLINE zu lesen sind. Das können Ratschläge zur neuen Betriebsvereinbarung sein. Das können ganz konkrete Tipps zum Gesundheitsschutz sein – zum Beispiel warum viele kleine Pausen am Bildschirm für das Auge besser sind als eine lange Pause. Das kann aber auch ein kämpferischer Kommentar gegen das neue Sparprogramm der Geschäftsleitung sein.

Wichtig ist, für jede Zielgruppen spannende und informative Neuigkeiten zu bieten. Wenn zum Beispiel in einer Ausgabe Ratschläge rund um den Arbeitsschutz im Büro angeboten werden, dann sollte es in der nächsten Ausgabe Tipps für den Rücken beim Arbeiten am Band sein. Nur wer Themen für alle Zielgruppen bietet, wird auch von allen gelesen.

Was Leser wünschen

Was wollen die Mitglieder der IG Metall in der METALLZEITUNG lesen? Eine Befragung im Jahr 2009 kam zu diesen Ergebnissen:

Die Leser erwarten von einer Zeitung der IG Metall **konkrete Ratschläge**, die ihren Job betreffen.

Viele Befragte regten eine Ausweitung der **Rechtsberatung** an wie zum Beispiel „Mein Recht als Auszubildender".

Die Mitglieder verlangen von ihrer Zeitung ein hohes Maß an **Ehrlichkeit**.

Ein weiteres Qualitätsmerkmal für die Leser ist **Aktualität** und der Bezug zur **konkreten betrieblichen Situation**. Gibt es beispielsweise eine öffentliche Debatte über die Vereinbarkeit von Familie und Beruf, dann soll die METALLZEITUNG beschreiben, wie diese Vereinbarkeit konkret im betrieblichen Alltag umgesetzt wird.

Artikel sollen **verständlich** und **ohne Fremdwörter** geschrieben sein.

Grundsätzlich interessieren sich die Mitglieder und Leser der METALLZEITUNG für Artikel und Fotos, die **über Personen** berichten.

Welche Möglichkeiten haben Betriebsräte, die Interessen ihrer Leser rauszufinden?

Betriebsräte sind nah dran an den Themen, die die Beschäftigten interessieren. Dennoch werden in vielen Betriebszeitungen vor allem die Interessen der **gewerblichen Kollegen** berücksichtigt. **Angestellte** kommen oft nicht zu Wort. Auch Informationen für junge Metallerinnen und Metaller gibt es nur selten. Oft werden die glorreichen Taten des Betriebsrats gewürdigt. Oder die Politik beschimpft.

Die Betriebszeitung ist aber kein Arbeitsnachweis und auch kein politisches Manifest. Sie soll **Lesevergnügen** bieten und Lust machen auf die Betriebsratsarbeit und die IG Metall. Und sie soll **dem Leser bestätigen, warum es wichtig ist, in der IG Metall Mitglied zu sein.**

Die Zauberformel, um ganz nah am Informationsbedürfnis des Lesers zu sein, lautet: **Beteiligung.** Junge wissen, was Junge lesen wollen. Also am besten einen JAVi einladen, der in jeder Ausgabe eine Jugendseite gestaltet. Vielleicht gibt es einen Vertrauensmann unter den Angestellten, der gerne fotografiert oder schreibt. Der gehört ins Redaktionsteam.

Wer außerdem regelmäßig der Betriebszeitung einen **Fragebogen** beilegt, auf dem Wünsche und Kritik geäußert werden können, der erfährt konkret und ungeschminkt, was Beschäftigte lesen wollen. Auch ein kleiner **Beirat**, der aus den verschiedenen Zielgruppen besteht und das Redaktionsteam berät, sorgt dafür, die Interessen der verschiedenen Beschäftigten herauszufinden. ●

So lesen auch junge Beschäftigte die Betriebszeitung

Eine Analyse der Universität Dortmund i▮ Auftrag der METALLZEITUNG zeigt, worauf e▮ ankommt, damit Medien jugendgerec▮ sind:

Themenauswahl

Ob Junge einen Artikel lesen oder nich▮ hängt davon ab, ob die Themen einen **Bezu▮ zur Lebenswelt der Jugendlichen** haben.

Layout

Jugendliche spricht ein **buntes Layout** a▮ das an Jugendzeitschriften erinnert.

Junge Leser beachten **Cartoons und Karika▮ turen** häufiger als Fotos.

Visualisierte Informationen wie beispiel▮ weise Infografiken, Kästchen mit **Extrain▮ formationen** wie beispielsweise Buchtipp▮ oder Ansprechpersonen, Tabellen oder Pr▮ und-Contra-Listen wirken als Leseanreiz.

Junge Menschen beachten Artikel mit se▮ großen **Überschriften**, mit **Vorspännen** un▮ mit **Zwischenüberschriften** stärker.

Studien zeigen: Bei einem jugendnahen La▮ out lesen Jugendliche auch Artikel über u▮ beliebte Themen.

Sprache

Jugendliche beachten **verständlich und u▮ terhaltsam** geschriebene Texte stärker a▮ Artikel in „klassischer" Zeitungssprache.

Als unterhaltsame Elemente dienen ein sz▮ nischer Einstieg, Personalisierung, Beispie▮ sowie die Nennung von Markennamen.

Kurze Texte lesen Jugendliche am häufig▮ ten.

Blattkritik: Wie sehen andere Eure Arbeit?

Eure Redaktion leistet gute Arbeit – mit etwas Glück bekommt Ihr viel und gute Rückmeldung. Lob, Anregungen und Kritik bekommt Ihr aus Fragebögen, die Ihr gelegentlich Eurem Blatt beilegt. Doch es gibt noch ein weiteres Instrument, das Euch viel bringen kann: Ladet immer mal wieder einen interessanten Menschen zur Blattkritik ein.

Natürlich ist es spannend, was jemand aus Eurer Zielgruppe sagt: Wenn Ihr zum Beispiel eine Betriebszeitung macht, fragt die Vorsitzende der Jugendvertretung oder einen Betriebsrat. Es kann aber auch sehr interessant sein, die Meinung von ganz anderen Leuten zu hören: Wenn Ihr eine Fahrradinitiative seid, ladet mal den städtischen Verkehrsplaner ein. Oder einen diskussionstauglichen Menschen vom Automobilclub.

Ebenso spannend ist es, fachliche Meinungen zum eigenen Produkt einzuholen: Die Leiterin der Lokalredaktion oder einen örtlichen Grafiker beispielsweise. Es gibt vielerlei Möglichkeiten.

Ihr solltet vorab ein paar Fragen an Euren Gast schicken –zum Beispiel: Wie er die Themenauswahl der aktuellen Ausgabe empfindet. Wie er die einzelnen Artikel im Schnelldurchlauf bewertet. Was er mit Blick auf die Leserschaft des Blatts für besonders interessant hält, was ihm am wenigsten wichtig erscheint. Wie er die Fotos und Grafiken beurteilt und die gesamte Gestaltung.

Wichtig: Solche Blattkritiken sollten nicht veröffentlicht werden – Eure Gäste müssen sich frei fühlen, auch Kritik zu äußern, ohne dass Ihr in den Konflikt kommt, das zu veröffentlichen.

Klar sein muss auch: Ihr führt das Gespräch, um die Sichtweise Eures Gasts kennenzulernen. Aber Ihr versucht nicht, Euch zu verteidigen oder gar Euren Gast von seiner Meinung abzubringen. Wenn's Lob gibt – toll! Wenn es Kritik hagelt, freut Euch darüber, dass Ihr Eure Arbeit einmal aus einer anderen Perspektive wahrnehmen könnt und in guter Atmosphäre mit Eurem Gast darüber sprechen könnt… JF ●

Plakat und Wandzeitung

*1855 ließ der Druckereibe-
sitzer und Verleger Ernst
Litfaß die ersten Säulen
aufstellen, auf denen Plakate zu Reklamezwecken
vorübergehend angeklebt
werden konnten.*

Das Plakat:

Kurz, aber groß – das ist der Inhalt von
Plakaten. Nicht sehr originell, es zu sagen, aber wahr: Sie müssen plakativ
sein. Also schnell Aufmerksamkeit wecken und neugierig machen. Ein Blickfang – aber nicht nur einen schnellen

Blick fangen. Inhalte müssen gleich
transportiert werden – oder zumindest
muss die Grundlage für diesen Transport schaffen.

Plakate können direkte Ziele verfolgen:
Möglichst viele Leute zu einer Veranstaltung zu mobilisieren, eine Kampa-

*Die Grafikerin Gertrude
Degenhardt zeigte
Künstler gemeinsam mit
Arbeitern im großen Zug
für menschengerechtere
Arbeitszeiten: Im roten
Mantel ist sie selbst zu
erkennen, hinter ihr sieht
man den Liedermacher
Franz-Josef Degenhardt
(der übrigens ihr
Schwager ist).*

John Heartfield hoffte 1937, durch plakative Aufklärung im Kampf gegen die Nazis Menschen zu überzeugen (links).

Klaus Staeck hat Immer den Finger am wunden Punkt der Zeit: 1972 verspottete er die Angstmacherei der Konservativen.

gne (oder auch ein Produkt) bekannt machen. Plakate können aber auch langfristig wirken: Sie sind attraktive und auch dekorative Elemente im Alltag und können mit Sinn und Hintersinn ein Thema oder eine Kampagne populär machen. Nicht selten fängt ein gutes Plakat als Veranstaltungshinweis an und wird dann nach und nach ein beliebtes Motiv „für übers Sofa" oder wo auch immer.

Ein gutes Beispiel ist Gertrude Degenhardts „Protestmarsch für Arbeitszeitverkürzung" – von 1979 an war es Teil der gewerkschaftlichen Kampagne für die 35-Stunden-Woche, inzwischen gehört die Grafik zur gemeinsamen Kultur für viele Menschen in der Bundesrepublik.

Oder die Arbeiten von Klaus Staeck: In den 1960er-Jahren fing er an, mit gezielten Provokationen Kunst zu machen – Kunst für den Augenblick, aber auch weit darüber hinaus. Die Überschrift „Deutsche Arbeiter! Die SPD will euch eure Villen im Tessin wegnehmen" war so absurd, dass die Angst-Kampagnen von CDU und CSU mit Witz als üble Mache entlarvt werden konnten.

Staeck schuf Bilder gegen Umweltzerstörung und Überwachungsstaat, gegen Kriegslust und Casinokapitalismus. Seine Bilder wirken wie ein Plakat – doch das ist eher Tarnung. In Wahrheit sind das sorgfältige Kommentare zur Zeit, die oft über Jahrzehnte aktuell bleiben und wegen ihres attraktiven Äußeren auch dauerhaft populär sind.

*Wandzeitung für eine
Aufklärungskampagne
verschiedener
Menschenrechts-
Initiativen*

Wenn Ihr Plakate gestaltet – vom Terminhinweis bis zum Streikaufruf, von der Einladung zur Weihnachtsfeier bis zur großen politischen Forderung – erarbeitet knappe Schlagworte und starke Bilder, bringt das Thema auf den Punkt. Die Buchstaben müssen groß genug sein, um sie aus der Entfernung gut erkennen zu können – und es müssen wenig genug sein, damit man sie auch gerne liest. Ein Plakat soll rufen und nicht quasseln.

*Plakatmotive
von Klaus Staeck
von 1977 (oben)
und 1986*

Die Wandzeitung:

Groß und viel drauf – das ist die Wandzeitung. Wenn es einen geeigneten Platz gibt, wo Leserinnen und Leser sie ungestört studieren können, kann so ein Riesenflugblatt ein guter Ort für Information und auch Kommunikation sein. Wer sich vor einer Wandzeitung mit zusammen mit anderen wiederfindet, kommt rasch ins Gespräch.

Alles, was für Flugblätter gilt, ist auch für eine Wandzeitung richtig: Der Einstieg muss plakativ sein (siehe oben), das Thema natürlich schnell erkennbar. Es wird aber mit Informationen und Argumenten unterfüttert – die Lesenden sollen leicht verstehen und verwenden können, was sie hier steht. Gute Übersichtlichkeit und ansprechende Gestaltung sollten selbstverständlich sein, attraktive und aussagekräftige Abbildungen ebenso.

◀ *Wandzeitung des DGB zur Verteidigung des Versammlungsrechts*

▼ *Aushang- und Anzeigenmotive für eine Kampagne zum Schutz von Arbeitnehmerrechten*

Mischformen:

Für „Schwarze Bretter" in Betrieben ist der Rahmen oft recht eng: Häufig hat nur ein DIN A 3-Blatt Platz. Weil ein reines Plakat zu wenig differenzierten Inhalt übermitteln könnte, hat sich hier schon oft eine Mischform bewährt: Sie lebt von einem auffallenden Bildmotiv und liefert Inhalte in Kurzform. Und natürlich den Hinweis auf Möglichkeiten zur weiteren Vertiefung des Themas: Einladung zum persönlichen Kontakt und allemal der Hinweis auf eine qualifizierte und Sympathie weckende Homepage. JF ●

siehe auch SeiteSeite 134

Von Brettern, die die Welt bedeuten

Das „Schwarze Brett" ist nach wie vor ein wichtiger Treffpunkt von Information und Mensch

Es muss nicht schwarz sein und auch nicht unbedingt ein Brett – dennoch ist ein „Schwarzes Brett" ein wichtiges Stück der Kommunikation, wo Menschen sich regelmäßig aufhalten.

In Zeiten elektronischer Medien mag das klassische „Schwarze Brett" vielen altmodisch erscheinen. Doch es gibt gute Gründe, warum es auch im digitalen Zeitalter aktuell ist.

Ein Fall aus der Praxis

„Elektronische Medien erreichen nicht jeden im Betrieb, da nicht alle einen Zugang zu einem PC haben", erklärt Stefan Groch, IG Metall-Vertrauenskörperleiter bei Coperion in Stuttgart-Feuerbach. „Ein Schwarzes Brett ist für alle Beschäftigten zugänglich." Deshalb habe sich der Betriebsrat dafür eingesetzt, dass es wieder Schwarze Bretter im Betrieb gibt.

Zur Historie: Vor etwa drei Jahren entfernte die Geschäftsführung von Coperion viele der Schwarzen Bretter im Betrieb mit der Begründung, sie seien nicht ansehbar und ungepflegt. Lediglich drei zentrale Bretter blieben übrig und eines im Betriebsratsbüro – zu wenig aus Sicht der Beschäftigten und des

Betriebsrates. „Es gab Meister, die auf die Schwarzen Bretter bestanden haben", sagt Stefan Groch. Diese dienten in den verschiedenen Abteilungen als Anlaufstelle für viele Beschäftigte und wurden von den jeweiligen Meistern genutzt und regelmäßig aktualisiert.

Der Arbeitgeber weigerte sich beharrlich, neue Bretter zu montieren. Drei Jahre lang blieb der Betriebsrat an dem Thema dran – letztlich mit Erfolg. In den neu gestalteten Vesperräumen hängen jetzt Informationstafeln, die der Betriebsrat nutzt.

„Nichts ist schlimmer als ein Schwarzes Brett, das nicht gepflegt wird", erläutert Groch. „Sobald es Neuigkeiten gibt, die für die Beschäftigten interessant sind, aktualisieren wir das Brett. Alte Mitteilungen hängen wir ab. So ist auch gewährleistet, dass die Beschäftigten dieses Informationsmedium im Betrieb nutzen."

Die Informationen am Schwarzen Brett

▶ sind aktuell, etwa betriebliche oder gewerkschaftliche Themen

▶ sind interessant für die Beschäftigten im Betrieb, wie etwa Jahresterminplanung der Betriebsversammlungen

▶ sind kurz und schnell lesbar

▶ sind ansprechend. Auch hier gilt: Ein Bild, eine Karikatur sagt mehr als tausend Worte.

▶ sind serviceorientiert, beispielsweise Kleinanzeigen

▶ sind von den Vertrauensleuten oder den Betriebsräten für die Belegschaft.

Die juristische Seite:

Der Arbeitgeber ist verpflichtet, bestimmte Informationen an einer allgemein zugänglichen Stelle auszuhängen oder auszulegen. Darunter fallen etwa Betriebsvereinbarungen, Tarifverträge oder bestimmte Gesetze.

Der Betriebsrat wiederum hat das Recht, das Schwarze Brett für Aushänge, die alle Beschäftigten betreffen, zu nutzen. Dabei gilt es darauf zu achten, dass die Schwarzen Bretter an leicht zugänglichen Stellen angebracht sind – Pforten, Kantinen, oder in der Nähe von Zeiterfassungsgeräten – und von möglichst vielen Beschäftigten gesehen werden können.

Der Betriebsrat hat keinen Anspruch auf ein eigenes Schwarzes Brett, darf die vorhandenen aber mitbenutzen und hat das Recht darauf einzuwirken, dass Schwarze Bretter, in Form von Info-Tafeln etwa, eingerichtet werden (Informationspflicht des Arbeitgebers). Hierbei sollte auf eine klare, optische Trennung geachtet werden. JV ●

Quelle und Lesetipp: Wolf, Klaus-Peter: „Öffentlichkeitsarbeit: Handbuch für Betrieb und Gewerkschaft", Bund-Verlag, 1994

Software fürs Layout – was ist das richtige Werkzeug?

*Klasse, so ein Farbkasten –
aber eindeutig das falsche Werkzeug, wenn
man beispielsweise ein Haus streichen will.
Bei der Software ist es ähnlich: Das Werkzeug
ist nicht alles, aber mit dem falschen
Programm bekommt Ihr auf jeden Fall
kein richtiges Ergebnis.*

Vieles ist relativ, vieles ist nicht eindeutig, wenn es um die Auswahl der richtigen Software zur Medienproduktion geht. Eines aber ist klar: Textverarbeitungsprogramme eignen sich nicht zur Gestaltung ansprechender Produkte. Zwar kann man sie teilweise überlisten und doch ganz passable Sachen damit hinkriegen, doch die Grenzen sind zu eng und der Aufwand ist zu groß. Das Gleiche gilt für Präsentationssoftware: Bitte macht auch damit keine Zeitungen oder Flugblätter! Word und PowerPoint sind hier tabu – okay?

Layout-Software

Zwischen festen Redaktionssystemen und reiner Textverarbeitungs-Software gibt es einige hochqualifizierte Programme, um Drucksachen ansprechend zu gestalten und einen einwandfreien Übergang zum Druck zu gewährleisten. Die beiden prominentesten Programme sind seit vielen Jahren Quark-XPress und Adobe InDesign. Beides sind Layout-Programme, die alle Feinheiten der Textgestaltung und Bildplatzierung beherrschen.

Eine erheblich kostengünstigere Alternative stellen wir im kommenden Kapitel vor – das vielfältig einsetzbare Programmpaket „Tango".

Fotobearbeitung und -gestaltung

Für den gestalterischen Umgang mit Fotos werden andere Programme wie Photoshop (von Adobe) oder PaintShop (von Corel) bei Leuten benützt, die von Berufs wegen Drucksachen erstellen. Zur Verwaltung, Farb- und Linsenkorrektur von Fotografien gibt es Programme wie Lightroom (Adobe) oder Aperture (Apple).

Zeichnung und Grafik

Software wie CorelDraw (von Corel) und der Adobe Illustrator sind seit Jahren im Einsatz, wenn beruflich Grafiken und Illustrationen am Rechner erstellt oder bearbeitet werden. Besonders wichtig ist dabei, dass die erzeugten Abbildungen sehr gut jederzeit bearbeitet werden und auch beliebig groß eingesetzt werden können.

Freeware

Parallel zu solchen professionellen Produkten sind diverse Freeware-Programme immer leistungsfähiger geworden und haben viele Fans gefunden. Wie weit dahinter Begeisterung und Menschenfreundschaft steht oder die Hoffnung, durch Anpassungen, Installationen und Schulungen Geld zu verdienen, muss im Einzelfall überprüft werden. Auf Seite 139 findet Ihr die Adressen von einigen wenigen Herstellerseiten. Wer mehr wissen will, kann sich entweder bei fachkundigen Bekannten umhören oder eben eine Internet-Suchmaschine bemühen. Mit genügend Geduld findet man da immer wieder interessante Neuerungen.

Online-Programme

Zur Zeit der Erstellung dieses Handbuchs (Sommer 2011) versuchen einige Software-Hersteller, einen neuen Trend zu setzen: Programme sollen nicht mehr auf dem Rechner des einzelnen Anwenders installiert werden, sondern auf zentralen Servern liegen; Kapazitäten der Software soll der Kunde dann online mieten. Auch die eigenen Dateien sollen am besten auf Servern irgendwo auf der Welt abgelegt werden. Wolkiger Werbebegriff für dieses Modell „Cloud".

Während wir noch ganz klassisch am Layout dieses Handbuchs auf örtlichen Rechnern arbeiten, ist nicht abschätzen, ob die „Cloud" sich in Luft auflösen oder ob sie der große Daten-Bearbeitungs- und Speicherplatz der Zukunft wird. Antworten auf sämtliche Sicherheits- und Datenschutzfragen, die dieses Konzept aufwirft, sind noch nicht auf der Erde angekommen.

Auf der Homepage zu diesem Buch werden wir gelegentlich Informationen zu dieser Entwicklung (und zu weiteren Themen) bereitstellen (http://handbuch-medien-machen.de). JF ●

Zum Beispiel „Tango"

Ein Werkzeug
für Layouts

*Susanne
Rohmund*

Mit Tango verbinden viele von uns einen argentinischen Tanz – passt nicht wirklich in eine Buch übers Medienmachen. Wieso es „Tango" trotzdem in unser Handbuch geschafft hat, erklärt SUSANNE ROHMUND, *Chefredakteurin der* METALLZEITUNG.

Susanne, kannst Du kurz erklären, was „Tango" ist?

Tango ist ein Layoutprogramm. Mit diesem Programm lassen sich Flugblätter, Betriebszeitungen, Flyer, Infos oder Einladungen gestalten. Also alles, was man für die tägliche Arbeit braucht. Oder, um es technischer auszudrücken: Tango ist ein eigenständiges XML-basiertes Layout- und Redaktionsprogramm, verbunden mit einer Textbearbeitung.

Wie funktioniert Tango? Was benötige ich dafür? Was kann es leisten?

Mann oder Frau braucht einen Computer, klar. Die Software gibt es dann im Internet oder über ein Partnerunternehmen der IG Metall, die Process Media Consult in Darmstadt. Mit Tango kann ich beispielsweise Flugblätter selbst gestalten. Oder ich nutze die Vorlagen, die mir die IG Metall im Extranet anbietet.

Welche Vorteile hat dieses Programm?

Tango ist eine Kombination aus den professionellen Layoutprogrammen QuarkXPress und InDesign. Diese beiden Programme sind sehr teuer und deshalb für die Arbeit mit Aktiven uninteressant. Web-to-Print, also Vorlagen, in denen man online Bilder oder Texte austauschen kann, sind auf Dauer zu starr. Denn beim Web-to-Print gibt es keine Möglichkeit, selbst etwas zu gestalten. Deshalb haben wir nach einem sehr preiswerten, einfach zu bedienenden Layoutprogramm gesucht und mit Tango eine Lösung gefunden.

Warum habt Ihr Euch entschieden, so ein Programm anzuschaffen?

Einige der Gestaltungs-möglichkeiten, die ein Layout-Programm bieten sollte, am Beispiel von „Tango"

Wichtig ist es, dass möglichst viele Aktive, aber auch Hauptamtliche der IG Metall mit dem gleichen Layoutprogramm arbeiten. Zum einen bieten wir vom IG Metall-Vorstand Vorlagen für Flugblätter, Betriebszeitungen, Flyer oder Aushänge an, die nach professionellen Gesichtspunkten gestaltet wurden. Im Medienportal des IG Metall-Extranets gibt es solche Vorlagen zum Herunterladen. Um mit diesen Vorlagen zu arbeiten, also um auszudrucken oder um PDFs zu erstellen, reicht die einfachste Tango-Version, „Tango-Solo". Und zum anderen erleichtert das Arbeiten mit einem Programm, das möglichst viele haben, den Datenaustausch.

Wie komme ich als Betriebsrat oder als Otto Normalbürger an dieses Programm?

Ganz einfach: Betriebsräte und Vertrauensleute der IG Metall bekommen *Tango-Solo* über die „Process Media Consult" für 85 Euro. Alle anderen können es für rund 100 Euro kaufen.   JV ●

Tango ist ...

...ein eigenständiges XML-basiertes Layoutprogramm für kreative Gestaltungsaufgaben, verbunden mit Textbearbeitung.

Hersteller: Mark Stein Software
www.markstein.com

Vertrieb: Process Media Consult:
www.processmc.de

Für Aktive in der IG Metall gibt es die Tango-Vorlagen exklusiv im Extranet der IG Metall unter:
www.extranet.igmetall.de/
medienportal

Andere Beispiele für Layout-Software:

www.adobe.com/de ┈┈➤ Adobe InDesign

www.corel.de ┈┈➤ Corel Graphics

www.ragtime.de ┈┈➤ Ragtime

www.scribus.net ┈┈➤ Scribus

www.serif.com/pageplus ┈┈➤ PagePlus

www.quark.com/de ┈┈➤ Quark XPress

Erst gucken, dann drucken

Einige Begriffe für den Weg zu tauglichen Druckdaten

Druckvoraussetzungen

Ein wichtiges Kriterium für die Entscheidung, ein bestimmtes Programm zu verwenden, ist die Qualität der Datenweitergabe. Nur, wenn eine Druckerei oder ein anderer Dienstleister zur Medienverarbeitung gut mit dem Ergebnis unserer Arbeit umgehen kann, haben wir die richtige Software verwendet.

PDF

Seit den 1980er-Jahren hat sich ein technisches Format zur Datenweitergabe durchgesetzt: PDF – „Portable Document Format". Es übermittelt (im Idealfall) alles, was beispielsweise eine Druckerei braucht, ohne dass die Abbildungen und Texte samt Schriften im Original verschickt und dann wieder passend eingerichtet werden müssten. Diese PDF-Dateien sind kleinstmöglich und können noch dazu von allen Betriebssystemen genutzt werden.

Die ziemlich geniale Technik beherrscht zur Zeit der Erstellung dieses Handbuchs alles, was man unter „Druckvorstufe" versteht – also alles zwischen Gestaltung und Druck. Besseres als das PDF-Prinzip ist derzeit nicht auf dem Markt zu erkennen. Ein Layout-Programm, das – und sei's mithilfe eines passenden Zusatzmoduls – gute PDF-Dateien erzeugt, kommt also in Frage, wenn wir uns für Software entscheiden müssen.

Um eine Datei als PDF ausgeben zu können, müssen alle verwendeten Schriften komplett vorliegen – die Eigentums- und Verwendungsrechte an einer Schrift müssen geklärt sein.

Die Datei der linken Bildhälfte hat eine zu kleine Auflösung: Da werden die einzelnen Bildpunkte (Pixel) sichtbar.

Fotoqualität

Mindestens genauso wichtig ist, dass Pixelbilder (also Fotos und andere Abbildungen, die nicht auf Outline[1]-Basis erstellt sind) in ausreichender technischer Qualität vorliegen: Während auf einem Computerbildschirm eine Auflösung von 72 Bildpunkten je Zoll (dpi = dot per inch) ausreicht, sollten es für den Offset-Druck am besten 300 dpi sein. Ein Bild, das auf dem Monitor richtig hübsch aussah, kann im Druck völlig kantig und fleckig erscheinen, wenn die Auflösung nicht stimmt.

---

1   Zu „Outline" siehe Seite 142

Farbräume

Farbbilder werden im klassischen Offsetdruck aus vier Druckfarben zusammengesetzt: Sämtliche Rasterpunkte bestehen nur aus Cyan (einem hellen Blau), Magenta (einem recht kalten Rot), Gelb und Schwarz – dieses Farbmodell ist als *CMYK* bekannt.

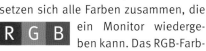

Digitale Bilder werden zumeist im *RGB*-Farbraum aufgenommen, gespeichert und bearbeitet: Aus Rot, Grün und Blau setzen sich alle Farben zusammen, die ein Monitor wiedergeben kann. Das RGB-Farbsystem kann sehr viel mehr Farben und Nuancen darstellen als der CMYK-Farbraum. Durch die Weiterentwicklung der PDF-Erzeugung muss inzwischen nicht mehr jedes Bild vor der Herstellung der Druckdaten in eine CMYK-Datei umgewandelt werden. Diese Übersetzungsarbeit leisten gute PDF-Erzeuger selbst und das Originalbild bleibt im höherwertigen RGB-Zustand.

Manchmal werden Sonderfarben beim Offset-Druck verwendet: Wenn mit nur zwei oder drei Farben gedruckt wird beispielsweise, oder wenn ganz besondere Druckergebnisse gefragt sind – Leucht- oder Metallicfarben sind ein gutes Beispiel dafür. Für solche Anwendungen sollte rechtzeitig mit der Druckerei und möglicherweise auch mit einem Büro zur Herstellung von Druckfilmen oder -platten der gesamte Ablauf eindeutig geklärt werden.

rg r *g*

Eine Schrift, eine Grafik oder ein Logo ist als Outline-Element eindeutig definiert und kann beliebig fein und groß wiedergegeben werden. Wären all diese Darstellungen aus Pixeln zusammengesetzt, würden große Anwendungen davon extrem unsauber und kantig aussehen.

Outlines

Zeichnungen, Logos und Grafiken (bei Bedarf auch Schriften) können im Normalfall in „Outlines" umgewandelt werden – also in mathematisch berechnete Konturlinien, die samt ihrer Inhaltsfläche fehlerfrei und beliebig groß gedruckt werden können.

Technische Formate wie *.eps* oder *.ai* können so bei stimmigen Voraussetzungen mühelos in ein hoch auflösendes PDF eingebunden werden. Danach kann jede Druckerei die Daten hochwertig zu Papier bringen.

Anschnitt und Schnittmarken

Die meisten Drucksachen werden auf größerem Papier als dem Endformat gedruckt; die Ränder werden nach der Verarbeitung abgeschnitten. Soll ein Farbfeld oder ein Foto bis zum Rand des Papiers gehen, müssen ein paar Millimeter über den Rand hinaus zugegeben werden – so genannter *Anschnitt*. Beim nachträglichen Schneiden der Drucksache kann nicht alles auf den Zehntelsmillimeter genau zugehen – damit dann keine weißen Streifen am Rand übrig bleiben, gibt es den *Anschnitt*. *Schnittmarken* im Randbereich zeigen an, wo das Papier zuletzt auf das gewünschte Maß abgeschnitten werden soll.   JF ●

Der Rand des Fotos von Seite 122, dieses Mal weiter nach innen gerückt. Anschnitt und Schnittmarken sind zu sehen.

Anschnitt

Schnittmarken ➡

Schnittrand ⬅

Wer seine Daten sinnvoll ablegt und benennt, hat mehr vom Leben

Ist das eigentlich eine Trotzreaktion gegen das scheinbar Logische, das einem Computer zugrunde liegt? Viele von uns benennen ihre Dokumente völlig bescheuert und verstecken sie dann auch noch sinnfrei in verschiedenen Ordnern, am besten noch auf mehreren Laufwerken.

Sobald Ihr in einem Team arbeitet, Rechner gemeinsam nutzt oder Dateien austauscht, bitte, bitte: Seid eindeutig.

Benennt Eure Dokumente sinnvoll: Gebt ihnen eindeutige und sinnvolle Namen. Wenn es (zum Beispiel durch Korrekturen) mehrere Fassungen geben wird, einigt Euch auf eine logische Art der Benennnung – setzt das Datum mit in den Dokumentnamen oder macht eine fortlaufende Nummerierung. Hauptsache, in Eurer Redaktion wenden alle das gleiche Prinzip an. Zusätze wie „neu" oder „end" (für endgültig) werden oft innerhalb kürzester Zeit überholt und sind dann eher tragisch als tauglich.

Legt Eure Dateien nachvollziehbar ab: Wenn der Eine grad mal nicht da ist, sollte der Andere alles finden können. Einigt Euch auch da auf eine gemeinsame Vorgehensweise, wie und wo Projektordner mit ihren Unterordnern angelegt werden.

Seid kontinuierlich: Namen und Orte von Dateien sollten nachträglich nicht verändert werden. Wenn zum Beispiel ein Layout mit Bildern oder Grafiken verknüpft ist, spart Ihr Euch viel Zeit und Ärger. JF ●

Crossmedial denken

Gedruckte und digitale Medien nehmen
immer wieder andere Plätze im Alltag der Leser ein –
das müssen die Medienmacher berücksichtigen

Crossmedial denken – das heißt: Wir denken bei der Produktion unserer Medienprodukte mit, ob und wie wir sie auf verschiedenen Kanälen ausgeben wollen. Gedruckt auf Papier, in digitaler Form oder zum Beispiel mit multimedialen Inhalten.

Bis zum Beginn des Jahrtausends wurde die Betriebszeitung einfach gedruckt – und gut war's. Inzwischen soll sie natürlich auch auf der Homepage zum Download angeboten werden. Wenn die Zahl der Nutzer von Tablet-Computern steigt, wird sich eine eigene digitale Ausgabe lohnen.

Der Newsletter soll per E-Mail an alle Beschäftigten gehen, deren Mail-Adressen hinterlegt sind. Aktuelle Infos etwa aus der Tarifrunde sollen sowohl ausgedruckt, über E-Mail verteilt, auf der Homepage gemeldet, per RSS, Twitter oder Facebook weiter verteilt werden – oder auch: als SMS-Kurzinfo auf den Handys landen.

Wir ergänzen unsere Medien um multimediale Inhalte, um Videos und Podcasts zum Beispiel. Die Veröffentlichung als App auf Smartphone oder Tablet ist keine Zukunftsmusik mehr: Die ersten Layout-Programme bieten bereits die Ausgabe von Medien für diesen Kanal an. Diese Entwicklungen sind im Fluss, wir werden auf der Website des Handbuchs dazu informieren.

Beispiel Betriebszeitung: Wenn die neue Ausgabe fertig layoutet ist, wollen wir sie drucken (lassen) und auf die Internet-Seite stellen. Als digitales Ausgabeformat verwenden wir die von allen Betriebssystemen lesbaren PDF-Dateien.

Die Layoutprogramme erlauben normalerweise die Auswahl zwischen Druck-PDFs und Bildschirm-PDFs. Die Druckdateien gehen ausschließlich an die Druckerei. Sie müssen groß sein, weil für den Druck feine Auflösungen benötigt werden.

Wie Informationen aufgenommen werden, verändert sich – ob jemand in behaglicher Puppenstuben-Atmosphäre eine Zeitung lesen will oder sich auf dem Smartphone das Neueste aufruft. Das Interesse an Neuigkeiten jedoch hat nicht nachgelassen.

Für's Herunterladen von der Homepage sind Druck-PDFs zu groß. Außerdem werden mitunter Seiten umgestellt – für den Druck notwendig, für's Lesen am Bildschirm mehr als lästig. Also verwenden wir für die elektronische Ausgabe PDF-Dateien in Bildschirmauflösung oder Auflösung für den Digitaldruck. Und wir achten auch darauf, dass die Seitenfolge in den PDF-Dateien der Lese-Reihenfolge entspricht.

Ähnliches gilt auch für die Ausgabe von Fotos in digitalen Medien: Die sollten nicht in Originalgröße, sondern verkleinert erscheinen. Für eine gute Druckqualität sollte die Auflösung 300 Pixel je Inch betragen (also 120 Pixel je Zentimeter). Auf dem Bildschirm haben wir 72 Bildpunkte je Inch (also knapp 29 je Zentimeter). Die meisten Layoutprogramme berücksichtigen diese Anforderungen bei der Erzeugung von PDF-Dateien, doch es empfiehlt sich, ein waches Auge auf die technischen Voreinstellungen zu haben.

Die Möglichkeiten nutzen – nicht nur PDFs einstellen

Das Einstellen der PDF-Dateien auf der Homepage – begleitet von einem kurzen Text – ist nur die einfachste Möglichkeit der digitalen Publikation.

Wir können und müssen aber noch etwas mehr tun. Wir denken daran, dass uns nur wenige Sekunden bleiben, die Leser neugierig zu machen. Steht auf der Homepage als einziger Hinweis „Das ist unsere neue Ausgabe der Betriebszeitung" – dann zappen die meisten gleich wieder weg. Wer nicht weiß, was ihn erwartet, macht sich selten die Mühe, die PDF-Datei herunterzuladen und zu öffnen.

An die Meldung auf der Homepage sind deshalb Anforderungen zu stellen: Ein aussagekräftiger Titel ist die erste. Beispiel: „Neue Betriebszeitung: Einzelheiten zum Sozialplan" (statt „Betriebszeitung" der Titel Eurer Publikation).

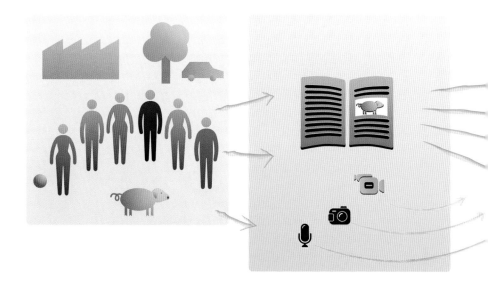

Im Meldungstext geben wir einige Inhalte des Themas wieder, das im Titel angesprochen ist. Die müssen nicht neu geschrieben werden. Dazu können Texte aus der Zeitung, zum Beispiel der Vorspann des Artikels zum Sozialplan verwendet werden.

Der Wiedergabe aus dem Aufmacher folgt ein Inhaltsverzeichnis des ganzen Heftes. So erhöhen wir die Chancen auf Aufmerksamkeit enorm – auch nach außen. Zum Beispiel benutzt die (regionale) Presse das Internet gerne als Recherche-Quelle. Die Redakteure werden Euch Eure Mühe danken und vielleicht das Eine oder Andere aufgreifen.

Beispiel Newsletter: Newsletter werden oft mit einem Programm zur Textverarbeitung erstellt. Bei digitaler Verbreitung gilt: Kein Word-Dokument oder derlei veröffentlichen, sondern stets eine PDF-Datei davon verwenden (wie-

derum Daten-reduziert etwa wie beim E-Mail-Versand).

Abgesehen von den Problemen mit den verschiedenen Betriebssystemen: Offene Text- oder andere Office-Dokumente wie Excel und PowerPoint können verändert und (mehr oder weniger befugt) weiter verwendet werden. PDF-Dateien sind im Normalfall nicht veränderbar. Deshalb sollte zum Beispiel auch die Präsentation von der Betriebsversammlung nur in PDF-Form ins Netz gestellt werden.

Crossmedia bietet uns eine ganze Reihe von weiteren Möglichkeiten:

Der Text kann um Links zu Materialien und anderen wichtigen Quellen ergänzt werden und wird so zum Hypertext.

Wir können **zusätzliche Inhalte** verbreiten, die im gedruckten Medium aus Platzgründen nicht veröffentlich werden konnten. Beispiele: alle Bilder vom letzten Aktionstag; das ganze Interview mit dem Betriebsratsvorsitzenden, das

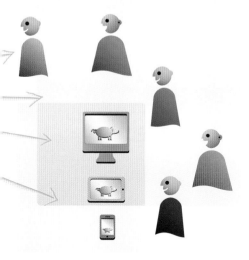

*Informationen
auf ihrem Weg zum Publikum:
Welches Medium am liebsten
genutzt wird, ändert sich
mit den technischen Angeboten.*

*Mit gröberen Worten:
Eine Sau, die man durchs Dorf treibt,
bleibt eine Sau, auch wenn man sie
elektronisch treibt.*

im Heft in gekürzter Version erscheint; die Hintergrundmaterialien zum Artikel über den Arbeitsschutz.

Wir können das Druckmedium um **multimediale Inhalte** erweitern: Vom letzten Aktionstag beispielsweise noch ein Video einstellen. Vielleicht wurde das Interview mit dem Betriebsratsvorsitzenden aufgezeichnet und wir können es als Podcast hören? (Siehe dazu die Beiträge Video- und Audio-Podcasts, SeiteSeite 172 ff.)

Eine **Umfrage**, die wir in der Betriebszeitung bewerben, aber online zur Abstimmung stellen. Ein strittiges Thema zur Diskussion stellen und die Debatte in einem **Blog** führen.   UE ●

Die Möglichkeiten sind vielfältig. Die technische Entwicklung geht weiter. Wir sollten sie unbedingt im Auge haben und feststellen, ob unser Publikum die Inhalte in anderen Formen oder auf anderen Kanälen haben will.

Wichtig ist aber auch, sich nicht zu verzetteln, sich auf das Mögliche und Machbare zu konzentrieren. Komplizierte und teure Programme anzuschaffen lohnt sich beispielsweise höchstens dann, wenn gewährleistet ist, dass genügend Leute sich einarbeiten und sie stets verwenden können.

Ansonsten lieber Arbeiten an Profis vergeben oder eben selbst mit weniger professionellen Werkzeugen arbeiten und dafür effektiver sein...

Webseiten

► **konzipieren**
► **gestalten**
► **pflegen**

Wer sich mit einem Internet-Auftritt für die eigene Organisation befasst, stolpert schnell über Schlagworte wie *Wiki*, *Blog*, *Ajax* oder Dienste wie *Twitter* und *Facebook*. Zudem können *Podcasts* oder Videos genutzt werden. Möchte man alle zur Verfügung stehenden Optionen nutzen, entsteht schnell das Problem, dass die Zeit nicht reicht.

Beim Aufbau eines eigenen Internet-Auftritts heißt es daher, Prioritäten zu setzen und (zu Beginn) bewusst Verzicht zu üben. Zumeist bilden mehr oder weniger regelmäßige Meldungen die Basis einer interessanten www-Seite. Ausgehend davon kann man den eigenen Auftritt verbessern und erweitern.

Die folgenden Überlegungen beziehen sich auf Erfahrungen mit lokalen und regionalen gewerkschaftlichen Internet-Auftritten, insbesondere der IG Metall in Baden-Württemberg.

Wer ist zuständig?

Zu Beginn steht die Überlegung, wer für die Pflege des Internet-Auftritts zuständig ist. In der Praxis haben sich dabei zwei „Modelle" herausgebildet:

► **ein zentralistisches Modell**
► **ein kollektives Modell**

Das **zentralistische Modell** findet sich oft bei mittleren und größeren Organisationen. Dort gibt es für Presse- und Öffentlichkeitsarbeit eigene Abteilungen oder zumindest eine zuständige Person mit entsprechendem Zeitbudget. Der Internet-Auftritt ist dabei eine weitere Plattform für die Presse- und Öffentlichkeitsarbeit.

Meldungen und andere Inhalte haben oft ein einheitliches Aussehen, da alles aus einer Hand kommt. Im Gegenzug entsteht manchmal ein „Flaschenhals": Hat die Abteilung/Person gerade Zeit, einen Artikel ins Netz zu stellen? Ist die Abteilung/Person in der Lage, sich aus den Fachbereichen die nötigen

Informationen für neue Meldungen beziehungsweise Inhalte zu organisieren? Bekommt die Abteilung/Person überhaupt mit, wo was Interessantes läuft oder wo unterstützende Presse- und Öffentlichkeitsarbeit nötig wäre?

Bei kleineren Organisationseinheiten hat sich in der Praxis bewährt, das **kollektive Modell** zu wählen. Hier ist ein größerer Kreis für die Pflege des Internet-Auftritts zuständig – beispielsweise alle Beschäftigte, alle Leiter eines Arbeitskreises. Jede Person ist dabei verantwortlich, die Inhalte aus dem eigenen Aufgabenbereich zu erarbeiten und ins Netz zu stellen.

Das einheitliche Aussehen leidet dabei. Dafür liegt die Verantwortung bei den Personen, die wissen, was aktuell ist und das nötige Fachwissen besitzen. Und nicht bei einer Person, die zwar formal bestimmt wurde, oft aber nicht die Zeit für die zusätzliche Arbeit bekommt.

Unabhängig davon, welches Modell man wählt – in beiden Fällen ist Zeit ein wesentlicher Faktor. Die Pflege eines Internet-Auftritts ist Arbeit und benötigt entsprechend (Arbeits-)Zeit und Ressourcen.

Redaktionssysteme – einfache Bedienbarkeit ist wichtig

Der Internet-Auftritt wird fast immer über ein so genanntes Content-Management-System (CMS) gepflegt[1]. Die gängigen Open-Source-Lösungen bieten genügend Optionen und Erweiterungen, um die „normalen" Aufgaben zu erledigen. Wichtiger als die Optionsvielfalt bei der Auswahl des CMS sind zwei andere Punkte:

Wer kann das CMS dauerhaft pflegen und Support leisten?

Wer soll das CMS als Redakteur bedienen?

Der Internet-Auftritt soll in der Regel dauerhaft betrieben werden. Daher muss die Software regelmäßig betreut,

---

1   Siehe dazu Wikipedia CMS

Startseite des Internet-Auf-tritts der IG Metall Baden-Württemberg, August 2011. Erfahrungen mit dieser und vergleich-baren Seite sind das Fundament dieses Beitrags.

müssen Updates eingespielt und eventuell Fehler behoben werden. Gleichzeitig ist ein Ansprechpartner nötig, der bei Fragen mit Umgang oder neuen Funktionen weiterhilft. Fast immer ist es daher sinnvoll, ein System zu nutzen, das im Unternehmen oder in der restlichen Organisation bereits verwendet wird. Auch wenn einige Funktionen dann nicht oder noch nicht zur Verfügung stehen.

Gleichzeitig muss man bei der Auswahl berücksichtigen, wer mit dem CMS umgehen soll. Der Einarbeitungsaufwand muss möglichst gering sein. Ist die Bedienung zu kompliziert, scheitern Redakteure, die nur selten damit arbeiten. Eine Schulung hilft hier nur bedingt – vieles ist bis zu nächsten Nutzung wieder vergessen worden.

In Folge wird dann versucht, die Nutzung des Systems zu vermeiden oder an andere Personen abzuschieben. Die Pflege des Internet-Auftritts schei-tert bereits zu Beginn, da die „technischen" Hürden beim Einstellen der Inhalte zu groß sind.

Inhalte dauerhaft organisieren

Die meisten Internet-Angebote leben von der regelmäßigen Aktualisierung. Wer Anwender an seine Seite binden will, sollte ein attraktives Angebot machen. Ziel ist dann eine neue Meldung pro Tag – bei größeren Seiten auch mehr. Am Anfang darf das Ziel aber nicht zu hoch gesteckt werden[2]. Erst im Lauf der Zeit wird es möglich sein, das Ziel zu erreichen.

Diese Pflege des Internet-Auftritts muss organisiert werden. Verbindlichkeit bei den Absprachen und regelmäßige Erinnerungstermine sind eine Vorausset-

---

2   Ziel kann zunächst sein, mit zwei Meldungen pro Monat zu beginnen. Nach einiger Zeit wird das Ziel auf eine Meldung pro Woche erhöht. Mit entsprechender Routine ist später auch eine Meldung pro Tag erreichbar.

zung. Ein gutes Mittel ist ein eigener Tagesordnungspunkt „Öffentlichkeitsarbeit" bei wiederkehrenden Besprechungen oder Treffen.

Hier kann verbindlich festgelegt werden, wer welche Informationen liefert, bis wann dies erfolgen muss, wer die Inhalte aufbereitet und wer sie online stellt. Da dieser Punkt jedes Mal auf der Tagesordnung erscheint, entsteht ein gewisse Routine und wird „normaler" Bestandteil der Tätigkeit.

Gleichzeitig werden bei den Besprechungen und Treffen oft die Aufgaben und Absprachen für die nächsten Arbeitsschritte festgelegt. Im Zuge der Planung bietet es sich an, gleichzeitig über die eventuell nötige Öffentlichkeitsarbeit zu reden. Im besten Fall gelingt eine Verzahnung der Offline- und Online-Aktivitäten.

Über lokale und regionale Themen berichten

Lokale und regionale Internet-Angebote können nicht mit den „großen" Auftritten der überregionalen Organisation konkurrieren. Dies wird von den Besuchern in der Regel auch nicht erwartet. Wenn sie etwas Allgemeines zu einem Thema wissen möchten, besuchen sie deren Angebot oder landen über Suchmaschinen meist dort.

Die Stärke der kleineren Einheiten ist ihre Kompetenz bei Themen vor Ort oder Themen mit Bezug zu örtlichen Gegebenheiten. Darüber wird bei über-

regionalen Angeboten selten berichtet. Ein Beispiel sind Berichte zu Warnstreik-Aktionen in den Betrieben. Hier wird ein überregionales Ereignis (Tarifrunde) auf die lokale Ebene bezogen. In der konkreten Umsetzung sind dies häufig Berichte und Bilder von Aktionen oder Meldungen mit Auszügen aus Reden mit Namensnennung der Aktiven und der Betriebe.

Auch Berichte über Konflikte oder Erfolge in einem Betrieb sind für die Besucher der Seiten interessant. Wenn es

nicht um einen Großbetrieb geht, werden solche Informationen kaum beim überregionalen Internet-Angeboten zu finden sein. Gleichwohl interessiert es die Menschen, was in der Nachbarschaft passiert.[3] Wenn das lokale oder regionale Angebot nicht darüber berichtet, werden diese Informationen im Internet gar nicht verfügbar sein.

Suchmaschinen bringen viele Nutzerinnen und Nutzer – daher sollten wir dafür sorgen, dass sie unsere Seite auch finden.

---

3   Hohe Zugriffszahlen haben auf den gewerkschaftlichen Seiten Betriebszeitungen und Berichte über Aktionen, die häufig Bilder von den beteiligten Personen zeigen.

SUCHMASCHINEN:

Futter für Suchmaschinen

Der überwiegende Teil der Besucher kommt über Suchmaschinen auf die www-Seiten[4]. Bei der Auswertung der Logdateien nach den verwendeten Suchwörtern fällt auf, dass vor allem nach regionalen Begriffen gesucht wird. Neben den Ortsnamen und Kampagnen-Begriffen sind dies Firmennamen oder Namen von Betriebsräten, Vertrauensleuten und anderen „aktiven" Personen.

Das Auffinden durch Suchmaschinen kann aber nur gelingen, wenn Meldungen oder andere Inhalte die entsprechenden Suchbegriffe enthalten. Gibt es keine Inhalte beim eigenen Internet-Angebot mit dem Firmennamen oder Namen der Personen, geht die Suche ins „Leere". Über Suchmaschinen können dann für die entsprechende Suchanfrage keine Besucher kommen.

Wer will schon Internetseiten haben, die so (oder auch nur so ähnlich) aussehen?

Jede weitere Meldung mit lokalem oder regionalem Bezug erhöht die Chance, über Suchmaschinen Besucher zu bekommen und im Internet wahrgenommen zu werden.

---

4   Bei der IG Metall in Baden-Württemberg sind dies über 80 Prozent der Besucher.

Meldungen lesbar gestalten

Nachrichtenorientierte Internet-Angebote sind oft ähnlich aufgebaut. Auf der Startseite gibt es eine Übersicht mit den letzten Meldungen. Die neueste oben. Jeder Eintrag besteht meist aus Titel und Teaser, manchmal kommt noch ein kleines Vorschaubild hinzu. Mit einem Link geht es zum Volltext der Meldung.

Der Titel (Schlagzeile oder Überschrift) und der Teaser (Anlesetext oder Anreißer) dienen in der Übersicht als „Appetitanreger". Sie sollen – ebenso wie das Vorschaubild – zum Weiterlesen verlocken.

Damit dies gelingt, muss der Titel kurz sein, aber trotzdem den Kern der Meldung beschreiben. Im Teaser wird das Wichtigste der Meldung in wenigen Worten zusammengefasst. Dabei kann man sich an den journalistischen W-Fragen orientieren: Wer tut was, wann, wo, wie und warum.

Ist es gelungen, die Besucher auf eine Meldung zu lotsen, wartet die nächste Hürde. Viele Menschen tun sich schwer, am Bildschirm längere Text zu lesen. Lange Absätze oder optische Textwüsten schrecken ab – oft reicht schon der Anblick und es wird erst gar nicht begonnen, den Text zu lesen.[5]

Um das Lesen zu erleichtern, ist der Text in kurze Absätze zu unterteilen.

---

5   Bei der Logdatei-Auswertung ist dies an der Verweildauer auf einer www-Seite gut abzulesen.

w ist was?

Mit Zwischenüberschriften versehen ist der Text ebenfalls leichter zu erfassen. Auch Bilder zur Auflockerung des Textes helfen.

Mehr dazu siehe im Kapitel „Texte schreiben" ab Seite 66.

Bilder, Bildergalerien und Bildbeschreibung

Bilder bei Inhalten haben oft zwei Funktionen: Sie lockern den Text auf und transportieren eine zusätzliche Information. Etwa bei Bildern von einer Demo, damit man sich selbst eine Vorstellung machen kann. Häufig werden mehrere Bilder auch in Form einer Bilder-Galerie präsentiert.

Um den Besuchern (aber auch den Suchmaschinen) zusätzliche Informationen zu einem Bild zu liefern, ist jedes Bild mit Titel, einer Bildunterschrift oder einer Bildbeschreibung zu versehen. Dieser Text kann in der Regel beim Hochladen des Bildes oder beim Einfügen des Bildes in der Seite angegeben werden.

Werden die Bilder in Form einer Bilder-Galerie dargestellt, ist zusätzlich auf die Größe des Bildes zu achten. Lange Ladezeiten beim Blättern durch eine Bildergalerie nerven. Bilder direkt von der Kamera sind oft sehr groß. Sofern die Bilder beim Hochladen nicht automatisch verkleinert werden, muss das Bild vorher verkleinert werden. Zurzeit ist eine Größe von maximalen 1000 Pixeln Höhe oder Breite ausreichend.

Office-Dokumente, Broschüren und Dateianhänge

Broschüren, Flugblätter, Zeitungen oder andere Dokumente gehören in der Regel als Inhalt auf das Internet-Angebot. Zum einen entsteht so ein kleines Archiv der eigenen Veröffentlichungen und zum anderen sind es neue Inhalte für das Angebot. Suchmaschinen sind in der Lage, einige der Dokumentenformate zu lesen und können diese Dokumente bei den Suchergebnissen berücksichtigen.

In der Regel ist es nicht gut, die Dokumente im Office-Format (vor allem Microsoft-Office) hochzuladen. Die Besucher würden genötigt, ein Office-Programm zu kaufen, um die eigenen Inhalte lesen zu können. Besser ist es, das Dokument in eine PDF-Datei umzuwandeln. Für PDFs gibt es für alle Betriebssysteme kostenlose Programme zum Betrachten der Inhalte.

Vor dem Hochladen der Datei, lohnt sich ein Blick auf die Meta-Daten. Bei vielen Programmen finden sich diese im Menüpunkt „Datei" unter „Eigenschaften". Dort sollte kontrolliert werden, ob Informationen stehen, die man nicht veröffentlichen möchte.

Verteilung der eigenen Inhalte organisieren.

Wer sich die Mühe macht, seine www-Seite regelmäßig zu pflegen und neue Inhalte einzustellen, möchte auch, dass die Inhalte möglichst zahlreich wahrgenommen werden. E-Mail-News-letter mit dem kurzen Hinweis auf die Neuigkeit sind eine Möglichkeit der Benachrichtigung. Nachteil ist, dass bei eifriger Nutzung solcher Newsletter die E-Mail-Postfächer mit Info-E-Mails zugemüllt werden.

Für viele ist daher die Nutzung von RSS-Feeds[6] eleganter. Im Prinzip ist dies eine Schnittstelle zum Abrufen der neuesten Inhalte durch spezielle Programme. Die Besucher werden von ihrem Feed-Reader automatisch informiert, wenn etwas Neues auf der Seite veröffentlicht wird. Diese Infomeldungen sind in der Regel getrennt vom E-Mail-Postfach.

Gleichzeitig hat sich das RSS-Format ein Austausch-Format für andere Dienste im Internet etabliert[7]. Bei vielen Suchmaschinen kann man die RSS-Feeds anmelden. Statt die ganze Seite erneut zu scannen, rufen Suchmaschinen häufiger die Feeds ab. So sind neue Inhalte früher über Suchmaschinen zu finden.

Vernetzung der Seiten fördern

Das Netz lebt von Links. Links werden bei Suchmaschinen besonders gut berücksichtigt. Es ist daher wichtig, auf andere Seiten zu verlinken und vor allem Links von anderen Seiten auf die eigene zu bekommen.

Bei den gewerkschaftlichen IG Metall-Seiten in Baden-Württemberg werden die lokalen Seiten untereinander vernetzt. Auf jeder lokalen Startseite erscheinen automatisch Hinweise auf die letzten Meldungen der benachbarten lokalen und regionalen Seiten.[8] Gleichzeitig aktualisiert sich die eigene Startseite ohne zusätzliche Arbeit.

Eine andere Möglichkeit für die Vernetzung sind so genannte „Social Bookmarks"[9]. Besucher können hierüber öffentliche Lesezeichen anlegen und so auf interessante Seiten verlinken. Auch der mittlerweile häufig anzutreffende „Gefällt mir"-Button von Facebook erfüllt eine ähnliche Funktion.[10]

Twitter- und Facebook-Nutzung per RSS-Feed vorbereiten

Vor allem für kleine Organisationen und Teams ist die ständige Nutzung der zahlreichen Web 2.0-Dienste wie Twitter und Facebook kaum zu leisten. Eventuell lassen sich die Dienste aber im Rahmen einer Kampagne oder Aktion für einen begrenzten Zeitraum aktiv nutzen.

Facebook ist als Software so angelegt, dass es die sozialen Beziehungen der Nutzer abbildet und diese untereinander vernetzt. Die „Freunde" können mitlesen, was der Nutzer gerade so einträgt und ihre Meinung dazu äußern. Die Inhalte reichen von der rein privaten Mitteilung bis hin zur ernst gemeinten Diskussion und zur politischen

---

6   Ein Beispiel und eine kurze Beschreibung von RSS-Feeds findet sich unter: http://www.bw.igm.de/wir/feed/

7   Siehe dazu auch den Punkt „Twitter- und Facebook-Nutzung per RSS-Feed vorbereiten"

8   Bei der IG Metall in Baden-Württemberg führt die interne Vernetzung dazu, dass ca. 5 % der Besucher von einer anderen IG Metall-Seite aus der Region kommen.

9   Siehe Wikipedia Social Bookmarks

10   Im Netz gibt es freie JavaScript-Funktionen, die bei jeder Seite eine Auswahl der gängigen Bookmark-Dienste einblenden.

Aktion. Organisationen können dort eigene Seiten einrichten mit eigenem Link nach dem Schema: facebook.com/ Organisation. 25 Unterstützer verlangt Facebook dafür.

Twitter ist im Unterschied zu Facebook als Kurznachrichtendienst strukturiert – mit den inzwischen berühmten maximal 140 Zeichen pro Nachricht. Wir sind deshalb gezwungen, unsere Informationen dort in sehr kurzer Form anzubieten und können dies aktuell und kurzfristig tun. Die Abonnenten, die unsere Informationen verfolgen, heißen bei Twitter „Follower". Weil auch bei Twitter mit der Zahl der Follower eine starke Vernetzung entsteht, werden Informationen schnell und breit gestreut – und das über bisher für uns unerreichbare oder unvermutete Kanäle. Weil die „Follower" unsere Beiträge kommentieren können, hat Twitter ebenfalls das Potenzial eines „sozialen Netzwerks".

Das Stärke dieser Dienste liegt in der schnellen und unproblematischen Verbreitung von Nachrichten, der Debatte von Inhalten, der Werbung um Unterstützer und den Aufruf zur Aktion. Die Rolle von Facebook und Twitter im „arabischen Frühling" oder bei der Oppositionsbewegung im Iran sind nur prominente Beispiele dafür. In der Öffentlichkeitsarbeit gerade von kleineren Organisationen kann das gute Dienste leisten. Zumal diese Dienste auch kostenlos sind.

Um „leere" Seiten bis zur Verwendung zu vermeiden, können Inhalte per RSS-Feed automatisch eingestellt werden[11]. Der Zusatzaufwand beschränkt sich da-

bei oft nur auf die einmalige Einrichtung der Dienste.

Die Accounts sind beim Start der aktiven Nutzung dann bereits bekannt und mit Inhalten gefüllt. Gleichzeitig werden damit Hinweise zu eigenen Meldungen oder Inhalten von einer weiteren Stelle im Netz aus verteilt. ● CLAUS WEIGEL

Impressum im Internet

Noch ein Hinweis zum Impressum im Internet: Seit 2007 verlangt das Telemediengesetz[12], § 5, von Betreibern einer nicht-privaten Internetseite ein Impressum mit persönlich Verantwortlichem samt kompletter Anschrift. Er haftet dafür, dass auf dieser Seite geltendes Recht eingehalten wird: dass etwa niemand beleidigt wird oder dass veröffentlichte Daten wie zum Beispiel Bilder rechtmäßig verwendet werden.

In einem sogenannten Disclaimer sollte ausdrücklich die allgemeine Haftung für die Inhalte der Website beschränkt werden. Es wird zudem dringend empfohlen, die Haftung für die Inhalte von verlinkten Internetseiten anderer Betreiber auszuschließen und auf deren Eigenverantwortlichkeit hinzuweisen.

Muster für verschiedene Impressa und einen kostenlos verwendbaren Disclaimer gibt es über die Website Impressum und Recht, www.impressum-recht.de.

JF/UE ●

---

11   Für Twitter und Facebook gibt es beispielsweise den Dienst http://twitterfeed. com

12   Das Telemediengesetz wird vom Bundesjustizministerium veröffentlicht unter http://www.gesetze-im-internet.de/tmg/

Leser und Nutzer beteiligen: Blogs und Internetforen

Die Basis des Internet-Auftritts ist die Website und die laufende Aktualisierung und Pflege der Inhalte. Ist das gewährleistet, können wir an mehr denken: die lebendige Beteiligung (und damit Bindung) unserer Nutzer und Leser an unseren Themen, Debatten und Aktionen.

Blogs und Foren sind dafür die Stichwörter. Im Beitrag über Soziale Medien (Seite 164) lesen wir darüber, wie der Betriebsrat bei Daimler in Sindelfingen die Belegschaft über einen Betriebsrats-Blog an betrieblichen Entwicklungen beteiligt.

Blogs oder Weblogs sind ursprünglich eigentlich Online-Tagebücher. Gedacht für einen Autor, der seine Gedanken veröffentlicht mit der Möglichkeit, dass die Leser diese Gedanken kommentieren und diskutieren können. Die Beiträge werden chronologisch veröffentlicht, wie Tagebuch-Notizen eben, die Kommentare folgen unter dem Ausgangsbeitrag diesem Prinzip. Aber die

Blog-Software ist ja nicht auf das Thema „Tagebuch eines Autors" festgelegt, sondern eignet sich als (meist) vollständige Content-Management-Software für laufend aktuelle Inhalte von Organisationen.

Internetforen gibt es schon seit der Urzeit des Internets („Usenet"). Sie sind die klassischen Diskussionsplattformen, vielfach beliebt als Hilfe- und Ratgeber-Foren, als Austausch unter Experten oder zu exotischen Hobbys. Sie sind textorientiert, in Themenbäumen organisiert – im Gegensatz zu Blogs, die wie Websites grafisch gestaltet werden können und multimediale Inhalte einbinden.

Blogs wie Foren sind technisch sehr einfach einzurichten. Die Software kann auf dem eigenen Webserver selbst laufen, ist unabhängig von den Betriebssystemen der Nutzer und meistens kostenfrei verwendbar. WordPress ist eine populäre, kostenlose und gut unterstützte Software für Blogs, bei Internetforen ist etwa MyBB eine Wahl. Bei Wikipedia erhalten wir unter den Stichwörtern „Blog" und „Internetforum" Hinweise auf Software und weitere Hilfen. Die Blogsoftware gibt die technischen und grafischen Möglichkeiten vor. Bei WordPress definieren Vorlagen, die Templates, das Aussehen. Inzwischen gibt es ungezählt viele davon. Ein individuelles Aussehen erfordert dagegen einige Programmierkenntnisse. Plug-Ins erweitern die Funktionen und passen sie eigenen Anforderungen an.

Eine andere Möglichkeit ist es, bei einem Anbieter einen Blog anzumelden und einzurichten, zum Beispiel blog.de oder blogspot.com. Dabei gibt jedoch der Anbieter allein den technischen und grafischen Standard vor.

Von der Internet-Basisseite richten wir einfach einen Link auf die Startseite des Blogs oder des Forums ein und können starten.

Betreuung notwendig

Blogs und Foren sollten betreut werden. Besonders dann, wenn auch anonyme Benutzer zugelassen sind. Betreuung verhindert unliebsame Überraschungen, denn juristisch sind die Betreiber sowohl für ihre eigenen Beiträge als auch für die der Kommentatoren verantwortlich. Der Betreuer, die Betreuerin muss sich also regelmäßig um den Blog, das Forum kümmern. Benutzer-Anmeldungen und eingehende Beiträge werden ihm von der Software per E-Mail mitgeteilt.

Sinnvoll ist es, die eingehenden Kommentare bis zu einer Freischaltung durch den Betreuer unveröffentlicht zu lassen. Die Software sollte sich so

einstellen lassen, das ist ein wichtiges Auswahlkriterium. Grob Falsches, Beleidigendes, möglicherweise Strafbares muss gelöscht werden. Eine Festlegung auf die Verwendung von

Klarnamen verhindert manche unliebsame Situation. Streit in der Sache, auch heftiger, ist kein Grund zum Eingreifen: Eine Zensur findet selbstverständlich nicht statt und deshalb sollte die Art der Moderation auch offengelegt werden.

Gestalterischer Schliff muss es nicht sein, der einen Blog interessant macht...

Blogs und Foren fordern also einiges mehr an Pflegeaufwand als die Basis-Website. Aber die Bindung zwischen den Betreibern und den Nutzerinnen und Nutzern wird gestärkt. Ihre Ideen und Anregungen sind für die Sache wertvoll und fließen auch in die Entscheidungen ein. Die Debatten werden transparent und wir erreichen am Ende möglicherweise einen breiteren Konsens. UE ●

Literatur: Wikipedia, Stichworte „Blog" und „Internetforum"

Web 2.0 = Beteiligung 2.0

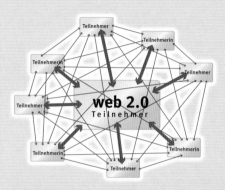

Unter Web 2.0 und Social Media verstehen wir grundsätzlich das Folgende:

Informationen werden nicht mehr allein nur vom Sender zu den Empfängern gesendet. Die Empfänger (die Leser, die Benutzer) können und sollen zurücksenden, sich zu Wort melden, sich beteiligen. So ist das World Wide Web inzwischen zur Plattform geworden, an der die Nutzer in vielerlei Hinsicht mitmischen können. Viele Einzelne können zusammen neue Ideen, Zusammenhänge, Bewegungen entstehen lassen – oder auch zum Beispiel abgeschriebene Doktorarbeiten entlarven.

„Schwarm-Intelligenz" – so wird diese Vernetzung auch genannt.[1]

Unter den Begriff „Web 2.0" fallen alle Dienste und Webseiten, die einen Rückkanal haben. Das sind interaktive Webseiten genauso wie Blogs, wie Foren, Netzwerke, Wikis, Twitter oder Facebook.

Web 2.0 und Social Media ermöglichen Betrieben und Gewerkschaften eine Vielzahl von neuen Beteiligungsmöglichkeiten: den Dialog zwischen den Organisationen und ihren Mitgliedern, den Blog innerhalb der Belegschaft oder im Konzern, die Netzwer-

---

1   Der Begriff „Web 2.0" erhielt mit einem Artikel von Tim O'Reilly im Jahre 2005 den Anstoß zu seiner heutigen Verbreitung. Er bezeichnete Web 2.0 als eine neue Phase der Netzentwicklung, die hauptsächlich von Interaktion und Kollaboration der Nutzer geprägt ist. Die bis jetzt immer noch gültige Definition wurde dort unter der Überschrift „What is Web 2.0" ausführlich beschrieben. Wir finden den Original-Artikel unter diesem Link: http://oreilly.com/web2/archive/what-is-web-20.html

ke von Betriebsräten, Vertrauensleuten oder Fach-Arbeitskreisen, auch Informations- und Aktionsseiten in aktuellen Zuspitzungen.

Technische Grenzen für das Web 2.0 gibt es (fast) keine. Die Fragen nach der Nutzung dieser Beteiligung 2.0 stellen sich politisch, strategisch und inhaltlich:

Welche politischen Ziele haben wir? Wie erreichen wir Beteiligung und (Mitglieder-)Bindung? Welchen Dienst, welches eigene Medium nutzen wir für welchen Zweck? Wie wird eine Online-Debatte moderiert? Wer kann im Namen der Organisationen Informationen einstellen? Wie verbindlich sind die Ergebnisse von Debatten, Umfragen, Abstimmungen? Werden aus solchen Ergebnissen Aktionen? Wie öffentlich oder wie (betriebs-) intern sind unsere Informationen?

Die Anbindung an Twitter, Facebook und Co. sind beinahe schon selbstverständlich geworden. Diese beiden Dienste (und weitere verwandte) eignen sich in erster Linie, um kurz und aktuell über eigene Aktivitäten zu informieren, Themen zu setzen, zu verbreiten und dafür Unterstützer, Follower, Freunde zu gewinnen. Sie sind sozusagen Verteiler-Plattformen im Netz. Diese Dienste werden am besten automatisiert über die schon klassisch zu nennende Basis-Homepage eingebunden. Dazu siehe mehr im Beitrag „Webseiten konzipieren, gestalten, pflegen" auf SeiteSeite 148.

Die Organisation von Beteiligung 2.0 in Betrieben und Gewerkschaften mit eigenen digitalen Medienstrukturen wird erst in letzter Zeit erprobt. Wir stellen drei Beispiele vor:

▶ die Erfahrungen der IG Metall Rhein-Neckar, der Verwaltungsstellen Heidelberg und Mannheim mit der **Organisation ihrer elektronischen Kommunikation und den Netzwerken bei SAP**

▶ die Erfahrungen der IG Metall Gaggenau mit der **Aktionsseite zur Auseinandersetzung bei Kronospan**

▶ im dritten Beispiel berichtet Silke Ernst über dem **Betriebsrats-Blog bei Daimler in Sindelfingen**

UE

Das Heidelberger Konzept

Vertrauen und Verantwortung auch für Ehrenamtliche

Kombination mit gedruckten Infos

Geschlossenes Intranet für SAP-Beschäftigte

Seit 2005, 2006 entwickelt die IG Metall Heidelberg parallel zur klassischen Öffentlichkeitsarbeit systematisch ihre Internet-Präsenz. Inzwischen kooperieren die Verwaltungsstellen Heidelberg und Mannheim miteinander und die Internetseiten verschmolzen zum gemeinsamen Auftritt der IG Metall Rhein-Neckar.

Auf der zentralen Seite, der Homepage, werden laufend aktuelle regionale Meldungen veröffentlicht – das ist Konzept und ureigene Kompetenz. „Die für eine regionale Seite hohen Zugriffszahlen sprechen dafür", sagt Mirko Geiger, Erster Bevollmächtigter der IG Metall Heidelberg. Die hohe Beachtung äußert sich auch darin: Die regionale Presse sieht hier für sich ein erstklassiges -Medium. Sie greift die Themen auf und damit erhält die IG Metall zusätzliche Öffentlichkeit.

Um die laufende Veröffentlichung der regionalen und betrieblichen Meldungen unkompliziert zu ermöglichen,

haben die Heidelberger einen wichtigen Schritt getan: „Wir haben den Flaschenhals aufgelöst, dass alles über den Tisch des Bevollmächtigten gehen muss", sagt Mirko Geiger. Das heißt: Auch ehrenamtliche Funktionäre – etwa Vertrauenskörperleiter – können ihre Neuigkeiten direkt auf die Internetseiten stellen und sie im Namen der IG Metall veröffentlichen.

„Wir haben Verantwortung abgegeben und bringen den Ehrenamtlichen ein hohes Maß an Vertrauen entgegen", so Mirko Geiger. Diese ehrenamtliche Beteiligung wird von der Verwaltungsstelle unterstützt und entwickelt: „Wer auf den IG Metall-Seiten Informationen veröffentlicht, muss sich dieser Verantwortung bewusst sein", sagt der Bevollmächtigte. Zugleich bildet diese ehrenamtliche Mitarbeit eine wertvolle Ressource. Denn die Verwaltungsstelle kann die Öffentlichkeitsarbeit in diesem Umfang sonst nicht mehr bewältigen.

Bei den Heidelberger Druckmaschinen zum Beispiel gab es während der Krisenjahre von 2009 bis 2011 eine dichte und regelmäßige Öffentlichkeitsarbeit auf allen Ebenen. Vertrauensleute und Betriebsräte stellten ihre Meldungen direkt auf die Internetseiten der IG Metall.

Andererseits wurde klassisch in gedruckter Form informiert – über die METALLZEITUNG, die Trommel, den Newsletter Betriebsrat Aktuell oder das Schwarze Brett. „Nur so konnten wir die Krisenjahre meistern", sagt Mirko Geiger.

Doch trotz dieser hohen Informationsdichte reichte das schriftliche Wort allein nicht aus. Die Menschen lesen selektiv – und was ihnen nicht wichtig erscheint, überlesen sie. Das mündliche Wort und die Versammlungen bleiben unverzichtbar, so die Heidelberger Erfahrung.

Die Initiative zur Betriebsratsgründung beim Software-Konzern SAP musste fast zwangsläufig über die elektronischen Medien gestartet werden. Denn die elektronische Kommunikation gehört bei SAP zur Unternehmenskultur.

Die Internet-Seite sapler.igm.de gab der Initiative Pro Mitbestimmung und den Metallerinnen und Metallern bei SAP ein unabhängiges Forum für ihre Informationen und Diskussionen.

Die IG Metall Heidelberg richtete die Seite ein, betreibt sie technisch, veröffentlicht ihre Informationen und verantwortet sie auch presserechtlich. Aber die SAPler schreiben dort ihre Meldungen selber. „Wir sind dort noch einen Schritt weiter gegangen als bei den IG Metall-Seiten", sagt Mirko Geiger.

Und noch tiefer geht es: Die IG Metall hat auch ein geschlossenes Intranet bei SAP eingerichtet. Dort können sich ausschließlich die Beschäftigten anmelden. Der Vorteil liegt auf der Hand: Es können auch Betriebsinterna angesprochen werden, die nicht in die Öffentlichkeit gelangen dürfen. Die Erfahrungen mit den SAP-Seiten seit 2002 bezeichnet Mirko Geiger als „außerordentlich positiv". Ein Betriebsrat ist bekanntlich inzwischen gewählt worden. Und die IG Metall könne sich direkt in die betrieblichen Debatten einklinken – „das erwies sich als sehr gut", so Mirko Geiger. UE

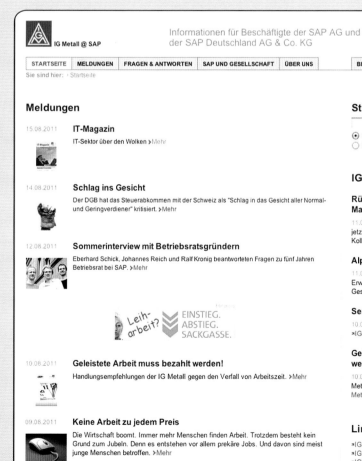

IG Metall Gaggenau: Aktionsseite für Kronospan

„Elektronischer Vespertisch"

Freiraum mit großer Breitenwirkung

Stark in Facebook vernetzt

„Das war ein richtiges Pilotprojekt für uns", sagt Gaggenaus IG Metall-Bevollmächtigter Roman Zitzelsberger. Er meint die Internet-Aktionsseite für die Beschäftigten beim Holzwerkstoffplatten-Hersteller Kronospan in Bischweier. Dort war Anfang 2010 ein Betriebsrat gewählt worden und die aktive Belegschaft wollte als nächsten Schritt einen Haustarifvertrag erreichen. Als Plattform sollte dazu eine Internet-Seite eingerichtet werden, auf der die Beschäftigten selbst Informationen einstellen und miteinander diskutieren können.

Er habe sich davon überzeugen lassen müssen, gibt Roman Zitzelsberger zu: Was würde dort unter dem Namen der IG Metall veröffentlicht werden? Auch die Kosten spielten eine Rolle. Hätte die Seite nicht als Low-Budget-Projekt von Cornelius Brandt (www.unionactivism.de) erstellt werden können, „hätten wir das nicht gemacht", sagt Zitzelsberger klar.

Die IG Metall habe sich dennoch entschlossen, den neuen Weg zu gehen, sagt Zitzelsberger: „Sonst kann ja nichts Neues entstehen." Unter ihrer presserechtlichen Verantwortung stellte die IG Metall die Seite der Kronospan-Belegschaft zur Verfügung.

Zitzelsberger behielt sich allerdings vor, eingreifen zu können, sollte mal etwas daneben gehen. Ein Redaktionsteam bekam die Zugriffsrechte zur Veröffentlichung der Nachrichten, der Bilder und Videos.

Die elektronische Pinnwand blieb offen für alle, auch für Benutzer unter Pseudonym. Dass dort auch „Geisterfahrer" ihre Kommentare abgegeben haben, „das muss man aushalten", sagt Zitzelsberger. Auf der Pinnwand wurde fortgesetzt, was sonst im Betrieb am „Vespertisch" diskutiert wurde. Mit Online-Umfragen zu aktuellen Themen wurde das Meinungsbild weiter ergänzt.

Aus dem ursprünglichen Ziel der Einführung eines Haustarifvertrags wurde unversehens ein Kampf um die Arbeitsplätze. Denn der österreichische Kaindl-Konzern, zu dem Kronospan gehörte, hatte im Herbst 2010 beschlossen, das Werk in Bischweier zu schließen. Bis Anfang 2011 wurden ein Sozialplan ausgehandelt und eine Transfergesellschaft sollte ab März einen Großteil der dann entlassenen Beschäftigten aufnehmen. Dieser Kampf, erst um eine Zukunft für den Standort und später um den Sozialplan, spiegelt sich auf der Kronospan-Aktionsseite.

Die Seite wurde aufmerksam beobachtet: von den Beschäftigten im ganzen Konzern – vor allem in der österreichischen Zentrale, von der Öffentlichkeit (ähnlich wie bei SAP war es auch ein Recherchefeld für die Presse) und selbstredend vom Arbeitgeber. Das führte zu einer hohen Solidarität für die Belegschaft – in der Region, an den anderen Standorten – und das hat die Belegschaft in Bischweier auch stabilisiert, so Roman Zitzelsberger. Allein die fast 500 Unterstützer, die sich bei Facebook zusammengefunden haben, sprechen für die große Resonanz und Verbreitung.

Für die IG Metall ist das Experiment zu einer ganz neuen Form der Einbeziehung von Beschäftigten geworden. „Mit unserer IG Metall-Seite hätten wir das gar nicht abdecken können", sagt der Bevollmächtigte. Die „gesteuerte Anarchie" habe sich als erfolgreich erwiesen: „Wir müssen den Beschäftigten diese Freiräume geben, auch wenn es mal Ärger geben sollte."

Die Kronospan-Seiten werden nach dem Ende des Betriebes und des Kampfes wieder aus dem Netz genommen werden. Aber unter der Regie der Gaggenauer und mit den gewonnenen Erfahrungen im Rücken wurde bereits eine neue Konzern-Seite gegründet: für Johnson Controls unter der Adresse igm-jc.de – ebenfalls von den Kolleginnen und Kollegen für die Kolleginnen und Kollegen.   UE

Beteiligung 2.0 bei Daimler in Sindelfingen

Angebot für Beschäftigte mit Netzzugang

Diskussionsforum mit großer Ausstrahlung

Teils extrem hohe Besucherzahlen

Seit 2009 wird am Standort Sindelfingen der Daimler AG lebhaft gebloggt. Im Betriebsrats-Blog im Intranet debattieren vor allem Forscher, Entwickler und Planungsingenieure intensiv über die verschiedensten betriebspolitischen Themen. Die Zahl der Zugriffe und die Zahl der Einträge liegen weit über den Zahlen vergleichbarer Blogs. Hier zeichnet sich ein Weg ab, wie hochqualifizierte technische Angestellte – und nicht nur diese – an betriebspolitischen Entscheidungen beteiligt werden können.

Im März 2009 – auf dem Höhepunkt der Wirtschaftskrise – beschloss der Sindelfinger Betriebsrat, die tiefgreifenden Sparmaßnahmen in der Daimler AG im Intranet zur Diskussion zu stellen. Mit Hilfe der IT-Abteilung wurde im unternehmensinternen Netzwerk ein Betriebsrats-Blog eingerichtet. Alle Beschäftigten am Standort mit persönlichem Account (rund 24.000) wurden per E-Mail aufgefordert, sich an der

Debatte „Wege aus der Krise – welche Ideen haben Sie dazu?" zu beteiligen. Sofort nach der Versendung war Bewegung im Blog. Am Ende hatten 138 Blogger ihre Gedanken eingestellt.

Hervorragende Besucherzahlen

Im Startmonat März 2009 wurde der Betriebsrats-Blog von rund 8000 Beschäftigten wiederholt besucht. Im April 2009 schnellte diese Zahl schon auf über 22.500 hoch. Seit dem läuft der Sindelfinger Betriebsrats-Blog – und das immer auf hoher Drehzahl. Im Krisenjahr 2009 wurde der Blog insgesamt über 115.000 Mal besucht. Im Jahr 2010 – als sich die Lage im Unternehmen beruhigt hatte – konnten immer noch fast 52.000 Besuche und über 40.000 wiederkehrende Besucher verzeichnet werden. Die Statistik zeigt: Die Themen im Betriebsrats-Blog wecken ein hohes Interesse und die Beschäftigten verfolgen die Debatten aufmerksam, in dem sie mehrfach in den Blog schauen. Die Zahl der verzeichneten Aktivitäten macht außerdem deutlich, dass die Besucher die Einträge intensiv lesen.

Wie funktioniert's?

Die Zahl der Einträge variiert nach Thema. Den Rekord hält das Thema „Ausstieg aus der Formel 1?" mit 143 Einträgen. Voraussetzung für hohe Zugriffszahlen ist die Information über ein neues Thema per E-Mail mit eingebautem Link. Zumeist sind es unternehmenspolitische Entscheidungen, die (oft auch im Vorfeld) im Blog zur Diskussion gestellt werden. Aber auch über die Situation in den Betriebskantinen und über Hygiene und Sauberkeit auf dem Betriebsgelände wurde bereits ausführlich gebloggt.

Der Blog wird vom Betriebsrat nicht moderiert. Er stößt die Debatte an, indem er das Thema festlegt und die Sachlage oder seine Position beschreibt. Danach hält er sich raus – es sei denn ein Eintrag enthält sachlich grob Falsches. Er greift auch ein, wenn die Debatte sich vom Thema entfernt – dann fordert der Blog-Administrator vom Betriebsrat „btt": back to topic. In zwei Jahren Betriebsrats-Blog war dies allerdings nur einmal erforderlich. Die Blogger sind insgesamt sehr diszipliniert; sie schreiben ihre Einträge unter Klarnamen – das verhindert Entgleisungen jeder Art. In der Regel sind die Einträge von hoher inhaltlicher und sprachlicher Qualität. Auch dann noch, wenn in der Sache heftig gestritten wird.

Hohe Qualität der Einträge

Anfängliche Befürchtungen, der Betriebsrats-Blog könnte zu einer Plattform für unterschiedliche Betriebsrats-Fraktionen werden, haben sich nicht bewahrheitet. Auch gab es keinerlei Interventionen des Unternehmens. Die Blogger fühlen sich frei, ihre Meinung zu äußern. Der Betriebsrat bietet ihnen den Raum dafür und hat auf diese Weise sein Ohr direkt an der Belegschaft. Er wertet den Blog aus und lässt die Stimmungen und Meinungen in seine Positionierung und Argumentation einfließen.

Das schafft Vertrauen zwischen Interessenvertretung und Beschäftigten und kann damit auch eine Basis für erfolgreiche Wähler- und Mitgliedergewinnung sein. Gleichzeitig gewinnt die Argumentation des Betriebsrats gegenüber dem Arbeitgeber an Gewicht, wenn er sich auch auf zahlreiche Blog-Einträge berufen kann. Die Interessenvertretung profitiert von der Beteiligung 2.0 in vielerlei Hinsicht.

Angebot zur Beteiligung

Gut, nur ein Teil der Belegschaft nutzt das Intranet des Unternehmens. In der Regel haben die Beschäftigten in der Produktion weder Zeit noch Möglichkeit mitzubloggen. In den – zumindest in Großbetrieben – gut organisierten Produktionsbereichen mit engmaschigen Vertrauensleute- und Betriebsratsstrukturen wird weiterhin „face to face" mit den Beschäftigten kommuniziert.

Schriftliche Diskussionen im Netz werden eine ganz normale Form, Gedanken auszutauschen. Es wäre sonderbar, wenn Arbeitsthemen dabei ausgespart würden. Bei Daimler in Sindelfingen wird bereits lebhaft gebloggt.

In der Forschung, Entwicklung und Produktionsplanung aber, wo es bislang wenig Raum und Gelegenheit zur Debatte über betriebspolitischen Themen gab, ist der Betriebsrats-Blog das richtige Angebot.

Durch die Zentralisierung der Forschungs-, Entwicklungs- und Planungsbereiche am Daimler-Standort Sindelfingen erlebt dieser eine tiefgreifende Veränderung der Beschäftigtenstruktur. Der größte Produktionsstandort ist schon heute nach der Zentrale der Standort mit der größten Zahl an hochqualifizierten Angestellten. Sie machen in absehbarer Zeit die Hälfte der Sindelfinger Belegschaft aus. Der Blog ist ein Weg, wie Betriebsrat und IG Metall einen Zugang zu dieser wachsenden Beschäftigtengruppe finden.

Ein gelungenes Beispiel für Beteiligung 2.0

Ein gelungenes Beispiel für diese Form der Beteiligung an betriebspolitischen Entscheidungen ist die Debatte um die Vergütung der Teamleiter in der Daimler AG.

Im Herbst 2010 trat das Unternehmen an, um das Vergütungssystem der unteren Führungsebene im Angestelltenbereich neu zu ordnen. Die Arbeitszeit- und Vergütungsregeln der Teamleiter sollten näher an die der Leitenden Angestellten herangeführt werden. Zentraler Konfliktpunkt in den Verhandlungen war die vom Unternehmen angestrebte Einführung von Vertrauensarbeitszeit für diese Führungsebene – für den Gesamtbetriebsrat der Daimler AG ein absolutes „No Go".

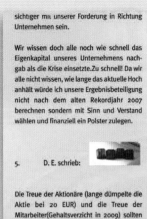
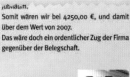
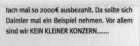

sichtiger mit unserer Forderung in Richtung Unternehmen sein.

Wir wissen doch alle noch wie schnell das Eigenkapital unseres Unternehmens nachgab als die Krise einsetzte.Zu schnell! Da wir alle nicht wissen, wie lange das aktuelle Hoch anhält würde ich unsere Ergebnisbeteiligung nicht nach dem alten Rekordjahr 2007 berechnen sondern mit Sinn und Verstand wählen und finanziell ein Polster zulegen.

5.   D. E. schrieb:

Die Treue der Aktionäre (lange dümpelte die Aktie bei 20 EUR) und die Treue der Mitarbeiter(Gehaltsverzicht in 2009) sollten gebührend ins Verhältnis gesetzt werden bei der aktuellen Verteilung. Aber eine Erhöhung des Kurses wird bestimmt mehr locken.

jubiläum.
Somit wären wir bei 4250,00 €, und damit über dem Wert von 2007.
Das wäre doch ein ordentlicher Zug der Firma gegenüber der Belegschaft.

7.   P. W. schrieb:

"Gemeinsam sind wir stark" und haben unser Unternehmen wieder "auf Kurs" gebracht. Das haben wir gerade bei der Überwindung dieser letzen Krise bewiesen. Die Erkenntnis, dass wir aufeinander angewiesen sind, sollte aber auch dazu führen, in wirtschaftlich erfolgreichen Zeiten den Partner am gemeinsamen Erfolg angemessen zu beteiligen. In diesem Sinne wünsche ich unseren Arbeitnehmer-Vertretern eine erfolgreiche Verhandlung am diesjährigen Unternehmenserfolg.

fach mal so 2000€ ausbezahlt. Da sollte sich Daimler mal ein Beispiel nehmen. Vor allem sind wir KEIN KLEINER KONZERN.......

9.   M. C. schrieb:

Meine Herren,
dabei sollten Sie aber nicht vergessen, dass die Mitarbeiter im Jahr 2007 keinen Gehaltsverzicht von über einem Jahr hinter sich hatten. Damit haben wir unseren Anteil gegeben um die Firma aus dem Schlamassel zu holen, den "Andere" verbockt haben. Deswegen denke ich, dass uns dieses Mal sogar mehr zusteht, als die 3750 Euro in 2007. Denn der Verzicht von knapp 9% ist bei den Meisten an die Substanz gegangen. Jetzt haben wir ausnahmsweise die stärkeren Argumente. Mal sehen wie lange.

Brennpunkt | 7

Was die Kolleginnen und Kollegen mit Zugang zum Blog diskutieren, wird weiter für alle Interessierten zugänglich, wenn die Betriebszeitung „Brennpunkt" Beiträge vorstellt.

Diese Verhandlungsposition hatte insofern Brisanz, da das Unternehmen im Gegenzug eine großzügigere Berechnung der variablen Vergütungsanteile anbot. Würden die Teamleiter sich den Schutz durch vernünftige Arbeitszeitregelungen „abkaufen" lassen? Eine Antwort auf diese Frage suchten die Betriebsräte an allen deutschen Standorten der Daimler AG mittels Schaltung von Teamleiter-Blogs.

Dies sind geschlossene Blogs, für die nur die Teamleiter am jeweiligen Standort Lese- und Schreibrechte haben. Die Reaktion war überwältigend: Zugriffe, Einträge. Die Teamleiter bloggten interessiert, kompetent und unterstützten mehrheitlich die Position des Gesamtbetriebsrats: Sie lehnten die Einführung der Vertrauensarbeitszeit ab.

Diese Haltung hatte sich auch in ausgesprochen gut besuchten Versammlungen der Teamleiter an den Standorten gezeigt, die die Betriebsräte gemeinsam mit dem Unternehmen durchgeführt hatten.

Die Verhandlungen scheiterten, da das Unternehmen nicht bereit war, von seiner Forderung zurückzutreten. Der Gesamtbetriebsrat konnte die Verhandlungen in der Gewissheit beenden, dass die große Mehrheit der Teamleiter hinter ihm steht. Die Teamleiter-Blogs hatten zu dieser Gewissheit einen großen Beitrag geleistet. Das Fazit von Erich Klemm, Gesamtbetriebsratsvorsitzender der Daimler AG und Vorsitzender des Sindelfinger Betriebsrats: „So nah dran an diesen Beschäftigtengruppen waren wir noch nie." ●

SILKE ERNST

„Sie haben Post!" Der Newsletter

Das schnelle und praktische Medium,
um eine Gruppe von Interessierten
auf dem Laufenden zu halten

Ursprünglich stammt der Begriff des „Newsletter" aus den Printmedien: Dahinter verbarg sich ein regelmäßig erscheinendes Printformat von wenigen Seiten, das vor allem im kaufmännischen Bereich eingesetzt wurde.

Heutzutage verbindet man mit dem Begriff des Newsletter ein digitales Informationsmedium, das als E-Mail verschickt wird. Der Newsletter enthält zielgruppenspezifische Informationen und wird in regelmäßigen Abständen oder zu bestimmten Anlässen verwendet. Deshalb ist es vor Erstellen eines Newsletters wichtig, sich zu überlegen, wer die Zielgruppe ist, und was ich bei meiner Zielgruppe mit diesem Informationsmedium erreichen will.

Der Newsletter darf nur an Personen versendet werden, die ihn abonniert haben. Durch die Anmeldung für einen Newsletter geben die betreffenden Personen ihr Einverständnis, solche Zusendungen erhalten. Eine Abmeldung ist unbedingt zu respektieren – ansonsten hieße unsere Arbeit Spam. Ein Newsletter kann kostenlos oder auch kostenpflichtig sein.

Begriffstrennung: Oft taucht in diesem Zusammenhang der Begriff des **E-Mailings** auf. Darunter versteht man ein Massen-E-Mail zu kommerziellen Zwecken im Marketing-Bereich und zur Produktwerbung.

Aufbau eines Newsletters

Es muss am Absender schon erkennbar sein, wer den Newsletter verschickt. Eine aussagekräftige, und vor allem kurz und knackige Betreffzeile soll den Empfänger des Newsletter neugierig auf dessen Inhalt machen.

Wie mein Newsletter aufgebaut ist, hängt davon ab, wer meine Zielgruppe ist und wieviele Inhalte ich vermitteln will. Die Extranet-Redaktion der IG Metall verschickt einen täglichen Newsletter an engagierte Gewerkschafter. Darin sind vier bis maximal sechs Themen stichwortartig angekündigt. Wer mehr

Ausgabe **02/2011**

flurfunk **BOSCH**ST
Gemeinsam stark.

Infoblatt für IGM Mittglieder der **BOSCH** ST

Liebe Kolleginnen und Kollegen

diese e-Mail ist speziell für Euch. Die IGM-Mitglieder bei **BOSCH**-ST sollen als erste unsere Information erhalten. Aber, Ihr sollt sie nicht für Euch behalten. Gebt Sie an Eure nichtorganisierten Kolleginnen und Kollegen weiter! Kopieren und weitergeben strengstens empfohlen!

lesen will, klickt auf den externen Link im Newsletter und kommt automatisch auf den Artikel, der ihn interessiert. Der Abonnent eines Newsletters soll informiert, aber nicht von Informationen erschlagen werden.

Eher den Charakter eines Mailings, allerdings ohne werbenden Inhalt, haben Newsletter, die mit viel Text und Bildern arbeiten. Das ist relativ aufwändig. Letztendlich muss ich als Verschicker festlegen, wer meine Zielgruppe ist und mit welcher Darstellung ich sie am besten erreichen kann.

Darstellungsformat

Mittlerweile hat sich das HTML-Format bei Newslettern durchgesetzt. Der Vorteil: Damit ist auch eine leserfreundliche Gestaltung möglich. Ansprechendes Äußeres ist besonders wichtig, da der Leser in den ersten Sekunden nach dem Öffnen der Mail entscheidet, ob er weiterliest oder die Mail löscht.

Da der Leser den Text zunächst eher überfliegt als liest, sollte mit einfachen Worten und kurzen, prägnanten Sätzen beschrieben werden, worum es geht. Am Ende einer Meldung sollte ein Link zu ausführlichen Informationen angeboten werden.

Bilder sprechen den Leser an, können den Blick lenken und die Botschaft einer Meldung auf den Punkt bringen.

Geballte Informationen schnell auf dem Schirm: Ein Newsletter ist für wenig Geld und unglaublich schnell zu transportieren – adieu Zeitungsausträger...

Auch völlig kommerzielle Projekte nutzen journalistisch anmutende Newsletter, um Dienstleistungen, Informationen und nicht zuletzt massive Werbung unter die Leute zu bringen. Eine exklusiv erscheinende Mixtur aus Service und Reklame soll die Bindung an das herausgebende Unternehmen, in diesem Fall eine Frauenzeitschrift, – immerhin ein journalistisches Produkt – stärken.

Die Bilder dürfen allerdings nicht zu groß sein, da lange Ladezeiten den Nutzer abschrecken.

Links verstärken den interaktiven Charakter des Mediums Newsletter und bieten einen deutlichen Mehrwert im Vergleich zu „Nur-Text-Angeboten" an.

Der Newsletter darf nicht zu lang sein. Generell ist es zwar üblich, innerhalb eines Newsletter zu scrollen, jedoch werden Informationen nur in begrenztem Umfang von den Nutzern aufgenommen.

Tipps für einen guten Newsletter:

▶ Erkennbarer Absender

▶ Betreffzeile, die sofort verrät, um was es in dem Newsletter geht

▶ Persönliche Anrede

▶ Inhaltsverzeichnis

▶ Übersichtlich und gut strukturiert

▶ Wenig Farben und Schriftarten verwenden

▶ Gut lesbare Schriftgröße

▶ Kurze, knackige Texte

▶ Weiterführende Links

▶ Immer auf die Rechtschreibung achten

▶ Abbestellfunktion

Optimales Publikum für einen Newsletter: Ständig im Netz und interessiert an schnellen, aktuellen Infos zu bestimmten Fachgebieten...

Wann setze ich einen Newsletter ein? – Beispiele aus der Praxis

Der **Ortsjugendausschuss (OJA) der IG Metall Stuttgart** hat für seine Mitglieder einen Newsletter eingerichtet. Sobald sich Interessierte für den OJA-Newletter eintragen, werden sie Teil einer Mailingliste, sprich einer geschlossenen Gruppe von Menschen, die ebenfalls diesen Newsletter abonniert haben. Der Vorteil für den Verschicker der E-Mail: Er schickt sie an eine bestimmte Adresse und diese wird automatisch an die Gruppe weitergeleitet, ohne dass die anderen Mitglieder die E-Mail-Adresse einsehen können. Der Datenschutz ist dadurch gewährleistet. Wer den Newsletter nicht mehr erhalten will, meldet sich ab und seine Adresse verschwindet aus der Mailing-Liste. So erspart man sich die Pflege einer Datenbank. Und gerade im Jugendbereich, wo eine hohe Fluktuation herrscht, ist der Empfängerkreis immer aktuell.

Ein weiteres Beispiel aus der Praxis liefern die **Vertrauensleute und Betriebsräte bei Bosch Sicherheitssysteme**. Da die meisten Beschäftigten Monteure und immer auf Achse sind, hat sich der Gemeinschaftsbetriebsrat entschlossen, einen bundesweiten Newsletter einzurichten. Zum einen, um als Betriebsrat sichtbar zu werden, aber auch, um die IG Metall im Betrieb zu verankern. Zwei bis drei Mal im Jahr erscheint die digitale Zeitschrift FLUR-FUNK mit aktuellen Themen für die Beschäftigten. Verschickt wird sie an diejenigen, die sich für den Newsletter eingetragen haben. Hinter dem FLUR-FUNK steht eine Redaktion, die in ganz Deutschland verteilt ist. Sobald die Texte für die nächste Ausgabe geschrieben sind, verabredet sich die Redaktion virtuell: Die Redaktionssitzungen finden über Skype statt. JV ●

Audio-Podcasts

Radio machen ist inzwischen eine einfache Sache – fast. Eine Sendung (welcher Art auch immer) zu produzieren, ist technisch viel leichter möglich denn je. Und wer nicht wirklich Rundfunk machen will (also Radiowellen über einen Sender durch die Gegend schicken will), sondern mit einem Vertrieb der akustischen Botschaft über das Internet zufrieden ist, kann relativ schnell loslegen.

Radio on Demand –
Anhören nach Lust und Laune

Um den technischen Aufwand bei der Verbreitung möglichst gering zu halten, empfiehlt sich der einfachste Weg: Man produziert ein Audio-File (beispielsweise eine Mp3-Datei) und stellt das auf seiner Internetseite zum Anhören über einen Software-Player und/oder zum Download zur Verfügung.

Abseits aller Aufgaben und Lösungen beim Herstellen einer brauchbaren Sendung bleibt natürlich die zentrale

Frage: Wer will das hören? Wer ist Euer Publikum? Woher wissen die Leute, dass und wo sie Eure Sendung finden können? Diese Fragen überlassen wir an dieser Stelle Euch und Euren sonstigen Kommunikationswegen und konzentrieren uns auf die Herstellung eines akustischen Informationsangebots.

Im Grunde könnt Ihr schon mit einem einfachen Mikrofon und einem kleinen PC loslegen – geeignete Software nutzt die Festplatte als Speicher für Tonaufnahmen, Auseinanderschneiden oder Aneinanderhängen kann man Teile von Aufnahmen auch schon mit Programmen, die für wenig Geld fast professionelle Qualität liefern.

Die Technik schlank halten –
aufs Wesentliche konzentrieren

Natürlich wachsen die Ansprüche gern: Mit einem anständigen Großmembran-Mikrofon klingt die Stimme denn doch noch besser als mit dem Mikro, das gratis bei der Karaoke-CD beilag.

Wenn der Ort der Aufnahme keine Nebengeräusche hat und keinen starken Hall, wird der hörende Mensch das später danken (aus diesem Grund haben Tonstudios eine sorgfältig aufgebaute Akustik).

Und wenn das Bearbeitungsprogramm Möglichkeiten zur Gestaltung der Stimme bietet, merkt man rasch, dass ein Kompressor die Stimme voller klingen lässt, dass eine angehobene Lautstärke ohne übersteuerte Spitzen viel angenehmer klingt und so weiter und so weiter – aus gutem Grund lernen Toningenieurinnen und -ingenieure all das und noch viel mehr in einer umfassenden Berufsausbildung. Aber: Bloß keinen Stress, wir Amateure geben unser Bestes, das muss reichen.

Texte, die ans Ohr gehen

Dann kommen die Inhalte dran: Selbst wer sich auf gesprochene Texte konzentriert, stellt fest, wie viel Arbeit darin liegen kann. Griffige Sprache und kurze Sätze machen das Zuhören zur Freude – und dem Autor oder der Autorin viel Arbeit. Beim Sprechen selbst muss das Tempo stimmen und der Ausdruck in der Stimme – auch hier sollte man einräumen, dass man das nicht beruflich macht, sondern lediglich eine anständige Amateur-Produktion erstellen will.

Musik öffnet die Herzen – oder frisst Löcher ins Budget

Unbedingt ein Thema: Musik. Sie kann aus dem Hören ein Vergnügen machen, kann große Gefühle wecken. Es schwingen aber technisch und rechtlich sehr viele Warntöne mit: Selbst aufnehmen sollte nur, wer mit Tonmischung und Klanggestaltung vertraut ist. Anderer Leute Musik abspielen darf nur, wer dafür die Erlaubnis hat: von den Musikern, den Komponisten und Textern direkt, von einem Anbieter „Gema-freier" Musik oder eben von der Gema.

Diese „Gesellschaft für musikalische Aufführungs- und mechanische Vervielfältigungsrechte" verwaltet in Deutschland die Urheberrechte von sehr vielen Beteiligten an Musikproduktionen – die sind dort Mitglied und erwarten, dass ihre Rechte vertreten werden. Wer ohne rechtliche Klärung die schönsten Lieder aus der eigenen Musiksammlung ausstrahlt, kann juristisch heftigen Ärger bekommen.

Da heute tatsächlich kein großes Studio und kein eigener Sendebetrieb mehr nötig ist, um interessante Hör-Beiträge in Umlauf zu bringen, ist das eine interessante Ergänzung zu allem, was auf Papier und Bildschirm verbreitet werden kann. Da aber der Aufwand immer noch beträchtlich ist, sollte nur einsteigen, wer sich sicher sein kann, dass es „irgendwo da draußen" auch genügend Leute gibt, die das hören wollen und hören werden.   JF ●

Video-Podcasts

Für die Produktion kleiner (oder auch nicht so kleiner) Filme gilt im Grunde alles, was im vorigen Kapitel über Audio-Podcasts geschrieben wurde – nur, dass eben noch die Sache mit dem Filmen und der Verarbeitung von Filmmaterial dazukommt...

Aus diesem Grund hier nur ein paar Tipps zur Aufnahme von Ton und Bild. Für die weitere Verarbeitung gibt es auch hier sehr leistungsstarke und auch erschwingliche Programme, die mit ausreichender Einarbeitung ansehnliche Ergebnisse bringen.

Bildaufnahme: Klar ist die Kamera das entscheidende Element. Die Frage der Bildproportion ist je nach Geschmack oder auch angestrebter Anwendung zu entscheiden: Das „gute alte" Bildformat 4:3 funktioniert allemal passabel; die meisten Beamer sind dafür ausgelegt. Etwas moderner ist das breitere Format 16:9 – es ähnelt dem Breitwandbild des Kinos und entspricht dem menschlichen Sichtfeld mehr.

Auch mit schlichten Freizeit-Kameras kann man sehr ansprechende Filme machen. Eine gute Idee und ein Blick für aussagestarke Bilder sind oft wichtiger als manche technische Möglichkeit. Wer aber mit gewissem Komfort arbeiten will, Brennweite, Schärfe und Blende und einiges mehr gut steuern können möchte, der wird eine teurere Kamera für digitale Videos benötigen.

Seit einiger Zeit bietet auch eine ganze Reihe von digitalen Fotoapparaten an, Videosequenzen aufzuzeichnen. Das ist zum einen finanziell interessant, weil ein gutes Gerät für zwei Zwecke eingesetzt werden kann. Zum anderen bieten sich weitere Möglichkeiten zur Bildgestaltung: Klassische Videokameras haben selten so starke Weitwinkel wie eine passable Spiegelreflexkamera mit gutem Objektiv sie ermöglicht, auch kann das Bild durch die Steuerung von Schärfe und Unschärfe mehr Tiefe bekommen.

Videoleuchten können in kleineren Situationen das Ergebnis entscheidend verbessern (wenn die große Lampe am Himmel nicht ausreichen sollte). Auch wenn zeitgemäße Kameras bemerkenswerte Bilder auch bei dürftigem Umgebungslicht aufnehmen können – gerade für Interviews kann eine kleine Zusatzleuchte helfen, die Gesprächspartnerin oder den Gesprächspartner deutlich besser abzubilden.

Stative sind manchmal etwas beschwerlich im Einsatz: Man muss sie rumschleppen und ausrichten, und hat man sie dann aufgebaut, bremsen sie einen in der Flexibilität. Aber Stative sind auch die Freunde des Publikums: Je weniger das Bild wackelt, um so dankbarer ist ein Film zumeist anzusehen. Wenn eine Kamera nicht ruhig aus der Hand bedient werden kann, sollte wenigstens ein Schulterstativ das Bild stärker stabilisieren als die eingebauten Verwackel-Schutz-Vorrichtungen es ermöglichen können.

Schwere Ausrüstung oder leichtes und preiswertes Material: Hauptsache, Ihr könnt mit Euren Werkzeugen gut umgehen und wisst, welche Geschichte Ihr erzählen wollt.

Einen Film aufzunehmen und zu schneiden, ist eine Menge Arbeit – aber nur die halbe Miete. Denn so lange niemand das Ergebnis sieht, hätte man es auch bleiben lassen können.

Tonaufnahme: Der Ton ist beim Filmen ausgesprochen wichtig. Eingebaute Mikrofone in Kameras sind zwar zumeist passabel, für Interviews aus näherer Entfernung können sie auch gut funktionieren. Wird aber der Abstand zwischen Tonquelle und Kamera größer, ist schnell Schluss mit der Qualität, gesprochene Texte werden immer schlechter verständlich.

Abhilfe schaffen aufgesetzte oder frei platzierte (per Kabel oder Funk verbundene) Mikrofone. Als Aufsatz auf der Kamera sind Richtmikrofone sind dabei besonders dankbar, weil sie auch aus etwas größerer Entfernung gute Aufnahmen ermöglichen. Einzelne Personen können mit Ansteckmikrofonen (Lavaliermikrofonen) sehr gut aufgenommen werden. In jedem Fall ist es sehr lohnend, nicht nur mit dem Auge über den Sucher die Aufnahme zu kontrollieren: Über Kopfhörer sollte auch das Ohr überprüfen, wie gut die aktuelle Aufzeichnung wird.

Film zeigen: Der schönste Weg, einen Film zu zeigen, ist die Vorführung vor Publikum – am besten in einem komfortablen Raum wie einem guten Kino. Der meist genutzte Weg dürfte allerdings wohl das Internet sein. Videoportale wie YouTube oder Vimeo bieten eine ziemlich bequeme Möglichkeit, anderen das Ergebnis der eigenen Arbeit zu zeigen. Geeignete Player auf der eigenen Seite können höheren Aufwand in der Web-Technik bedeuten, unterstützen aber die Ausstrahlung des Internet-Auftritts.

Solange die Übertragungsraten über das Internet noch nicht grenzenlos sind, muss damit gerechnet werden, dass die Bilder auf diesem Vertriebsweg recht klein wahrgenommen werden. Also sollten sie besonders klar konzipiert sein, Texteinblendungen groß genug und in gut lesbarer Schrift gestaltet werden. Die Lautsprecher sind bei vielen Computern nur von eingeschränkter Qualität – also ist klarer Ton mit ausreichender durchgängiger Lautstärke eine große Hilfe für den Erfolg beim Publikum.

Wenn Filme auf DVD, BluRay oder anderen Datenträgern weitergegeben werden, kann die Abspielsituation anspruchsvoller sein: Gute Monitore oder auch Beamer und hochwertige Lautsprecher können die Präsentation stark unterstützen – müssen sie aber nicht.

Oft genug landen auch physische Datenträger im Laufwerk eines PC und haben bei der Wiedergabe von Bild und Ton kaum noch Vorteile. Also rechnet immer mit dürftigen Möglichkeiten beim Abspielen – wenn Euer Film dem standhalten kann, wird er auch unter optimalen Bedingungen Erfolg haben.

Ob in einer Veranstaltung, im Internet oder auf Datenträger: Der Film muss vor die Leute!

JF ●

Pressearbeit wirkt nach außen und nach innen

Wer seine Arbeit verheimlicht, braucht sich
über schlechte Resonanz nicht zu wundern

„Tue Gutes und rede darüber": Mit diesem einfachen und viel zitierten Satz wäre schon alles gesagt, wenn es um das Thema Öffentlichkeitsarbeit für Gewerkschaften, Verbände und Non-Profit-Organisationen geht. Nur lehrt die Erfahrung, dass gerade Gewerkschaften und die betrieblichen Arbeitnehmervertreter diesem Grundsatz oft zu wenig Beachtung schenken. Das ist bedauernswert, denn die Arbeitswelt gehört in die Öffentlichkeit.

> „Die Arbeitswelt verdient in der Presse einen höheren Stellenwert. Sie bestimmt nach wie vor das Leben der allermeisten Menschen, auch wenn sie in den Jahrzehnten zuvor einen größeren Lebensbestimmenden Einfluss hatte."[1]

---

1   Zitat aus Öffentlichkeitsarbeit: Handbuch für Betrieb und Gewerkschaft, Klaus-Peter Wolf, S. 120, Bund-Verlag, 1994.

**Deshalb lautet hier das Motto:
Was tun!**

Als Pressesprecherin der IG Metall Stuttgart mache ich oft die Erfahrung, dass Journalisten bei mir anrufen und Informationen zu verschiedensten betrieblichen Auseinandersetzungen wissen wollen – oft auch Details, die nur die Unternehmensseite wissen kann. Wenn ich ihnen empfehle, beim Unternehmen anzurufen, höre ich oft zwei Aussagen, hinter denen durchaus reale Erfahrungen stecken. Erstens: Da erreiche ich niemanden. Oder zweitens: Die sagen nichts.

Das beschreibt die Haltung vieler Unternehmen: Sie scheuen die Öffentlichkeit – nicht, weil sie etwas zu befürchten hätten, sondern weil sie den Zusammenhang zwischen Transparenz nach außen und Zufriedenheit im Inneren schlichtweg nicht verstehen. Diese Geheimniskrämerei eignen sich oft auch betriebliche Arbeitnehmervertreter an. Doch ein Betriebsrat ist kein Geheim-

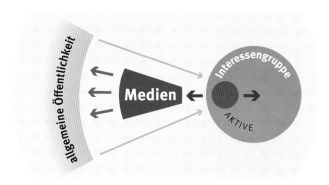

Informationen, die wir über allgemein zugängliche Medien in Umlauf bringen, können auf die Gesellschaft wirken – und auf unsere eigene Interessengruppe

rat! Es gibt viele betriebliche Themen, die es verdienen, in die Öffentlichkeit zu kommen.

Grundsätzliches

Zunächst muss die Aufgabe akzeptiert werden, als betrieblicher Arbeitnehmervertreter und Gewerkschafter in die Öffentlichkeit zu gehen.

Dann lohnt es sich, einen Blick in die Medienlandschaft zu werfen: Welche Medienvertreter – Zeitungen, Radio, Fernsehen oder Agenturen – gibt es in meiner direkten Umgebung? Wer sind meine Ansprechpartner und was ist ihre Situation?

Befindet man sich in einer ländlichen Umgebung, stehen eher Themen mit lokalem Bezug im Fokus. Meistens sind die Ansprechpartner Redakteure, die eine Ausbildung im Lokal- und nicht im Wirtschaftsbereich erhalten haben. Und da Journalisten von den Fragen geleitet sind „Was interessiert meinen Leser?", „Wie sieht meine Zielgruppe aus?", muss dies bei der Auswahl der Themen beachtet werden. Wichtige Kriterien sind neben dem lokalen Bezug auch Aktualität und die Anzahl der Menschen, die eine Meldung betrifft.

Anders gestaltet es sich bei Zeitungen, die eine eigene Wirtschaftsredaktion haben – zumeist sind das die überregionalen Blätter. Dort sind die Ansprechpartner für Betriebsräte und Gewerkschafter meistens Wirtschaftsredakteure.

Kontakt aufnehmen und pflegen

Nach der Analyse folgt die Kontaktaufnahme zu den Journalisten. „Wir pflegen sowohl unseren Presseverteiler als auch unsere persönlichen Kontakte zur Presse", sagt Torsten Jann, Vertrauenskörperleiter und Betriebsrat beim Land- und Forstmaschinenhersteller *John Deere* in Mannheim. Denn wie jede zwischenmenschliche Beziehung muss auch diese gehegt werden. Das sieht auch Christoph Dreher von

der IG Metall Ulm so. Zu seinen Schwerpunktaufgaben gehört das Thema Öffentlichkeitsarbeit: „Das Wichtigste ist, den Kontakt zu den Journalisten zu pflegen. Und sie mit gutem Datenmaterial zu versorgen."

Die richtigen Themen anbieten

Genau so wichtig: „Wir wissen natürlich, wenn wir was Wichtiges zu sagen haben, und informieren dann die Presse, um unser Thema zu platzieren", erklärt Torsten Jann. „Aber wir versuchen auch, uns vorzustellen, wie die Journalisten denken und was wie wollen." Getreu dem Motto „Der Köder muss dem Fisch schmecken, nicht dem Angler" wird überlegt, was für die Presse interessant sein könnte. Denn ansonsten, lehrt die Erfahrung, ist es schwierig, seine Themen wiederzufinden.

Lokales mit Überregionalem verbinden

„Als Gewerkschafter versuchen wir, Inhalte aus aktueller Lokalpolitik, Betriebspolitik und Gewerkschaftspolitik zu verbinden", erklärt Christoph Dreher. Oft sind Journalisten dankbar für eine Möglichkeit, ein „großes" Thema an einer persönlichen Geschichte vor Ort darstellen zu können. Beispielsweise ist die Geschichte über einen Kollegen, der aus gesundheitlichen Gründen in den Vorruhestand zu kommen versucht, viel spannender als allein eine Meldung über eine bundesweite Statistik zur körperlichen Belastung durch Industriearbeit.

Nur, wenn unsere Themen, unsere Bilder in der Öffentlichkeit ankommen, werden unsere Inhalte auch registriert – in diesem Fall die Bedeutung der Arbeitswelt.

Neben einer vorausdenkenden und -handelnden Pressearbeit steht der Betriebsrat auch als betrieblicher Ansprechpartner zur Verfügung. Die Journalisten wissen: Werden beispielsweise Interviewpartner zu Themen aus dem Bereich Arbeit und Soziales gesucht, versucht der Betriebsrat, diese zu organisieren. Beispielsweise gibt es in Tarifrunden immer wieder Interesse, die Zahlen aus den bundesweiten Nachrichten an einem konkreten Einzelfall darzustellen: Was würde eine Entgelterhöhung um 4,5 Prozent für eine Facharbeiterin in der Lackiererei bedeuten?

Sachliche Angebote

Bei allem, was wir an die Presse geben, gilt es, sachlich zu bleiben, Zahlen, Daten, Fakten zu liefern und nicht polemisch zu sein. Wenn unsere Fakten aussagekräftig sind, können sich die Leserinnen und Leser selbst ein Bild von der Sache machen und die richtigen Schlüsse ziehen.

„Wir liefern Hintergrundinformationen, damit die Presse die richtigen Fragen stellt", so Jann. „Wenn die Pressevertreter interessiert sind, werden sie von uns regelmäßig bedient. Damit haben wir bessere Erfahrungen gemacht, als ständig die Presse mit Mitteilungen zu überfluten, die im Papierkorb landen."

Wer Arbeitnehmerinteressen durchsetzen will, braucht eine gute Öffentlichkeitsarbeit. Es lohnt sich, dieses Thema zur Chefsache zu erklären und in den verschiedensten Gremien und Strukturen engagierte Betriebsräte oder Gewerkschafter zu benennen, die in ihrer täglichen Arbeit hier einen Schwerpunkt setzen.   JV ●

Journalisten zu verstehen ist eine große Chance

Das Fachwissen von engagierten Aktivisten ist ein Rohstoff, der für „die von der Presse" extrem wertvoll ist

In der Stadt gibt es viele Gerüchte. Von Kurzarbeit, Entlassungen und sogar In-solvenz ist die Rede. In der Zeitung stand bislang nichts. Doch dann ist Betriebs-versammlung. Der Lokalredakteur bekommt Wind davon, vielleicht auch Fernsehen und Radio. Die Journalisten stehen vorm Tor, während die Belegschaft in der Halle informiert wird. Danach kommt der Betriebsratsvorsitzende zu den Reportern: „Ja, ... Entlassungen, ... Geschäftsführung hat versagt, ... Insolvenz verhindern."

Solche Situationen sind typisch: En-gagierte Leute wie beispielsweise Be-triebsräte oder Gewerkschaftssekretä-re sind die Überbringer der schlechten Nachricht. Mit den Presseleuten haben sie nur zu tun, wenn es sich nicht mehr vermeiden lässt und sie ohnehin vorm Tor stehen.

Aber warum? Pressearbeit ist eine große Chance, aus der Defensive zu kommen und das eigene Bild in der Öffentlich-keit zu gestalten. Arbeitnehmervertre-ter können ihre Wahrnehmung selbst beeinflussen und oftmals sogar prä-gen. Sie müssen nur wollen und dürfen sich nicht abschotten.

Warum schreibt die Lokalpresse über einen Betrieb? Nicht, weil er viel Um-satz oder Gewinn macht, sondern weil hunderte oder Tausende Menschen dort arbeiten. Die Beschäftigten ma-chen die Bedeutung des Betriebes für die Lokalpresse aus. Sie sind die Leser, über die etwas in der Zeitung stehen soll. Das müssen Betriebsräte und Ge-werkschaften nutzen, um ihre Themen in der Öffentlichkeit zu setzen. Welcher andere Betrieb hat denn noch so viele Beschäftigte? Welcher Verein oder wel-che Partei hat denn sonst noch so vie-le Mitglieder wie die Gewerkschaft? Mit diesem Selbstbewusstsein (aber ohne

*Wenn etwas
Besonderes
passiert...*

Arroganz) sollten Betriebsräte und Gewerkschafter den Journalisten gegenüber treten. In Zeiten von sinkenden Auflagen lassen sich Gewerkschaften auch von den konservativsten Medien nicht mehr ignorieren. Dafür sind sie viel zu wichtig.

Entscheidend für gute Pressearbeit ist der kurze Draht in die Redaktionen. Es lohnt sich, den Kontakt zu pflegen, den Reporter auch mal anzurufen, wenn nicht gerade Entlassungen, Kurzarbeit oder gar die Insolvenz droht. Nur so lässt sich gegenseitiges Vertrauen aufbauen.

Der Journalist wird dann Meldungen besser einordnen können und sich auch bei den Arbeitnehmervertretern erkundigen, bevor er den Aufmacher über den „Rekordumsatz" oder den „Megaauftrag" schreibt, den die Geschäftsführung angekündigt hat.

Presseleute haben meistens auch Verständnis, wenn erst die Belegschaft informiert werden soll und sie noch einen Tag auf ihre Geschichte warten müssen. Darüber lässt sich aber nur reden, wenn man sich kennt. Allerdings: Je mehr Journalisten an einem Thema dran sind, desto weniger wird es sich zurückhalten lassen.

Interessant für Journalisten sind Betriebsräte und Gewerkschafter aber nicht nur, weil sie für die Beschäftigten oder die Arbeitnehmer sprechen, sondern auch, weil sie in ihrem Bereich Experten sind. Der Betriebsrat ist der Experte für alles, was mit seinem Betrieb zu tun hat. Und der Gewerkschafter weiß über Arbeitsbedingungen, Arbeitsrecht und Tarife Bescheid.

Journalisten freuen sich über kompetente Ansprechpartner, die gut erklären können und sich dabei nicht in unverständlichen Details verlieren. Wichtig ist: Nie belehrend oder von oben herab mit ihnen reden. Fragen ist der Job von Journalisten. Und wer viel fragt, will es genau wissen und zählt meistens zu

... können gar nicht immer alle Interessierten selbst dabei sein...

denjenigen, die ihr Handwerk verstehen.

Häufig ist es aber auch genau umgekehrt: Es werden Praktikanten geschickt, die bisher noch nie von dem Betrieb gehört haben und deshalb nur banale Fragen stellen. Interviewpartner haben es dann leicht und können ihre Botschaft platzieren.

Was Redakteure nicht mögen, ist, wenn die Konkurrenz bevorzugt wird. Deshalb sollte man nicht nur mit Einzelnen reden, sondern alle halbwegs gleich behandeln. Was nicht bedeutet, dass man derjenigen, die man gut kennt und der man vertraut, nicht auch schon mal etwas stecken kann. Medien lieben exklusive Geschichten und meistens werden sie dann auch von der Konkurrenz aufgegriffen.

Wer mit landes- oder bundesweiten Themen zu tun hat, weiß: An Boulevardblättern wie der BILD-Zeitung führt kein Weg vorbei. Bei vielen Themen sind sie sogar auf der Seite der Arbeitnehmer und sie werden nun mal von vielen gelesen – gerade in den Betrieben. Die BILD-Zeitung wird nicht über die Delegiertenversammlung oder die Jubilarehrung berichten, aber auf die persönliche Geschichte eines Leiharbeiters, der ausgebeutet wird, springen auch die Boulevardzeitungen an. Wichtig sind Beispiele und persönliche Schicksale, die deutlich machen, was etwa Leiharbeit für die Menschen bedeutet.

Meistens sind Journalisten überlastet. Sie hetzen von einem Termin zum anderen und müssen sich in kurzer Zeit in neue Themen einarbeiten. Für lange Recherchen haben sie zumeist keine Zeit. Sie freuen sich deshalb, wenn man ihnen den Job möglichst leicht macht. Eine kurze, knappe Pressemitteilung in verständlicher Sprache, ohne Kauderwelsch und Fachchinesisch nehmen sie gern auf. Wer zweiseitige Pamphlete in Punktgröße 8 schreibt (und alles

... so dass dann Journalisten der übrigen Öffentlichkeit Bericht erstatten – via Internet, Zeitung und Zeitschriften, Radio oder Fernsehen. Sie transportieren weiter, was sie selbst erleben oder erzählt bekommen.

aufschreibt, was das Herz eines Gewerkschafters bewegt), muss sich nicht wundern, wenn davon nichts in der Zeitung auftaucht.

Bei Pressearbeit und insbesondere bei Pressemitteilungen gilt: Wichtig ist zu wissen, was die Botschaft ist. Und Pressekonferenzen mögen Journalisten nur, wenn sie kurz sowie gut vorbereitet sind und die Berichterstatter schnell alle wichtigen Informationen bekommen. Wenn mehr als drei Personen auf dem Podium sitzen, werden Reporter nervös, weil sie befürchten, dass es langwierig und langweilig wird.

Neben den Inhalten geht es dabei auch um die Inszenierung. Die Zuschauer und Leser wollen die Beschäftigten an ihrem Arbeitsplatz sehen und nicht in einem beliebigen Sitzungszimmer. Gewerkschafter müssen sich in der Masse zeigen, denn sie stehen für die Menschen und sind nah an ihnen dran. Die leeren Hotellobbys und einsamen

Schreibtische überlassen sie lieber anderen.

Für die Pressearbeit heißt das: Möglichst in Bildern denken! Wie lässt sich die Botschaft umsetzen? Das gilt insbesondere für Aktionen vor dem Tor. Wenn sich nicht gerade Hunderte oder Tausende zur Kundgebung versammeln, helfen Inszenierungen, die gute Bilder liefern und von den Medien dankend aufgegriffen werden.

Wenn Gewerkschafter „Sparpakete" vor dem Büro der örtlichen Bundestagsabgeordneten aufbauen oder mit einem „Rettungsboot" für den Schiffbau unterwegs sind, ist das meistens der Lokalzeitung ein Foto und einen Bericht wert. Sicher: Wenn die Kamera oder das Aufnahmegerät läuft, kann auch mal was schief gehen. Das ist aber kein Drama, häufig „versendet es sich" und darf auf keinen Fall jemanden von der Pressearbeit abhalten!　　　●

HEIKO MESSERSCHMIDT

Praktische Tipps zum Kontakt mit Journalisten

Im Alltag einer Redaktion wartet selten jemand auf uns –
also sollten wir uns sinnvoll vorbereiten

Journalisten sind Leute mit Sechs-Tage-Woche, sonderbaren Arbeitszeiten (Beginn erst mitten am Vormittag und Ende weit im Abend) und immer wieder Wochenenddiensten. Jede Minute kann ein Vorgesetzter, ein Kollege, ein Anruf oder eine E-Mail dem Tag eine neue Wendung geben und die bisherigen Pläne über den Haufen werfen.

Solchen Leuten wollen wir also unsere Informationen nahebringen. Sie sollen bitteschön einen Termin ankündigen, einen Bericht veröffentlichen oder gar selbst eine Veranstaltung besuchen, um darüber zu berichten. Wir wollen was von ihnen – und wir sind beileibe nicht die einzigen.

Ganz egal, ob dem Journalisten unser Anliegen inhaltlich sympathisch ist oder nicht: Wir sollten ihm die Arbeit nicht unnötig erschweren. Für eine angenehme Zusammenarbeit mit Leuten aus Vereinen, Initiativen und anderen Gruppen sei es hilfreich, eine Information auf dem komfortabelsten Weg zu

bekommen, berichtet Ulrike Pfeil vom Schwäbischen Tagblatt in Tübingen. „In den meisten Fällen ist das eine E-Mail." Denn solch ein elektronischer Brief erfordert keine sofortige Präsenz und Reaktion wie beispielsweise ein Telefonat, er kann bearbeitet werden, wenn es passt.

„Wichtig ist ein aussagekräftiger ‚Betreff' – wenn ich schon auf den ersten Blick abschätzen kann, was mich erwartet, kommt die Information am besten an." Wenn ein Text zur Veröffentlichung geschickt wird, sollte er am besten in einem gängigen Textverarbeitungsprogramm geschickt werden. „Bitte nicht über Papier – das kostet wirklich unnötig Zeit." Eine funktionierende Textdatei lässt sich gut einfügen und bearbeiten: ein Vorteil für Absender und Redaktion.

Auch der Zeitpunkt sollte bedacht sein, zu dem wir uns bei einer Zeitungsredaktion melden. „Eine Veranstaltungsankündigung sollte etwa drei Tage vor dem Termin beim Leser ankommen –

dann sollten wir die Information mit nochmal zwei bis drei Tagen Vorlauf bekommen."

Wenn ein Telefonat die beste Form der Kontaktaufnahme ist, sollte nach Möglichkeit auch der Tagesrhythmus der Redaktion bedacht werden: Am Vormittag ist am ehesten Luft; je näher der abendliche Redaktionsschluss rückt, um so mehr stört man.

Wer einen Veranstaltungsbericht schickt und den nicht Wort für Wort wiedererkennt, sollte Original und Bearbeitung ansehen und bereit sein, zu lernen: Womöglich ist das, was daraus gemacht wurde, ja wirklich besser verwendbar für eine Zeitung. Am besten findet es die Redakteurin, wenn man sich vorab verständigt: „Können wir den Bericht gebrauchen? Wann sollte er da sein? Wie lange soll er sein? Gibt es ein Foto dazu? Was sollte sonst beachtet werden?" (Zum Verfassen von Entwürfen siehe „Texte schreiben" auf Seite 66 ff. und „Die Pressemitteilung" auf Seite 190)

Wenn eine Redaktion selbst jemanden zu einer Veranstaltung schickt, ist das ein relativ hoher Aufwand. „Das machen wir gern, wenn ein besonders interessanter Gast von außerhalb dabei ist", so Pfeil. Wenn dieser Gast schon am Tag vorher in der Stadt ist: Prüft doch, ob sich ein Pressegespräch vorab machen lässt; dann kann das Thema womöglich schon am Tag der Veranstaltung im Blatt sein und damit zusätzliche Werbung machen.

Die Redaktion empfindet sich nicht als Maschine zur Textverarbeitung, in die verschiedene Interessengruppen ihre Inhalte reinwerfen und die daraus eine Zeitung abfüllt. Ulrike Pfeil: „Die Redaktion gewichtet die Ereignisse und entscheidet, was ins Blatt kommt. Wir machen jeden Tag eine Besprechung und einmal wöchentlich eine längere Konferenz." Angesichts dieser Sorgfalt müssen Interessengruppen die Redaktion womöglich von der Wichtigkeit ihrer Inhalte erst überzeugen...   JF ●

Berge von Material und Arbeit warten auf Journalisten – um so besser ist es, wenn man beim Kontakt mit ihnen darauf Rücksicht nimmt.

Der journalistische „Mitteil-Kodex"

Im Umgang mit Journalisten ist es sinnvoll, grundlegende Regeln abzusprechen

„Warum soll ich überhaupt mit Journalisten sprechen? Die reißen meine Aussagen doch sowieso nur aus dem Zusammenhang." Eine weit verbreitete Meinung. Die Hürde, mit Journalisten zu sprechen, ist für viele Menschen groß. Vorherrschend ist die Angst, benutzt, fertig gemacht oder falsch zitiert zu werden.

Sicher, der Eindruck kann entstehen. Aber er trifft ganz sicher nicht pauschal zu. Kein ordentlicher Journalist wird sich ein Zitat aus den Fingern saugen. Was zitiert wird, wurde im Regelfall auch gesagt. Es kann ein Vorteil sein, beim Gespräch mit Journalisten seine Gedanken klar und nicht zu schnell zu formulieren – immerhin muss der Pressemensch komplexe Informationen verstehen und womöglich gleichzeitig aufschreiben.

Eines ist allerdings klar: Es gibt kein Gesetz, wonach alles, was gesagt wurde, auch geschrieben werden muss. So wird ein bestimmter Satz vielleicht alleine präsentiert, den der Redner ursprünglich in einem größeren Kontext gesagt hatte. Das ist zulässig – zumindest wenn er im inhaltlichen Zusammenhang richtig zitiert wurde.

Es gibt einen guten Weg, Missverständnisse oder gar Ärger klein zu halten oder ganz zu vermeiden: Bei Gesprächen mit Journalisten kann man Regeln vereinbaren. Wer das versäumt, braucht sich nicht zu wundern, wenn er am nächsten Tag in der Zeitung lesen kann, was eigentlich vertraulich gedacht war.

Klärt, ob die Quelle genannt werden kann oder nicht. Sprecht ab, ob der Berichterstatter direkt verwenden kann, was er erfährt. Gute Journalisten schützen ihre Quellen. Sie müssen nicht sagen, woher und von wem die Informationen stammen: Sie haben ein Zeugnisverweigerungsrecht. Darauf können sie sich auch vor einem Gericht berufen – wie Ärzte oder Rechtsanwälte. Machen sie von diesem Recht Gebrauch, können sie weder von Ermittlungsbehörden noch von einem Gericht zur Offenlegung der Quellen verpflichtet werden. Damit werden beispielsweise Informanten geschützt, die allgemein Wissenwertes berichten, deren berufliche Existenz aber bedroht wäre, wenn sie als Quelle dieser Informationen erkennbar würden.

Also: Vorher absprechen, was veröffentlicht werden kann und ob dies unter Nennung der Quelle erfolgen darf – auch in weniger dramatischen Fällen als gerade eben beschrieben. Hierfür gibt es einen „Mitteil-Kodex" zwischen Journalisten und ihren Gesprächspartnern. Dieser Kodex besteht aus drei klaren Stufen (kleiner Tipp: Verwendet diesen Kodex nur, wenn es wirklich angemessen ist – bei ganz alltäglichen Informationen käme sonst leicht etwas unfreiwillige Komik ins Spiel).

Information „unter 1"

Der Journalist kann die Quelle verwenden und den Namen des Informanten nennen.

Informationen „unter 2"

Der Journalist kann die Informationen verwenden, darf aber nicht nennen, wer sie ihm mitgeteilt hat.

Informationen „unter 3"

Der Journalist erfährt mehr, als er verwenden darf. Informationen aus dem „Nähkästchen" oder persönliche Einschätzungen. In beiden Fällen darf er bei einem Gespräch „unter 3" weder die Tatsache noch die Quelle nennen. Erst, wenn er eine weitere Person gefunden hat, die ihm einen Tatbestand unabhängig bestätigt, kann er damit an die Öffentlichkeit – allerdings höchstens unter Angabe der zweiten Quelle.

Wichtig: Bei Gesprächen „unter 3" dürfen keine Aufnahmegeräte wie Tonbänder, digitale Audioaufnahmegeräte oder Kameras laufen. Es gilt das Gedächtnisprotokoll.

Wer Informationen, die er „unter 3" erhalten hat, trotzdem veröffentlicht, „verbrennt" seine Quelle und wird von den Kollegen „gebrandmarkt" – durch diese kollegiale Kontrolle sind die Stufen des Mitteilkodex auch nach vielen Jahrzehnten noch ziemlich stabil und funktionstüchtig.

KB ●

Die Pressemitteilung

Kompaktes Wissen über wirklich Interessantes

Das gängigste Instrument, um die Presse zu informieren, ist die Pressemitteilung. Da Journalisten täglich von Pressemitteilungen überflutet werden, ist es wichtig, ein paar Dinge zu beachten, damit das eigene Anliegen nicht im Papierkorb landet: Lohnt sich der Anlass überhaupt für eine Pressemitteilung? Was wird darin geboten, das Redaktionen veranlasst, darüber zu berichten? Gut ist es, sich für die Beantwortung dieser Frage selbst in die Rolle des Lesers zu versetzen und sich ehrlich zu fragen: Würde mich der Anlass für die Pressemitteilung ernsthaft interessieren?

Ein paar Grundregeln:

Eine gute Pressemitteilung ist

▶ von allgemeinem Interesse

▶ aktuell: Die Nachricht hat echten Neuigkeitswert.

▶ so lang wie nötig, so kurz wie möglich

▶ kommt gleich auf den Punkt: Das Wichtigste steht am Anfang.

▶ stets korrekt recherchiert. Falschmeldungen beschädigen das Vertrauen der Journalisten in den Absender stark.

▶ zielgruppenorientiert: Ich schreibe nicht für mich und meine Kumpels, sondern für den Journalisten, der die Pressemitteilung lesen, verstehen und ihren Inhalt veröffentlichen soll.

Das äußere Erscheinungsbild

Neben dem richtigen Aufbau und dem Inhalt ist das äußere Erscheinungsbild einer Pressemitteilung wichtig:

▶ Der Briefkopf muss den Absender erkennen lassen: Institution, Name des Autors, Telefonnummer und Datum. Am besten geeignet ist ein eigener Briefbogen.

▶ Geschrieben wird auf DIN A4 mit maximal 60 Anschlägen. Links lässt man einen normalen Heftrand, rechts einen breiteren Rand für mögliche Korrekturen.

▶ Grundsätzlich ist die Pressemitteilung nicht länger als eine Seite, in Ausnahmefällen auch zwei. Alles andere ist zu lang und wird nicht gelesen.

▶ Am Ende steht ein Ansprechpartner mit E-Mail oder Rückrufnummer.

▶ Eine knackige Überschrift erhöht die Neugierde der Journalisten.

Aufbau und Inhalt

Egal wie kurz die Pressemitteilung ist, sie sollte auf jeden Fall eine Überschrift haben. Dies gilt als Orientierung für den Journalisten. Der Aufbau ist ähnlich dem der Nachricht: Am Anfang steht der Höhepunkt, ihm folgen die näheren Umstände und anschließend die Einzelheiten. Der Höhepunkt, zu Beginn der Pressemitteilung, sollte alle wichtigen Fakten enthalten. Als Orientierung gelten hier die bekannten **W**s (siehe Seite 69):

WER ist beteiligt?

WAS ist passiert oder wird passieren?

WANN passiert es?

WO passiert es?

WARUM passiert es?

Die Pressemitteilung kann ergänzt werden durch zwei weitere Fragen: **Wie** ist es passiert und **Woher** stammt die Information?

Der Text sollte sachlich und nachrichtlich sein. Eigenlob, Superlative, Worthülsen, Werbung oder Mutmaßungen sind kein guter Stil und langweilen. Umständliche Passiv-Sätze vermeiden, dafür lieber aktive Sprache verwenden. Fremdwörter, Füllwörter, lange Schachtelsätze und Fachbegriffe sollten vermieden werden (siehe „Texte schreiben" auf Seite 66 ff.). Wenn Expertensprache notwendig ist, sollten die Begriffe kurz erklärt werden.

Tipp:

▶ Die Pressemitteilung ist spannender, wenn darin Menschen zu Wort kommen wie etwa in Form von Zitaten.

▶ Das Zitat muss im Text als solches gekennzeichnet sein, mit An- und Abführungszeichen.

▶ Der Zitierte muss genannt werden. Hierbei gilt: Vorname, Nachname und Funktion.

▶ Das Zitat muss mit dem Zitierten abgesprochen sein.

Journalisten lieben Zahlen, Daten und Fakten. Verwendet man diese in einer Pressemitteilung, müssen sie für den Journalisten plausibel und überprüfbar sein. Um Ärger zu vermeiden, sollte man sich als Schreiberling vergewissert haben, dass man erstens die Zahlen herausgeben darf und dass die Zahlen zweitens aus verlässlichen Quellen stammen.

Das Gleiche gilt für die Verwendung von Bildern: Die Rechte im Vorfeld klären, denn es können nur Bilder angeboten werden, die im Abdruck frei sind, also deren Rechte beim Veröffentlicher liegen (weitere Infos auf Seite 106). Ebenso bei Grafiken. Dazu gehört auf jeden Fall eine Quellenangabe (weitere Infos auf Seite 50).

Der richtige Weg:

Heutzutage wird die Pressemitteilung per E-Mail versandt. Die Anhänge dürfen nicht zu groß sein. Bietet man den Journalisten Grafiken und Bilder an, sollten diese eine kleine Dateigröße haben oder es sollte ein Hinweis in den Presseunterlagen zu finden sein, wo diese im Internet zum Download zur Verfügung stehen. Noch besser: den Link mitschicken. Das Material sollte dann in druckfähiger Ausfertigung online abrufbar sein.

Zu guter Letzt: Timing

Passt der Zeitpunkt für den Versand meiner Pressemitteilung mit dem redaktionellen Alltag zusammen oder kollidiert er mit dem Redaktionsschluss? Empfehlenswert ist, vor dem Versand von Pressemitteilungen oder der Einladung zu Pressekonferenzen (siehe Seite 194) das terminliche Umfeld zu klären. Gibt es bereits andere Termine, die für Medienvertreter wichtiger sein könnten? Dann stellt sich die Frage, ob die Pressemitteilung im Vorfeld beispielsweise mit einer Sperrfrist verschickt werden kann.   KB/JV ●

Weiterführende Literatur: Leitfaden für die Pressearbeit, von Knut S. Pauli, Beck-Wirtschaftsberater, 3. Auflage, dtv

Bespiel für eine Pressemitteilung:

Azubis besetzen Ausbildungswerkstatt

Stuttgart, 6. Juni 2011: Im Betrieb Musterfrau hängt der Haussegen schief. Die Geschäftsführung weigert sich, 25 Auszubildende in ein unbefristetes Arbeitsverhältnis zu übernehmen – obwohl dies mit dem Betriebsrat schriftlich vereinbart wurde. Jetzt proben die betroffenen Jugendlichen den Aufstand: Sie halten seit heute Vormittag die Ausbildungswerkstatt besetzt.

„Im vergangenen Jahr haben wir gemeinsam mit der Geschäftsführung eine Betriebsvereinbarung abgeschlossen, in der wir unbefristete Übernahme aller Auszubildenden für die kommenden drei Jahre geregelt haben", erklärt Max Mustermann, Betriebsratsvorsitzender des Betriebes Musterfrau. Jeder Versuch, gemeinsam mit der Geschäftsführung das Problem zu klären, sei gescheitert, so Mustermann. Daraufhin hätten sich die Azubis organisiert und beschlossen, die Ausbildungswerkstatt zu besetzen, bis eine Lösung gefunden sei. „Sie lassen sich nicht von der Geschäftsführung einschüchtern", sagt Mustermann.

Und das mit Erfolg. Die Geschäftsführung erklärte sich bereit, am kommenden Mittwoch, 8. Juni, mit dem Betriebsrat und den Jugendvertretern zu einem Gespräch zusammenzukommen.

Für Rückfragen steht Ihnen zur Verfügung:
Max Mustermann, Betriebsratsvorsitzender
von Musterfrau, Telefon: 0123/4567890;
E-Mail: mustermann@musterfrau.xy

Die Pressekonferenz

Wir organisieren eine Pressekonferenz – und keiner kommt. Das ist der Albtraum eines jedes Pressesprechers. Anbei ein paar Tipps, um zu vermeiden, dass sie Wirklichkeit werden.

Vorbereitung ist die halbe Miete

Die folgenden drei Fragen sind gleichzeitig K.O.-Kriterien, ob eine Pressekonferenz (PK) sinnvoll ist oder nicht.

❶ Gibt es auch andere Möglichkeiten, die Presse zu unterrichten?

❷ Gibt es zusätzliche Informationen, die ich der Presse anbiete, die Anreiz schaffen, an der Pressekonferenz teilzunehmen?

❸ Ist das Thema so komplex, dass es mit einer einfachen Pressemitteilung nicht bedient werden kann?

Wenn die erste Frage mit einem Nein und die beiden weiteren Fragen mit einem „Ja" beantwortet wurden, sind das gute Voraussetzungen, um bei der Pressekonferenz nicht alleine da zu sitzen.

Wann soll die PK sein?

Die ideale Uhrzeit ist vormittags beziehungsweise mittags. Später als 14 Uhr ist ungünstig – vor allem für die Tageszeitungsjournalisten, die entsprechend Zeit brauchen, um ihre Artikel aufzubereiten.

Bevorzugte Wochentage sind Dienstag, Mittwoch und Donnerstag. Wochenanfang und Freitag sind ungünstig. Das Gleiche gilt für Abend- oder Morgenveranstaltungen. Das hängt mit dem Produktionszyklus zusammen. Ungünstigster Termin ist der Freitagabend. Das Blatt für Samstag ist schon längst gemacht, sonntags erscheint keine Zeitung und am Montag interessiert sich kein Mensch mehr für die Nachricht vom Freitag.

Wo ist der beste Platz?

Am Beispiel eines Betriebsrats betrachtet sind eigene Räume im Unternehmen ideal. In seinen Räumen hat der Betriebsrat das „Hausrecht". Das heißt: Wenn er dorthin Journalisten einlädt, kann ihm der Arbeitgeber das nicht verwehren. Stehen keine Räumlichkeiten zur Verfügung, sollte man bei der Raumauswahl, also Tagungsräume in Hotels als Beispiel, auf eine gute Verkehrsanbindung achten.

Gibt es vielleicht ungewöhnliche Orte, die dem Transport des Themas besonders dienen? Eine leere Fabrikhalle (die aber technisch ausreichend ausgestattet werden kann)? Ein Kindergarten? Ein Waldstück (Vorsicht bei Plätzen im Freien – Wetter und möglicher Lärm müssen bedacht werden)? Auch hier sollte die Anreise nicht zu aufwändig sein.

Die Gestaltung der Pressekonferenz kann eine Rolle spielen, wenn Fotografen oder Kameraleute kommen. Wo platziere ich die Protagonisten und vor welchem Hintergrund? Lassen sich in dem Raum gute Bilder machen?

Tipp: Was gibt es zu essen? Hier gilt das Prinzip: nicht zu viel, nicht zu wenig und der Uhrzeit angemessen. Häppchen, belegte Brötchen, Kekse oder süße Stückchen sind gern gesehen.

Interne Abläufe

Thema, Ort und Zeit stehen fest. Jetzt muss die interne Aufgabenverteilung festgelegt werden: Wer moderiert durch die PK, wer macht die inhaltlichen Inputs, wer steht vor und nach der PK der Presse für Rückfragen zur Verfügung? Sobald dies festgelegt ist, wird überlegt, welche Pressevertreter angeschrieben werden: Hörfunk, Fernsehen, Agenturen, überregionalen oder regionale Zeitungen oder Anzeigenblätter. Letztere sind vor allem für regionale Themen relevant, da diese verstärkt gelesen werden.

Rechtzeitig einladen

Höchstens zehn Tage, spätestens eine Woche vorher, wird die Presse eingeladen. Es empfiehlt sich, mit der Einladung einen Rückantwortbogen mitzuschicken – auch wenn die meisten vermutlich ihre Rückmeldung per E-Mail schicken werden.

Ein oder zwei Tage vor der Konferenz kann man bei Bedarf die Redaktionen der wichtigsten Medien telefonisch kontaktieren und sich die Teilnahme an der Konferenz bestätigen lassen – oder eine kurze und freundliche Erinnerungs-E-Mail verschicken.

Was wird mitgegeben?

Zum Vorbereitungteil gehört auch das Richten einer **Pressemappe**. Diese enthält die Pressemitteilung zur Pressekonferenz, eventuell Broschüren, Fotos, Redemanuskripte oder auch die Unterlagen, die auf der Pressekonferenz vorgestellt wurden, wie etwa eine Power-Point-Präsentation – gegebenenfalls auf Datenträger. Als **Give-Aways** kann es Schreibblöcke oder Kugelschreiber geben – für Journalisten ist das brauchbares Handwerkszeug (ist es ein Block mit dem eigenen Logo, ist es zugleich Werbung für die eigene Organisation).

Möglichst alles bedenken

Zu einer guten Vorbereitung gehört, sich im Vorfeld Gedanken zu machen, welche (unangenehmen) Fragen gestellt werden könnten und sich mögliche Antworten darauf zu überlegen. Auch sollten nicht mehr Redner auf der PK sein als Journalisten. Das bietet ein seltsames Bild. Die Redner sollten ihre Statements vorher untereinander abstimmen, um inhaltliche Doppelungen zu vermeiden, sonst langweilen sich die Journalisten. Hat ein Redner keinen wirklich neuen und relevanten Aspekt zu bieten, ist es besser, auf den Beitrag zu verzichten. Pressekonferenzen sind dazu da, Journalisten mit Informationen zur Berichterstattung zu einem Thema zu versorgen und nicht zur Selbstbeweihräucherung.

Am Tag der Pressekonferenz:

Damit die Journalisten wissen, in welchen Raum sie müssen, sollten Hinweisschilder aufgestellt werden. Auf einer Teilnehmerliste tragen sich die anwesenden Journalisten ein. Das ist eine gute Gelegenheit, die Pressemappe auszuhändigen und sich kennenzulernen. Ist der Kreis der Journalisten kleiner oder kennt man sich persönlich, erübrigt sich die Teilnehmerliste.

Kann man machen, muss man aber nicht:
Kleine Geschenke wie ein Kugelschreiber sollten
sich nicht in den Vordergrund drängen.

Der Ablauf:

Es eröffnet und begrüßt der Moderator der PK und gibt das Wort entsprechend weiter an die Teilnehmer, die auf dem Podium sitzen. Wie lange die einzelnen Statements dauern, hängt von der Anzahl der Teilnehmer auf dem Podium ab. Mehr als fünf bis zehn Minuten pro Person sollten es nicht sein. Lange Monologe sind ermüdend und langweilig. Ist die Runde der kurzen, vorbereiteten Beiträge abgeschlossen, eröffnet der Moderator die Fragerunde für die Journalisten. Die Dauer der Fragerunde hängt vom Interesse der Journalisten ab. Lassen die Wortmeldungen nach, empfiehlt es sich, kurz in die Runde zu fragen, ob es noch weitere Wortmeldungen gibt. Ist das nicht der Fall, bedankt sich der Moderator und beendet damit die Pressekonferenz.

Tipp: Journalisten sind Profis beim Formulieren von Fangfragen. Man sollte ruhig, gelassen und bedacht auf Fragen antworten und sich nicht provozieren oder zu irgendwelchen Aussagen oder Prognosen hinreißen lassen.

Dauer der Pressekonferenz:

Die Pressekonferenz sollte nicht länger als eine halbe Stunde dauern. Mit Ankunft, Begrüßung und anschließendem informellem Plausch sind insgesamt ein bis maximal zwei Stunden einzuplanen.

Nachklapp:

Am Tag danach gilt es, die Medien nach Artikeln oder Beiträgen zu sichten und zu dokumentieren. Die Erstellung eines internen digitalen Pressespiegels ist ein guter Abschluss für eine gelungene Veranstaltung.   KB/JV ●

Quelle und weiterführende Literatur: Leitfaden für die Pressearbeit, von Knut S. Pauli, 3. Auflage: Beck-Wirtschaftsberater, dtv

Der richtige Rahmen für wichtige Inhalte

Pressegespräche, Hintergrundgespräche, Interviews und mehr: Es gibt neben der Pressekonferenz noch weitere Formen der gezielten und offensiven persönlichen Kommunikation mit Medienvertretern

Hintergrundgespräche: Vorbereitung ohne Hektik

Hintergrundgespräche führt man mit einem gezielt ausgewählten Kreis von Medienvertretern. Man kennt sich persönlich und lädt auch persönlich ein. Hintergrundgespräche bieten die Möglichkeit, einen Blick hinter sonst verschlossene Türen der Information zu werfen. Sie sind auch eine gute Möglichkeit, ein Thema oder ein Ereignis gezielt und gut vorzubereiten.

Beispiel: Es steht eine neue Runde der aktuellen Tarifgespräche an. Die Gewerkschaft wird darin auf das Angebot der Arbeitgeber eingehen. Natürlich darf der Inhalt der Erwiderung nicht vorher an die Öffentlichkeit dringen. Deshalb wird zu einem Hintergrundgespräch eingeladen. Hintergrundgespräche laufen immer „unter 3" (siehe Seite 189). Das hat den Vorteil, dass Journalisten spätere Beiträge vorbereiten

können und nicht abwarten müssen, bis am Folgetag irgendwann eine Pressekonferenz im Anschluss an die Verhandlungen stattfindet.

Achtung Falle: Hintergrundgespräche sollten nicht so verstanden werden, dass dort Journalisten für eine Sache instrumentalisiert werden. Das würde übrigens auch kaum gelingen.

Der Aufwand wird sich allemal positiv auf die folgende Berichterstattung auswirken: Der Journalist kann ohne Zeitdruck einen guten Eindruck davon gewinnen, was beabsichtigt ist und in welchem Zusammenhang das steht. Er kann ohne Hektik Zitate sammeln. Und – das kommt erfreulicherweise immer wieder vor – er kann sich bereits Gedanken machen, ehe er seinen Beitrag abliefern muss.

Pressegespräche:
Aktuell, doch ohne Zeitdruck

Wenn man einen kleineren Kreis gezielt ansprechen und über etwas informieren möchte, gibt es auch noch das Forum des Pressegespräches. Es bietet die Möglichkeit, ein Thema ausführlicher zu erklären und zu vertiefen. Diese Plattform bietet sich an, wenn es komplexe Themen zu behandeln gibt, die nicht im strammen Zeitrahmen einer Pressekonferenz erschöpfend erklärt werden können.

Presseseminare:
Langfristiges Fundament

Diese Plattform eignet sich gut für Themen, die ausführlich behandelt werden sollten. Fachkundige Referenten und womöglich auch zusätzliche Exkursionen hinterlassen bei Journalisten sehr viel mehr Wissen und Verständnis als eine zwölfseitige Pressemitteilung. Die persönlichen Eindrücke aus einer solchen Veranstaltung werden die Berichterstattung dauerhaft qualifizieren.

Natürlich fehlt Medienvertretern häufig die Zeit, solche Angebote auch wahrzunehmen – zumindest ist das die erste Reaktion. Wenn Ihr also ein Thema in solcher Breite vermitteln wollt und könnt, müsst Ihr die Journalisten interessieren. Und Ihr müsst Ihnen Argumente liefern, mit denen sie ihre Redaktionsleitung überzeugen können. Das kann nicht der Hinweis auf eine gute Speisekarte für das Mittagessen sein, sondern das ist der Nutzen für die Redaktion, wenn ein Mitglied sich in einem wichtigen Thema richtig gut auskennt.

Pressereise:
Journalismus vor Ort

Eine weitere Möglichkeit ist es, mit Journalisten auf eine kleine „Reise" zu gehen. Das bedeutet nicht, mit ihnen um die Welt zu düsen. Aber wenn zum Beispiel eine Gewerkschaft das Thema Arbeitsbedingungen auf ihre Agenda setzt, dann kann sie in zahlreichen Presse- und Hintergrundgesprächen den Medienvertretern viel Theoretisches dazu erzählen – doch das ist nicht genug.

Viele Journalisten kennen klassische Fabrikarbeitsplätze höchstens vom Ferienjob während des Studiums – man sollte tunlichst vermeiden, ihnen daraus einen Vorwurf zu machen. Journalisten haben einen anderen Job. Es ist daher Aufgabe einer guten Öffentlichkeitsarbeit, Journalisten zu erklären, worum es geht. Und wie lässt sich ein Arbeitsplatz mit den Bedingungen, unter denen dort täglich gearbeitet wird, besser beschreiben als durch eigene Anschauung?

Auch in anderen Bereichen gibt es genügend Felder, wo Berichterstattung auch für Journalisten einfacher wird, wenn sie sehen können, um was es geht. Ein Verein, der sich um die Integration von Menschen mit Behinderungen in den regulären Arbeitsmarkt bemüht, wird seine Botschaft in einem Konferenzraum oder im Nebenzimmer einer Gaststätte weniger gut vermitteln können als in einem Betrieb, in dem Integration schon praktiziert wird. Eine Anwohnerinitiative gegen Hochwasser zeigt ihre Vorstellungen von naturnahem Flussbau und kluger Auennutzung am besten an einem Flusslauf, der ihren Vorstellungen schon entspricht.

Das Problem: Viele Journalisten haben heute gar keine Zeit mehr, an solchen Angeboten teilzunehmen. Das liegt im Allgemeinen weder an mangelndem Interesse oder Geringschätzung unseres Anliegens. Sie sind so sehr in ihre betrieblichen Abläufe eingebunden und in aller Regel so eng getaktet, dass es ihnen unmöglich ist, mehrere Stunden oder gar einen ganzen Tag auf so einer Pressereise zu verbringen. Dementsprechend sollte eine solche Idee gut vorbereitet und ein Termin mit möglichen Interessenten gegebenenfalls auch abgesprochen werden.

Der „O-Ton":
Kurz und prägnant

„Ich brauche eine kurze Stellungnahme ihres Verbandes." Diesen Satz hört man von Medienvertretern am laufenden Band. Dabei handelt es sich dann um kurze Statements oder so genannte Original-Töne (O-Töne).

In solch einem Fall gilt es, sich kurz zu fassen und knapp, prägnant und konzentriert eine Aussage oder Einschätzung zu einem Thema zu treffen. Viel Raum hat man dafür nicht, denn ein O-Ton im Fernsehen oder Hörfunk hat nur selten mehr als 30 Sekunden. Auch eine Zeitung zitiert im Normalfall nur wenige Sätze.

Deshalb muss die wichtigste Aussage auch hier gut erkennbar am Anfang stehen. Folgende Inhalte werden dann sehr viel besser wahrgenommen. Solche Stellungnahmen werden dann häufig in die Beiträge von Nachrichtensendungen eingeklinkt oder tauchen in den Berichten der Tageszeitung auf, als „sagte dazu ein Sprecher der Organisation XY." Anders als bei Interviews gibt es für O-Töne im Normalfall keine Korrekturmöglichkeit.

Das Interview

Bestimmte Themen erfordern ausführlichere Erklärungen. Eine Darstellungsform, die dies erlaubt, ist das Interview. Leser, Zuschauer und Hörer bekommen eine viel größere Nähe, da ein gutes Interview den Eindruck vermittelt, der Befragte wende sich direkt an sie. In Zeitungen erscheint so ein Text meist in wörtlicher (direkter) Rede: Fragen und Antworten sind klar getrennt und gut erkennbar.

Mit einem Interview oder der Interviewanfrage eines Journalisten sind keine Informations- oder Recherchegespräche gemeint. Interviews sind auch keine lockeren Plaudereien. In Interviews geht es um klare Fakten und Aussagen. Die Antworten des Befragten müssen erheblichen Informationswert haben. Grundsätzlich gilt außerdem bei einem Interview: Gesagt ist gesagt.

> ▶ *Hier stehen Tipps für ein Interview, in dem Ihr befragt werdet. Für den Fall, dass Ihr die Fragen zu stellen habt, findet Ihr ab **Seite 74** Hinweise...*

Ein Interview, das live im Fernsehen oder Hörfunk gesendet wird, dauert in der Regel zwischen 1:30 und 3:00 Minuten. Die meisten Interviews in Tageszeitungen enthalten ähnliche Textmengen.

Wird für ein Interview angefragt, dann sollte zuerst die Absicht des Interviews (die Themen) sowie der Veröffentlichungsort oder Sendeplatz erfragt werden. Dies und weitere Details lassen sich in einem kurzen Vorgespräch klären. Das gehört zum einen zum fairen Umgang miteinander. Es ermöglicht aber auch, sich gezielt vorzubereiten und schlau zu machen, aktuelle Zahlen anzuschauen, Vereinbarungen noch durchzulesen.

Die Zeit vor dem Interview kann und sollte auch dazu genutzt werden, sich sogenannte „Kernbotschaften" zu überlegen. Wichtig: Antworten möglichst so formulieren, dass sich die wichtigste Aussage direkt an die gestellte Frage anfügt. So kann man meist vermeiden, dass bei gesendeten Interviews womöglich gekürzt wird.

Ein Interviewter ist mit dem Fragesteller auf einer Ebene, wenn er die Themen des Gespräches kennt. Er kann auf die Fragen eingehen und trotzdem seine Botschaften platzieren. Nur dazu muss er sie vorher kennen und auf wenige Sätze komprimieren. Das gibt nicht nur Sicherheit, sondern steigert auch die Qualität des Interviews.

Übrigens: Spickzettel sind durchaus erlaubt und vor allem bei Hörfunk oder Zeitungsinterviews auch kein Problem. Niemand erwartet, dass man alles immer auswendig wissen muss.

Korrekturmöglichkeiten?

Live-Interviews in Hörfunk und TV bieten absolut keine Möglichkeiten zur Korrektur. Hier gilt jedes Wort. Wird ein Interview zeitversetzt gesendet und somit im Vorfeld aufgezeichnet, bietet sich die Möglichkeit, Antworten zu wiederholen oder Fragen nochmals stellen zu lassen. Ob dies geschieht, hängt oft von der Atmosphäre ab, die zwischen Befragtem und Fragesteller herrscht. Auch deshalb ist ein ordentlicher, freundlicher und fairer Umgang mit Journalisten wichtig.

Immer bearbeitet wird ein Interview, das in einem Print-Medium erscheint. Somit ergibt sich auch eine grundsätzliche Möglichkeit, nachträglich noch etwas zu ändern. Wenn dies vorher so vereinbart wurde, wird das für den Druck aufbereitete Interview dann vom Journalisten dem Interviewten zur „Freigabe" oder „Autorisierung" vorgelegt. Jetzt gilt es zu prüfen, ob Inhalte und Zusammenhänge richtig sind. Bei Bedarf können die Antworten sprachlich auch verbessert werden (gedruckte Sprache stellt manchmal andere Anforderungen als gesprochene). Es kann auch durchaus mal eine Formulierung ausgetauscht werden, wenn sie Sinn und Inhalt des Textes nicht wesentlich verändert.

In gedruckten Interviews muss der Text nicht die ursprüngliche Reihenfolge des Frage-Antwort-Ablaufs wiedergeben. Zwingend ist selbstver-

ständlich, dass die Aussagen bei den dazugehörigen Fragen bleiben. Aber eventuell wird dem Interview durch die Umstellung von Themenblöcken eine andere, bessere Dramaturgie gegeben. Darum rutscht vielleicht die zweite Frage plötzlich nach hinten, während ein Thema, das ursprünglich am Ende des Gespräches stand, jetzt weiter vorne auftaucht.

Hat man sich als Interview-Partner zu einer unbedachten Äußerung hinreißen lassen, kann man mitteilen, dass man diese Passage nicht autorisiert. Besteht eine Redaktion dennoch auf der Aussage, wird im schlimmsten Fall das ganze Interview nicht gedruckt, denn keine seriöse Redaktion wird ein nicht autorisiertes Interview veröffentlichen.

Klar ist aber auch: Ein Interview darf nicht bei der Autorisierung verwässert werden. Es gab Fälle, da wurden redigierte Texte in die Redaktionen zurückgeschickt, die absolut nichts mehr mit der Ursprungsfassung zu tun hatten. Wer interviewt wird, hat die Pflicht, sich vorher zu überlegen, „wie weit er sich aus dem Fenster lehnt". Ist man unsicher, sollte eine konkrete Aussage lieber umschifft oder gar ein Thema bereits in der Vorbesprechung explizit ausgeklammert werden.

KB ●

Mit Power auf den Punkt gebracht

Präsentationen unterstreichen das Gesagte

Manch einer mag sich an den guten alten Tageslichtprojektor erinnern. Anstatt eines Laptops und eines Beamers hatte man einfach ein paar Folien im Gepäck, die auf den Projektor gelegt wurden und schwupp! schon war es da, das bleiche Bild, häufig erst mal auf dem Kopf oder seitenverkehrt. Der Tageslichtprojektor ist dem Beamer gewichen und inzwischen geht kaum noch etwas ohne eine PowerPoint-Präsentation. Das Präsentationsprogramm der Firma Microsoft verteidigt noch immer große Anteile auf dem Markt, ungeachtet der Erfolge von teils überlegener Software wie Keynote oder – auf ganz andere Weise – Prezi.

Eine Präsentation kann nie einen Vortrag ersetzen. Sie unterstützt ihn, sie visualisiert das Gesagte. Auch hier gilt die journalistische Grundregel: Weniger ist mehr.

Die Vorbereitung:

▶ Informationen über Zielgruppe suchen, um deren Interessen und Bedürfnisse zu kennen und diese bedienen zu können.

▶ Die Zeit im Visier halten: Gibt es Zeitvorgaben, tut man sich und allen Beteiligten einen großen Gefallen, wenn man sie einhält.

▶ Präsentation so erstellen, dass ein roter Faden erkennbar ist und das Publikum folgen kann

▶ Mit dem Material vertraut machen, denn nur wer die Materie gut kennt und vom Dargebotenen überzeugt ist, wird als authentisch und kompetent wahrgenommen

▶ Bei der Erstellung darauf achten, dass Bilder, Grafiken und Diagramme nicht inflationär verwendet werden: Sie sollen das Gesagte unterstützen und nicht ablenken

▶ Bei den Folienübergängen keine Geräusche, Sounds oder extravagante Effekte verwenden – das lenkt ab.

Bei uns sitzen Sie in der ersten Reihe, heißt ein bekannter Slogan. Aber auch diejenigen, die weiter hinten sitzen, sollten lesen können, was vorne an der Leinwand gezeigt wird.

▶ Zahlen auf Grafiken oder Diagrammen sollten klar lesbar sein

▶ Auch für die Zahl der Folien gilt: Weniger ist mehr!

▶ Fünf bis sechs Wörter pro Zeile, nicht mehr als fünf Zeilen pro Folie

▶ Aussagekräftige und prägnante Überschriften verwenden

▶ Keine ganzen Sätze auf Folien, sondern Stichworte und -sätze

▶ Richtwerte für Überschriften: 32 Punkt Größe Stichwörter: 20 bis 24 Punkt

Nach Fertigstellung der Präsentation empfiehlt es sich, die Präsentation durchzusprechen und mit einer Uhr die Zeit stoppen, um ein sicheres Gefühl zu erhalten.

Tipp: Für den Vortrag entweder die Präsentation im Kleinformat ausdrucken oder Karteikarten schreiben. Diese dienen als Gedankenstütze und können um Stichworte ergänzt werden, die nicht auf den Folien stehen, aber im Vortrag angesprochen werden.

Vorteil Karteikarten: Durch Erstellung und Niederschrift der Folien verfestigt sich der Inhalt.

Vorteil Ausdruck: geringerer Aufwand.

Die Präsentation steht, der große Tag ist da, die Nervosität steigt. Tiefes Durchatmen hilft, die Nervosität zu senken...

Während des Vortrages:

▶ Zu Beginn versuchen, die Kluft zwischen Referent und Publikum zu überwinden und das Eis zu brechen. Ein lustiges Bild oder eine Karikatur oder ein Zitat können hilfreich sein.

▶ Langsam und deutlich sprechen

▶ Weder die Folien noch die Karteikarten ablesen, sondern ausführen und erklären

▶ Fernbedienung, sofern vorhanden, nutzen

▶ An der Frage, ob ein Hand-Out vor oder nach der Präsentation verteilt wird, scheiden sich die Geister. Aus unserer Sicht ist es situations-, zielgruppen- und inhaltsabhängig, wann ein Hand-Out verteilt wird.

▶ Manchen Referenten macht es nichts aus, wenn während des Vortrages schon Fragen gestellt werden. Der Vorteil ist, dass Fragen zur Lockerung beitragen können und interaktiv wirken. Sie eignen sich als Konzept vor allem für längere Vorträge. Mit langen Monologen langweilt man seine Zuhörer.

▶ Besonders souverän wirkt man, wenn man als Referent durch kleine Anekdoten kurz vom Thema abweicht. Das weckt den einen oder anderen vor sich hin dösenden Zuhörer auf. JV/ Sebastian Kessler ●

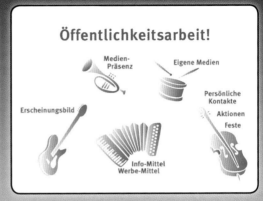

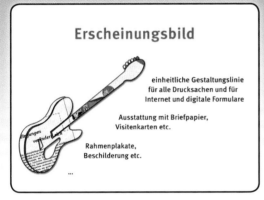

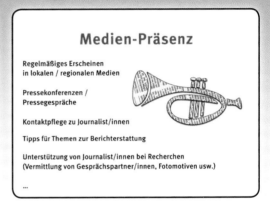

Beispiele für eine Präsentation,
die den Vortrag ergänzt und nicht ersetzten will.
Die Textmengen sind möglichst gering.
Größere Passagen bauen sich Stück für Stück auf;
die einzelnen Elemente fassen das Gesprochene
prägnant zusammen.

Betriebsversammlung

▶ Konsequente Information für alle

▶ Spannende Diskussionen möglich

▶ Gemeinsamkeit wird hautnah erlebt

Es gibt viele Möglichkeiten, brisante Themen in die betriebsinterne Öffentlichkeit zu tragen. Neben der Thematisierung in Flugblättern, in Betriebszeitungen oder als Aushang am Schwarzen Brett bietet sich dafür auch die Betriebsversammlung an.

Die Vorbereitung:

„Bei Porsche werden die Termine für die Betriebsversammlungen mit der Geschäftsführung abgestimmt und für das Folgejahr geplant", erklärt Antje Werner, Referentin des Gesamtbetriebsrats und des Betriebsrats Zuffenhausen/ Ludwigsburg der Porsche AG.

Einen Monat vor der Betriebsversammlung lädt der Betriebsrat per Aushang an den Schwarzen Brettern alle Beschäftigten ein. Bei Porsche gibt es die Möglichkeit, den Aushang am virtuellen Schwarzen Brett, dem Intranetauftritt des Betriebsrates, online zu stellen.

Betriebsversammlung im Mercedes-Benz-Werk Rastatt (Bilder auf dieser und der gegenüberliegenden Seite): Ein engagierter Betriebsrat bindet auch die Auszubildenden mit ein.

Digital funktioniert es auch im Mercedes-Benz-Werk in Rastatt: Dort werden die Beschäftigten einen Monat vor der Betriebsversammlung per Mail angeschrieben. Eine Woche vorher gibt es noch Mal einen schriftliche Einladung in Form eines Aushangs.

Tipp: Am Tag der Betriebsversammlung kann entweder mit Flugblättern – „Heute Betriebsversammlung" – oder mit großen Info-Tafeln nochmal auf die Versammlung hingewiesen werden.

Der Tag der Betriebsversammlung:

Der klassische Ablauf: Die Eröffnung und Begrüßung der Betriebsversammlung erfolgt durch den Versammlungsleiter, das ist in der Regel der stellvertretende Betriebsratsvorsitzende. Danach wird das Wort an den Betriebsratsvorsitzenden übergeben. Im Anschluss folgt die Geschäftsführung mit ihrem Bericht und als dritter Redner meistens ein Gewerkschaftsvertreter. Zum Schluss noch Aussprache und Diskussion.

Je größer eine Versammlung ist, um so mehr Leute kann man informieren. Das Gemeinschaftsgefühl kann so womöglich auch gepflegt werden. Je kleiner die Teilnehmerzahl ist, um so leichter ist direkter Dialog.

Die Entwicklung geht auch in großen Unternehmen zu überschaubareren Einheiten – beispielsweise zu Abteilungsversammlungen.
Wo immer möglich, sollten Beamer und bei Bedarf auch Kamera eingesetzt werden, um interessante Informationen oder auch Teilnehmer der Veranstaltung für alle gut erkennbar zu zeigen.

Betriebsversammlungen bei Bosch in Feuerbach brachten in den 1980er-Jahren noch eine gigantische Menge von Beschäftigten zusammen.

Der Bericht des Betriebsratsvorsitzenden

Bei der Firma Porsche wird der Bericht des Betriebsrates visuell mit einer PowerPoint-Präsentation unterstützt. So wird das Gesprochene veranschaulicht. Wichtig bei der Präsentation ist, dass nicht die komplette Rede abgedruckt wird. Vielmehr soll das Wichtigste herausgestellt und mit Bildern untermalt werden. Die Präsentation sollte im Hintergrund bleiben und nicht zu sehr die Aufmerksamkeit auf sich ziehen.

Tipp 1: Klickt man als Redner nicht selbst durch die Präsentation, ist es wichtig, sich mit dem „Klicker" abzustimmen. Sonst besteht die Gefahr, dass der gesprochene Text nicht der Folie im Hintergrund entspricht.

Tipp 2: Für den Redner empfiehlt es sich, die Präsentation als Redemanuskript auszudrucken und die eigenen Anmerkungen darauf festzuhalten.

Tipp 3: Kurze Filmbeiträge oder Trailer wirken auflockernd. Wichtig ist, dass die Technik getestet und passend eingestellt wurde: Ist das Bild groß und hell genug? Ist die Lautstärke richtig und sind gesprochene Sequenzen im ganzen Saal gut verständlich?

Präsenter Vortrag sichert die Aufmerksamkeit des Publikums –zum Beispiel bei einer Betriebsversammlung bei Porsche in Stuttgart-Zuffenhausen.

Eine weitere Variante für den Bericht des Betriebsratsvorsitzenden ist der **„runde Tisch"**. „Damit haben wir in Rastatt sehr gute Erfahrung gemacht", erklärt Ullrich Zinnert, stellvertretender Betriebsratsvorsitzender des Mercedes-Benz-Werkes in Rastatt. Die Idee: Im Dialog zwischen Betriebratsvorsitzenden und IG Metall-Vertreter werden blockweise verschiedene Themen angesprochen. Im Anschluss an jedes Thema stellen die Beschäftigten ihre Fragen.

Etwas aufwändiger war die Idee des Betriebsrates, eine Dialogmesse zu veranstalten. Dazu wurden überall im Raum Stände und Info-Tafeln zu aktuellen Themen aufgestellt. Nach einer kurzen Betriebsversammlung wurden die Beschäftigten aufgefordert, an diese Stände zu gehen. Dort waren Betriebsräte und Vertrauensleute, die sich mit ihnen über die Themen unterhalten haben.

Aktionen auf Betriebsversammlungen:

Eine weitere Möglichkeit, Themen in die Belegschaft zu transportieren, sind Aktionen. So hatten beispielsweise die Beschäftigten bei der Firma Behr während einer Betriebsversammlung den gesamten Veranstaltungsort mit Plakaten dekoriert, um auf eine innerbetriebliche Auseinandersetzung aufmerksam zu machen.

Besonders einfallsreich sind Jugendliche, wenn es darum geht auf ihre Ausbildungsplatzsituation aufmerksam zu machen. Sei es der Klassiker mit dem Sarg oder mit dem Auto in eine Betriebsversammlung reinzufahren...

JV ●

Weiterführende Literatur: Betriebsversammlungen, die etwas bewegen ... von Ralf Besser, 22 innovative Praxisbeispiele, ISBN 978-3-407-36450-0

Flip das Ding!

Keine Angst vorm weißen Blatt

Wer kennt das nicht: Ein Auftritt steht bevor und man steht vor der Herausforderung, was Vernünftiges und Nachvollziehbares zu sagen. Ideen müssen her. Und dann sitzt man vor dem Rechner, PowerPoint ist aktiviert, aber es kommt nix. Man sinnt hin und her... Ein wunderbares Werkzeug, die eigene Kreativität auf Touren zu bringen oder die übliche Präsentations-Routine zu durchbrechen, ist das Flipchart.

Flipcharts, die Inhalte und Bilder auf den Punkt bringen, sind Gold wert: Sie fördern durch die Verknüpfung von abstrakter und anschaulicher Elemente die Aufnahmefähigkeit und kurbeln die Bewegung im Kopf an.

Beim Einsatz von Flipcharts lassen sich drei Möglichkeiten unterscheiden:

1. vorbereitete Charts (ähnlich der PowerPoint-Präsentation),

2. die Erstellung des Chart während eines Vortrags

3. oder auch die Kombination von vorbereiteten und spontan erstellten Charts. Großer Vorteil der spontanen Erstellung von Charts ist, dass man damit Aufmerksamkeit erregen, Spannung fördern und insgesamt sehr persönlich auftreten kann. Man ist direkt für die Zuhörer gestalterisch tätig.

In Besprechungen oder Seminaren ist ein leeres Flipchart oft sehr nützlich, da die dort festgehaltenen Stichworte für alle Anwesenden sichtbar und verbindlich wirken. Das Flipchart sollte an einer gut sichtbaren Stelle stehen, jeder Teilnehmer hat damit die Möglichkeit, aufzustehen und zur Unterstützung seiner Ausführungen spontan eine verdeutlichende Skizze zu erstellen.

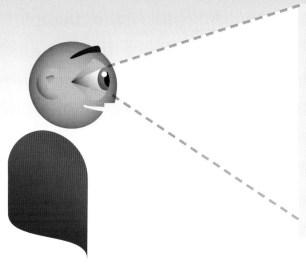

Mit unseren Sinnen nehmen wir Reize und Informationen aus unserer Umwelt auf. Wir reagieren vor allem auf visuelle Reize. Über das Auge stürmen 75 Prozent der Informationen auf uns ein. Das Gehirn hat den Job, aus der Flut von Eindrücken die relevanten Dinge zu erkennen und die unrelevanten Dinge auszusortieren. Mit Hilfe von ansprechenden Flipcharts können wir diese Herausforderung erleichtern.

Bei größeren Auftritten ist das Flipchart ein willkommener Medienwechsel und kann beispielsweise als roter Faden genutzt werden oder zum visuellen Unterstreichen einzelner Aspekte.

Ein Flipchart lebt von Struktur, Prägnanz, bildhafter Darstellung.

Eine **klare Struktur** ist die Basis für die Flipchartgestaltung. Dazu sollte man sich an folgende Faustformel halten:

Unterteile das Blatt in vier oder drei gleich große Felder und leg fest, in welchem Quadrat oder Feld der Text und in welchem Feld Bilder Platz finden.

Nimm eine Überschrift, die dem Chart seinen Charakter verleiht und gib ihr Farbe.

Gib **maximal siebe**n gleichmäßig verteilte **Unterpunkte** dazu und stelle jeweils ein Markierungungselement davor (Punkte, Striche oder Pfeile).

Lass Dich beim Festlegen der Struktur von dem leiten, was Dir wesentlich erscheint.

Nutze **Bilder**: Ich ahne, was nun in Deinem Kopf rumspukt: „Ich kann doch gar nicht malen!". Das macht nix. Einen Kreis, ein Quadrat, einen Blitz, einen lachenden Smiley oder den Umriss einer Blume bekommt jeder hin. Man verwendet sie, um gedankliche Verknüpfungen zwischen Begriffen zu erreichen. Dadurch erreicht man einerseits eine verbesserte Verständlichkeit und erlangt andererseits eine höhere Aufmerksamkeit.

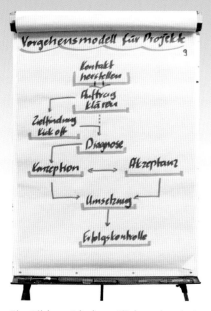

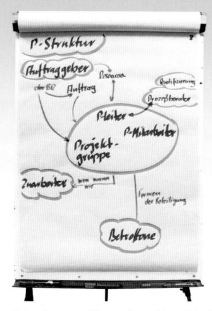

Ein Bild sagt bekanntlich mehr als tausend Worte. Diese Chance sollte man sich nicht entgehen lassen. Und, wer sich wirklich nicht traut, kann sich das passende Bild aus den Clips von PowerPoint oder vergleichbaren Sammlungen raussuchen, ausdrucken und aufkleben. Wichtig ist, dass unser Bild die geschriebenen Informationen unterstützt oder gar die Möglichkeit bietet, eine Aussage komplett bildhaft umzusetzen.

Flipchart-Erstellung

Sinnvoller Einsatz von **Farben**: Nimm maximal drei Farben, aber verzichte bitte auf Bonbonfarben wie Rosa oder Orange. Und, setze verwendete Farben sinnvoll ein; zum Beispiel Rot für Warnungen und Verbote und Grün für positive Gedanken und Empfehlungen. Schreibe mit breiten, keilförmigen Filzstiften ("Markern").

Schreibe **großformatig**: Die Schrift muss gut lesbar sein, also bitte groß und ordentlich schreiben. Die für SMS-Nachrichten gedachte Kleinschreibung sollte man sich aus dem Kopf schlagen. Die im Deutschen übliche **Groß-/Kleinschreibung** verbessert die Lesbarkeit erheblich. Ein so geschriebenes Wort wird als kompakte Einheit wahrgenommen.

Fehler kannst Du verdecken, indem Du diese mit einem kleinen Stück Flipchartpapier überklebst. Für Kleinigkeiten habe ich immer *TippEx* zur Hand.

Gib dem Papier Struktur: Überlege als erstes eine **Schlagzeile** beziehungsweise **Überschrift** und ordne je nach Informationsmenge Textblöcke oder Stichpunkte dazu. Auch Grafiken, Fotos, Skizzen oder Karikaturen können eingefügt werden.

Flipchart-Gebrauch

Bitte überprüfe, dass die Flipcharts von **jedem Teilnehmer gesehen** werden können.

Hab **genügend Papier** in der Hinterhand, um auch spontane Charts entwickeln zu können.

Entwirf Bilder oder Diagramme auf einem **extra Blatt**. Einen gelungenen Entwurf klebst Du einfach auf.

Stell das Flipchart links von Dir auf, damit Du beim Schreiben mit der rechten Hand **nicht die Sicht verdeckst** – für Linkshänder gilt das Gegenteil...

Plant man die Entwicklung von Charts im Veranstaltungsverlauf, kann man die angedachten Schlüsselbegriffe und Bilder mit Bleistift **vorzeichnen**, ohne dass es die Zuhörer sehen.

Blättere **vorbereitete Charts** erst auf, wenn Du sie benötigst. Lass einen Moment **Pause** im Redefluss, damit die Zuhörer die neue Seite aufnehmen können.

Ist ein Bogen beschrieben oder bearbeitet, wird er nach hinten geklappt. Wird er noch benötigt, kann er für alle gut sichtbar **an eine Wand geklebt** werden.

Wenn Du während der Präsentation Charts erstellst, achte darauf, dass Du **nicht gleichzeitig redest und schreibst**.

Beim Deuten auf das Flipchart solltest Du den Zuhörern nicht den Rücken zuwenden. Dein Platz ist immer **neben dem Flipchart**.

Beispiele für gut wirkende Flipchart-Darstellungen: So wenig Text wie möglich, Zusammenhänge werden durch grafische Elemente sichtbar gemacht.

Begeistere! Kennst Du diesen Werbespruch: „Wohnst du noch oder lebst du schon?" Auf unser Flipchart übertragen könnte er heißen: „Präsentierst du noch oder begeisterst du schon?" Mit der Mischung aus Wort und Bild wird Dir das Begeistern gelingen.

Denk Dir das Flipchart als Visualisierung all dessen, was Du an Mut, Herz und Verstand in Dir hast und zeig' es anderen Menschen. Gib dem Flipchart Deine Note, mach daraus Deine Visitenkarte. SUSANNE THOMAS ●

Autorinnen und Autoren

KAI BLIESENER • geboren 1971 • seit 2005 Pressesprecher der IG Metall Baden-Württemberg • verantwortlich für die komplette Medienarbeit: Internet, Publikationen, Kampagnen • zuvor verantwortlich für Presse- und Öffentlichkeitsarbeit der IG Metall Stuttgart und beim Daimler-Betriebsrat in Untertürkheim • studierte Mediendesign • drehte Kurzfilme: Krimis und Dokumentarfilme für Gewerkschaften • derzeit zusammen mit Jochen Faber an einem Dokumentarfilm zu Arbeitszeit- und Leistungsbedingungen sowie einem Interviewprojekt mit Gewerkschaftsveteranen

FRANK BRETTSCHNEIDER • Professor für Kommunikationswissenschaft an der Universität Hohenheim • Forschungsschwerpunkten sind neben der Verständlichkeitsforschung das Kampagnen-Management, die politische Kommunikation, das Themen- und Issues-Management sowie die Medienwirkungsforschung.

ULI EBERHARDT • Jahrgang 1959 • Nach Volontariat im Lokalen nun über 30 Jahre im Journalistenberuf tätig • arbeitet seit 1989 für die METALLZEITUNG • 1996 bis 2005 fest angestellt für Presse- und Öffentlichkeitsarbeit der IG Metall-Bezirksleitung Baden-Württemberg • seit 2006 wieder freier Journalist • Tätigkeitsschwerpunkte: verschiedene Medien der IG Metall, die neuen sozialen Medien und die Fotokunst

SILKE ERNST • 1988 – 1992 Diplom-Verwaltungswissenschaftlerin an der Universität Konstanz • Seit 2002 Leitung des Fachgebiets „Kommunikation Gesamtbetriebsrat" • wissenschaftliche Mitarbeit und Kommunikation Betriebsrat am Daimler-Standort Sindelfingen • Pressesprecherin des Gesamt- und Konzernbetriebsrats, des World Employee Committees sowie der Arbeitnehmervertreter im Aufsichtsrat

JOCHEN FABER • 1960 geboren • freier Mitarbeiter bei AP in Stuttgart • Volontariat beim SCHWÄBISCHEN TAGBLATT in Tübingen • Seit 1988 Betreiber von „Info & Idee · Agentur für Medien" in Ludwigsburg • Macht Filme („Das Geheimnis der Orangenkisten" über die Zentrale Stelle zur Aufklärung von NS-Verbrechen), betreut und gestaltet Bücher (beispielsweise Betriebsgeschichten von Bosch Feuerbach und Daimler) und spielt so lausig Ziehharmonika, dass er Kabarett machen muss.

HEIKO MESSERSCHMIDT • Jahrgang 1976 • Seit 2008 Pressesprecher des Bezirks Küste der IG Metall. Vorher selbst Journalist: Volontariat bei der HANNOVERSCHEN ALLGEMEINEN ZEITUNG (HAZ) • vier Jahre als Hörfunkreporter beim NORDDEUTSCHEN RUNDFUNK (NDR) im Landesfunkhaus Mecklenburg-Vorpommern, Schwerin • Studium von Geschichte, Politikwissenschaft und Öffentlichem Recht in Göttingen sowie Uppsala, Schweden • Abschluss als Magister

WOLFGANG NETTELSTROTH • geboren 1954 • Sekretär der IG Metall-Bezirksleitung Nordrhein-Westfalen (NRW) und Pressesprecher der IG Metall NRW • Arbeitsschwerpunkte: Presse- und Öffentlichkeitsarbeit, Branchen- und Strukturpolitik, Projekte „Kompetenz und Innovation" und „besser:Zukunft!" • zuvor Abteilungssekretär für Struktur- und Technologiepolitik beim DGB in NRW • Studium der Sozialarbeit • vorher Ausbildung zum Elektroniker und entsprechende Berufstätigkeit.

SIGRUN HEIL • Volljuristin und Journalistin • seit 2011 am Hugo-Sinzheimer-Institut für Arbeitsrecht zuständig für Forschung und Medien • startete mit Jura, dann Hörfunkjournalistin mit Schwerpunkt Wirtschaft beim SWR • Pressesprecherin der IG BAU • Masterstudium Medienrecht an der Universität Mainz

JOCHEN HOMBURG • 15 Jahre Betriebsrat • Studium der Rechtswissenschaften an der Uni Frankfurt • Tätigkeit als Rechtsanwalt und Rechtschutzsekretär für die IG Metall • Jetzt Ressortleiter Betriebspolitik beim Vorstand der IG Metall

MARC SCHLETTE, geboren 1971 • Sekretär der IG Metall-Bezirksleitung Nordrhein-Westfalen und Büroleiter von Oliver Burkhard • Schwerpunkte: Koordination der Bezirksleitung und strategische Kommunikation • zuvor beim IG Metall-Vorstand für Berthold Huber aktiv • studierte Politikwissenschaft (Promotion 2005) und Philosophie in Duisburg und Portsmouth • Lehraufträge der Universitäten Duisburg-Essen und Bochum • davor Bankausbildung und kaufmännische Berufstätigkeit.

JOACHIM E. RÖTTGERS • geboren 1954 • selbstständiger Fotografenmeister • arbeitet seit 1986 für Gewerkschaften, kirchliche, soziale Einrichtungen, Zeitschriften, industrielle und öffentliche Pressestellen • zuvor zehn Jahre bei diversen Werbe- und Fotoagenturen • „In der Bürogemeinschaft ‚Graffiti' versuche ich meiner Lieblingsbeschäftigung nachzugehen und davon auch noch zu leben, nämlich anderen beim Schaffen zuzuschauen."

SUSANNE ROHMUND • 1966 in Siegen geboren • Studium der Volkswirtschaftslehre in Bonn • Absolventin der Georg-von-Holtzbrinck-Schule-für-Wirtschaftsjournalisten in Düsseldorf • 1994 – 1998 Südostasienkorrespondentin für HANDELSBLATT und WIRTSCHAFTSWOCHE in Singapur • bis 2004 Wirtschaftsredakteurin sowie Ressortleiterin Wirtschaft bei verschiedenen Publikationen des Ringier-Verlags in Zürich • seit 2004 Chefredakteurin bei der IG Metall in Frankfurt • lebt in der Pfalz

Susanne Thomas • Schwerpunkt ihrer Arbeit bei der IG Metall-Verwaltungsstelle Ludwigsburg: Arbeitsrecht und Öffentlichkeitsarbeit • Expertin unter anderem für kaufmännische und technische Beschäftigte • zuvor als Jugendsekretärin der IG Metall in Stuttgart

 Jordana Vogiatzi • Jahrgang 1976 • geboren und lebt in Bietigheim-Bissingen • Griechin mit schwäbischem Einschlag • ab 1996 Studium der Englischen Philologie, Theater- und Medienwissenschaft und Soziologie an der Friedrich-Alexander-Universität Erlangen • Diverse Praktika und freie Mitarbeit als Journalistin, unter anderem am Theater Erlangen, bei der Maran Film GmbH, der MARBACHER ZEITUNG und der HEILBRONNER STIMME • seit 2005 Pressesprecherin der IG Metall Stuttgart

 Erika Weber • Journalistin, Trainerin und Beraterin • Schwerpunkte: Veränderungen organisieren, Kommunikation, Führung und Marketing. Sie hat bisher in Wahlkämpfen und Veränderungsprozessen Kampagnen organisiert und begleitet • Veröffentlichung zum Thema u.a.: „Erfolgsfaktor Öffentlichkeitsarbeit", Friedrich-Ebert-Stiftung

 Jörg Weigand • Ressortleiter im Funktionsbereich Mitglieder und Kampagnen der IG Metall. Schwerpunkt: Verantwortlich für Kampagnenplanung und Umsetzung, Mitgliederprojekte, Dialogmarketing • Seit drei Jahren beim Vorstand der IG Metall, davor drei Jahre IG Metall-Bezirksleitung Nordrhein-Westfalen und 15 Jahre Verwaltungsstellenerfahrung.

 Claus Weigel • Diplomvolkswirt und Diplomsozialökonom • tätig als Internet-Dienstleister • betreut und entwickelt Internetseiten für Gewerkschaften und Betriebsräte • langjährige Erfahrung in der arbeitnehmerbezogenen Bildungsarbeit

 Gudrun Wichelhaus-Decher • Kommunikationsdesignerin • geboren 1962 in Saarbrücken • drei Kinder • 1983 bis 1988 Studium Kommunikationsdesign mit den Schwerpunkten Editorial-Design und Fotografie in Düsseldorf • Seit 2001 Kommunikationsdesignerin beim Vorstand der IG Metall; Tätigkeitsschwerpunkte: Gestaltung und Relaunch der Mitgliederzeitung METALLZEITUNG und Infodienst DIREKT • Projektarbeit und Beratung für alle Gliederungen der IG Metall

Zusatz-Informationen + Aktualisierungen + Übungen + Forum:

www.handbuch-medien-machen.de

Personen- und Sachregister

Bildquellen

Danke...

... für Euer Interesse an diesem Handbuch! Offensichtlich ist Euch wichtig, Eure Inhalte über geeignete Medien zu verbreiten – Leute zu erreichen, zu informieren, zu motivieren, zu aktivieren.

Weil wir das aus eigenem Engagement kennen und weil wir wissen, dass es Vielen so geht, haben wir uns nach einem praxistauglichen Handbuch umgesehen. Weil wir keines fanden, haben wir uns daran gemacht, dieses Buch hier auf den Weg zu bringen.

Viele Kolleginnen und Kollegen, die ebenso wie wir beruflich mit der Entwicklung von Medien zu tun haben, unterstützten uns dabei wirkungsvoll. Ihnen allen herzlichen Dank; ebenso dem Schüren-Verlag, der dem Projekt eine gute verlegerische Heimat gab.

Doch mit der Drucklegung für das Buch ist die Arbeit nicht getan. Darum bauen wir die unten genannte Internet-Seite auf, um Euch ergänzende Inhalte, Neuigkeiten und Vieles mehr anzubieten.

Natürlich ist so eine Seite auch als Plattform gedacht, auf der Ihr Inhalte und Erfahrungen einbringen könnt. Leserinnen und Leser können beispielsweise Fachbegriffe und Kniffe anderen erläutern. Und die Seite ist eine Einladung, Kontakte zu knüpfen und sich auszutauschen!

Zusatz-Informationen + Aktualisierungen + Übungen + Forum:

www.handbuch-medien-machen.de

AUF GEHT's!

September 2011